Die Schatten der Macht

Giuseppe Frau

Giuseppe Frau

Die Schatten DER MACHT

Korruptionsfallen in deutschen Unternehmen

Bibliografische Information der Deutschen Bibliothek
Die Deutsche Bibliothek verzeichnet diese Publikation in der Deutschen Nationalbibliografie; detaillierte bibliografische Daten sind im Internet über http://dnb.dnb.de abrufbar.

Unter Mitarbeit von Sarah Rubal

1. Aufl. 2024

Lektorat: Ralf Raabe
Umschlaggestaltung: Marina Rudolph
Coverfoto: Roberto Frau – Cloud7
Satz & Layout: Verena Blumenfeld
Publishing: Sanvema Publishing UG (haftungsbeschränkt)

Druck und Distribution im Auftrag des Autors:
tredition GmbH, Halenreie 40-44, 22359 Hamburg, Deutschland

Hardcover: 978-3-384-12746-4

Inhaltsverzeichnis

1. Vorwort: Die unsichtbare Bedrohung: Wie Korruption unsere Welt beeinflusst

Jesse Lauristion Livermore, auch bekannt als das »Phantom der Wall Street«, war ein Mann, dessen Leben genauso dramatisch war wie die Börsen, an denen er handelte. Er wurde in eine arme Landarbeiterfamilie geboren und erkannte schon in jungen Jahren sein außerordentliches Talent für Zahlen und Börsenmuster. Bereits als Teenager arbeitete er auf dem berüchtigten Parkett der Wall Street und machte sich schnell einen Namen als »Boy Plunger« der Wall Street.

Doch Livermores Aufstieg zur Macht war ebenso spektakulär wie sein Fall. Nachdem er in den 1920er-Jahren zum Milliardär geworden war, verlor Livermore während der Großen Depression fast alles. Getrieben von seelischer Zerrissenheit und finanzieller Verzweiflung, brachte er sich 1940 um. Die Finanzkrise von 1929, auch bekannt als der »Große Crash«, war eine Zeit großer wirtschaftlicher Unsicherheit. Livermore trat als namhafter Börsenspekulant in Erscheinung. Er war schon vor der Krise für seine riskanten Spekulationen bekannt und machte ein Vermögen, indem er den bevorstehenden Crash voraussah. Als Warnsignale für einen bevorstehenden Zusammenbruch erkannte er die exzessive Spekulation und das irrationale Verhalten der Anleger.

Nach dem Crash war Livermore einer der wenigen Gewinner, aber sein Erfolg war von kurzer Dauer. Seine Spekulationen in den 1930er-Jahren brachten ihn an den Rand des Ruins. Livermore gilt seither als Archetyp des gierigen Finanzjongleurs. Sein Leben wurde in zahlreichen Filmen und Büchern thematisiert. Die Schatten der Großen Depression sind bis heute zu spüren als Mahnung an die verheerenden Auswirkungen unkontrollierter Spekulation und unverantwortlichen Finanzgebarens. Die Wirtschaftskrise der 1930er-Jahre, die zu Massenarbeitslosigkeit, Armut und sozialer Unruhe führte ist ein warnendes Beispiel für die möglichen Folgen wirtschaftlicher Fehlentscheidungen. In Zeiten hoher Inflation, in denen das Vertrauen in die Wirtschaft schwindet, können die Erinnerungen an die Große Depression besonders beunruhigend sein. Sie mahnen uns zur Vorsicht und zeigen, wie wichtig eine stabile und verantwortungsvolle Wirtschaftspolitik ist für die finanzielle Sicherheit und das Wohlergehen der Bevölkerung ist. Es braucht Vertrauen in die Institutionen des Rechtsstaates, von der kleinsten Behörde bis zum höchsten Richter und es braucht eine konsequente Regulierung der allgegenwärtigen Gier, die schon Livermore in den Tod trieb.

Sicherlich liest sich das für manchen Leser wie ein durchaus spannender Rückblick in eine vergangene Epoche, aber der Bezug zu unserer Gegenwart lässt sich trotz aktuell hoher Inflation und schwindendem Vertrauen in die Politik nicht unmittelbar herstellen.

Machtmissbrauch zur persönlichen Bereicherung? Bestechung, Schmiergeld, Korruption? Das sind Themen fürs Fernsehen und für die Schlagzeilen, bei denen wir uns vielleicht wohlig gruseln und ansonsten gerne glauben würden, dass wir davon nicht betroffen sind. Ein schöner Glaube – nur leider vollkommen falsch! Gehen wir auf der Zeitschiene der Geschichte ein Stück weiter, fast bis in unsere Gegenwart, direkt vor unsere Haustür. Die meisten von uns erinnern sich noch an jene Wochen im Sommer 2006, als Deutschland und die ganze Welt im Fußballfieber geeint war, landauf, landab ein Traum in Schwarz-Rot-Gold.

Die FIFA-Fußballweltmeisterschaft 2006 war ein unvergessliches Kapitel nicht nur in der deutschen Sportgeschichte. Die Städte erstrahlten in den Nationalfarben und die breiten Straßen füllten sich mit Menschen, die in harmonischer Eintracht feierten. Es war eine Zeit des Glückstaumels, in der sich Deutschland der Weltöffentlichkeit als gastfreundliches und weltoffenes Land präsentierte. Jeder Sieg der deutschen Mannschaft entfachte ein Feuerwerk der Freude, jeder gespielte Ball ein Echo der Hoffnung. Das Turnier hinterließ nicht nur einen bleibenden Eindruck wegen des beeindruckenden

Fußballs, sondern auch wegen der warmherzigen Atmosphäre und der liebevollen Unterstützung der Fans. Deutschland erlebte als Gastgeberlandeine Welle der Zuneigung und Anerkennung aus der ganzen Welt, die das Selbstbewusstsein der Nation nachhaltig stärkte. Es war mehr als nur ein Turnier, es war eine Zeit der Freude und der nationalen Einheit, die in für immer den Herzen der Deutschen verankert bleiben wird. Die Fallhöhe hätte nicht größer sein können.

Im Oktober 2015, fast ein Jahrzehnt nach der unvergesslichen Weltmeisterschaft, wurde Deutschland von einer Welle von Korruptionsvorwürfen im Zusammenhang mit der WM 2006 erschüttert. Das Nachrichtenmagazin »Der Spiegel« veröffentlichte einen Bericht, der behauptete, dass ein Schlüsselfonds mit 6,7 Millionen Euro angeblich von Robert Louis-Dreyfus, dem verstorbenen ehemaligen Chef von Adidas, verwendet wurde, um Stimmen für Deutschlands WM-Bewerbung zu kaufen. Im Mittelpunkt der Vorwürfe standen der ehemalige DFB-Präsident Theo Zwanziger, sein Nachfolger Wolfgang Niersbach und der ehemalige Generalsekretär Horst R. Schmidt. Der Skandal hinterließ einen bitteren Nachgeschmack und entfachte eine heftige Debatte über die Integrität des Fußballs. Für die deutschen Fußballfans war es ein Schock, der das nationale Selbstbewusstsein und die Freude an dem Turnier, das als Symbol nationaler Einheit gefeiert wurde, stark erschütterte. Das Image des deutschen Fußballs wurde beschädigt und das Land war gezwungen, sich mit den Schattenseiten des Sports auseinanderzusetzen, die es lange Zeit am liebsten ignoriert hätte.

Im Laufe der Jahre gab es zahlreiche Untersuchungen zu den Korruptionsvorwürfen rund um die Fußballweltmeisterschaft 2006 in Deutschland. Trotz mehrjähriger Bemühungen der FIFA und der deutschen Strafverfolgungsbehörden konnten viele der strittigen Fragen nicht abschließend geklärt werden. Im April 2020 stellte die Frankfurter Staatsanwaltschaft ihre Ermittlungen gegen Zwanziger, Niersbach und Schmidt wegen des Verdachts der Steuerhinterziehung im Zusammenhang mit dem 6,7-Millionen-Euro-Fonds ein. Das

Verfahren wurde wegen Verjährung eingestellt, das heißt es können keine rechtlichen Konsequenzen mehr gezogen werden. Die Vorwürfe der Bestechung und Korruption konnten jedoch nie ganz ausgeräumt werden und werfen bis heute einen Schatten auf dieses Kapitel des deutschen Fußballs.

Nur den deutschen Fußball? Das Phänomen reicht weit über den WM-Sport hinaus, praktisch bis in unseren Vorgarten. Es erinnert uns an eine gern verdrängte und doch allgegenwärtige Schattenseite unseres Wirtschaftens, Handelns und Miteinanders: die Korruption. Korruption ist der faulige Geschmack eines wurmstichigen Apfels, in den wir mit Vorfreude hineinbeißen und kauen. Jahre später noch kann ihre Verderbnis uns die Freude an mitreißenden Erlebnissen wie der Fußball-WM vergällen und dafür sorgen, dass jenes Sommermärchen für immer einen fahlen Nachgeschmack haben wird.

Die zersetzende Wirkung der Korruption lässt sich so zumindest konkreter erfassen. Aber wie viele von uns haben mehr mit dem Weltfußball zu tun, als nur Zuschauer zu sein? Warum sollten wir uns also über das Gefühl der Enttäuschung hinaus mit dem Thema beschäftigen? Korruption ist ein Thema der Reichen, Mächtigen und warum sollten wir uns damit beschäftigen?

1.1 Keine Randerscheinung, sondern allgegenwärtig

Mit dieser Frage befinden wir uns bereits mitten im zentralen Thema dieses Buchs: Korruption ist kein Ausnahmephänomen, sie betrifft nicht nur die höchste politische Ebene oder einflussreiche Manager, sondern auch den kleinen Mann auf der Straße, und sie ist keineswegs auf Länder mit fragiler Rechtsstaatlichkeit beschränkt.

Korruption ist hier, mitten unter uns. Wie ein schleichendes Gift zerfrisst sie unsere Institutionen, unseren gesellschaftlichen Zusammenhalt, unser Vertrauen in wirtschaftliches Handeln, oft nicht oder zu spät bemerkt, viel zu selten angemessen geahndet und doch allgegenwärtig. Jeder von uns, Sie, ich, Ihr Arbeitgeber, jeder, dem Sie auf dem Weg zur Arbeit begegnen, ist von Korruption betroffen – denn wir alle als Gemeinschaft sind es, die die Kosten tragen. Neben den materiellen Kosten durch Steuerhinterziehung und entgangene Gewinne gibt es auch immaterielle Kosten, die sich nicht beziffern lassen: das Gefühl der Enttäuschung, die unehrliche Behandlung anderer, der Vertrauensverlust und eine gespaltene Gesellschaft.

Korruption ist ein Phänomen, das sich durch alle sozialen Schichten, Milieus und Branchen zieht und sowohl den einfachen Sachbearbeiter in der Amtsstube als auch den gut verdienenden Manager betrifft. Bei der Korruption geht es um Macht, Einfluss und persönlichen Gewinn, und diese Faktoren können in jeder sozialen oder beruflichen Position auftreten. Für den Sachbearbeiter kann Korruption eine Möglichkeit sein, den eigenen Lebensstandard zu verbessern oder sich Vorteile gegenüber Kollegen zu verschaffen. Gleichzeitig kann der Manager, obwohl er bereits ein hohes Gehalt bezieht, die Korruption nutzen, um seine Position im Unternehmen zu stärken, seine Karriere voranzutreiben oder seinen persönlichen Wohlstand weiter zu vergrößern. Daher ist niemand gegen die Versuchungen der Korruption immun, unabhängig von seinem sozialen oder beruflichen Status.

1.2 Keine Erfindung der Moderne: Korruption in der Geschichte

Korruption ist keineswegs ein Phänomen der Neuzeit. Das Wort »Korruption« stammt aus dem lateinischen »corruptio«, was »Verderb« oder »Verfall« bedeutet. Korruption ist der Missbrauch anvertrauter Macht auf allen Ebenen, vom kleinen Verwaltungsangestellten bis zum höchsten Manager. Die Wortherkunft verweist auf den moralischen Verfall oder den Verlust der Integrität aufgrund der Annahme von Bestechungsgeldern oder Vorteilen, die die gerechte und transparente Ausübung der Pflichten beeinträchtigen.

Korruption hat es in fast allen Epochen und in allen Kulturen gegeben und war oft ein entscheidender Faktor in der Geschichte der Menschheit. In der Antike zum Beispiel, im alten Rom, war Bestechung ein weitverbreitetes Mittel, um politischen Einfluss zu gewinnen. Berühmt ist der Fall des Gaius Verres, eines römischen Politikers des 1. Jahrhunderts v. Chr., der wegen seiner korrupten Praktiken als Statthalter von Sizilien vor Gericht stand.

Der Fall ist deshalb so bemerkenswert, weil Korruption im antiken Rom mit seinen Machtkämpfen und Intrigen allgegenwärtig war. Die Praxis des »mutorum pecuniae«, wörtlich »Geldwechsel«, war eine gängige Form der Bestechung, bei der Geld und andere Werte gegen politischen Einfluss und Macht getauscht wurden. Hohe Beamte, Richter und sogar einfache Bürger waren häufig in korrupte Praktiken verwickelt.

Eine weitere Besonderheit der römischen Gesellschaft war die Legalität von Bestechung in bestimmten Kontexten. Beispielsweise galt das »ambitus« – das Anbieten von Geld oder Geschenken an Wähler als Gegenleistung für ihre Stimme – als alltägliches und gesellschaftlich akzeptiertes Verhalten. Dennoch führte diese weitverbreitete Korruption zu Ungleichheiten und Ungerechtigkeiten, die das Vertrauen der Bevölkerung in die politischen Institutionen untergruben.

Es wurden aber auch Anstrengungen unternommen, die Korruption in Rom zu bekämpfen. Verschiedene Gesetze wurden erlassen, um »ambitus« zu kriminalisieren und zu bestrafen. Es gab Beamte, die die Aufgabe hatten, gegen Bestechung vorzugehen. Zu ihnen gehörten auch die »quaestores parricidii«, die für die Untersuchung von Kapitalverbrechen, einschließlich Korruption, zuständig waren. Dennoch war die Durchsetzung dieser Maßnahmen oft schwierig und unvollständig, da die Korruption tief in der römischen Gesellschaft verwurzelt war.

Außerdem wurden zahlreiche Gesetze zur Eindämmung der Korruption erlassen, von denen viele im Römischen Recht verankert sind.

Eines der bedeutendsten war das »Lex Baebia« von 181 v. Chr., das erste Gesetz, das Bestechung bei Wahlen verbot. Es legte fest, dass jeder, der für schuldig befunden wurde, aus dem Senat ausgeschlossen wurde.

Ein weiteres wichtiges Gesetz war die »Lex Calpurnia« von 149 v. Chr., die die Einrichtung eines ständigen Gerichtshofs zur Verfolgung von Bestechung in Wahlen vorsah. Dieses Gesetz ebnete den Weg für eine härtere Durchsetzung der Antikorruptionsgesetze, indem es ein spezielles Forum für deren Anwendung schuf.

Darüber hinaus wurde die »Lex Acilia Repetundarum« im Jahre 123 v. Chr. verabschiedet. Das Gesetz verschärfte die Strafen für Erpressung und Bestechung und befürwortete die Verbannung als Strafe für schuldig befundene Personen. Durch den Prozess der »Leges« – Gesetzgebung – fanden diese Gesetze ihren Weg in das Römische Recht. Dies beinhaltete die Einbringung eines Gesetzentwurfes in die Volksversammlung, dessen Debatte und anschließende Abstimmung. Wenn ein Gesetz verabschiedet war, wurde es in die »Tabulae« oder Gesetzestafeln eingraviert und öffentlich ausgestellt.

Im europäischen Mittelalter wurde das Thema Korruption, insbesondere die Bestechlichkeit kirchlicher Würdenträger wie Bischöfe und Päpste, mit großer Ernsthaftigkeit behandelt. Viele der römischen Gesetze zur Bekämpfung der Korruption wurden in die mittelalterlichen Rechtssysteme übernommen und angepasst. Bestechung in der Kirche wurde als besonders verabscheuungswürdig angesehen, da sie das moralische Ansehen der Kirche untergrub und das Vertrauen der Gläubigen erschütterte. Die kirchliche Rechtsprechung, bekannt als das Kirchenrecht oder kanonische Rechtsprechung, entwickelte sich zu einem umfassenden System, das unter anderem Korruption und Bestechung regelte.

Im 12. Jahrhundert, während des Investiturstreits – einer Auseinandersetzung zwischen Papst und Kaiser um die Ernennung von Bischöfen – wurde das Thema der Bestechung besonders relevant. Die Kirche versuchte, die Macht des weltlichen Herrschers einzuschränken und ihre Unabhängigkeit zu wahren. Dies führte dazu, dass »Simonie«, der Verkauf kirchlicher Ämter, als eine Form der Korruption erkannt und verurteilt wurde. Das Vierte Laterankonzil von 1215 verbot Simonie ausdrücklich und erklärte sie zu einem schweren Vergehen, das mit Exkommunikation geahndet werden konnte.

Korruption hat immer wieder den Lauf der Geschichte verändert. In der neueren Geschichte ist die Watergate-Affäre ein prominentes Beispiel für Korruption auf höchster politischer Ebene. In diesem Skandal, der die USA in den 1970er-Jahren erschütterte, spionierte die Regierung von Präsident Richard Nixon die oppositionelle Demokratische Partei aus und versuchte, die anschließende Untersuchung zu blockieren. Der Skandal führte schließlich zum Rücktritt Nixons und hinterließ einen bleibenden Eindruck von den möglichen Gefahren der Korruption.

Um Korruption als Problem zu begreifen, müssen wir sie zunächst in all ihren Facetten verstehen und erkennen, dass sie nicht nur ein Problem der »Anderen« ist, sondern auf vielen Ebenen und in vielen Dimensionen stattfindet.

1.3 Vom »kleinen Gefallen« und seinen schwerwiegenden Folgen

Häufig wird Korruption sprachlich verharmlost, als »Vorteilsnahme« zum Beispiel. Was ist schon falsch daran, sich einen kleinen Vorteil zu verschaffen? Viele der mit Korruption in Verbindung stehende Begriffe sind daher Euphemismen, also Begriffe, die die Tat verharmlosen und bagatellisieren.

Nehmen wir zum Beispiel den Begriff »Bestechung«. Er stammt aus dem mittelhochdeutschen »bisteichen«, was so viel wie »bezeichnen« oder »kennzeichnen« bedeutet. Bestechung bedeutet, Einfluss auf eine Person auszuüben, indem man ihr Geschenke, Geld oder andere Vorteile anbietet.

»Kleine Geschenke bewahren die Freundschaft«, weiß schon der Volksmund, wer könnte da ein Problem sehen? Und schon sind wir mitten drin im sumpfigen und undurchsichtigen Terrain der Korruption, deren Grenzen sich nicht so klar zu ziehen sind, wie wir uns das als Gesellschaft und als moralisch urteilende Individuen vielleicht wünschen.

Die Vorteilsnahme ist eine Form der Korruption, bei der eine Person einen rechtswidrigen Vorteil für sich oder einen Dritten annimmt, ohne dass dadurch eine konkrete Diensthandlung beeinflusst wird. Im Unterschied zur Bestechung, bei der eine Gegenleistung erwartet wird, kann die Vorteilsnahme als eine Art »passive Bestechung« verstanden werden. Sie liegt vor, wenn zum Beispiel ein Beamter ein Geschenk annimmt, ohne dafür eine bestimmte Gegenleistung zu erbringen.

Vorteilsnahme liebt beispielsweise vor, wenn ein Verkehrspolizist von einem Autofahrer nach einer Geschwindigkeitsüberschreitung ein teures Geschenk annimmt, ohne dem Autofahrer ausdrücklich den Erlass des Bußgeldes zu versprechen. Oder wenn ein Bauamtsmitarbeiter von einem Bauunternehmer eine teure Uhr geschenkt bekommt, ohne dass dafür eine spezielle Baugenehmigung zugesichert wird. Das Prinzip der Vorteilsnahme beruht auf dem Gedanken, dass das Vertrauen in das faire und unparteiische Handeln von Amtsträgern nicht durch den Anschein der Beeinflussbarkeit erschüttert werden darf. Ein weiteres Beispiel ist ein Arzt, der von einem Pharmavertreter teure Einladungen zu Fachkongressen inklusive Übernachtungen in Luxushotels erhält. Auch wenn der Arzt möglicherweise nicht ausdrücklich verspricht, im Gegenzug mehr Medikamente des Pharmaunternehmens zu verschreiben, besteht ein Interessenkonflikt. Die Vorteilsnahme ist deshalb so problematisch, weil sie das Vertrauen in die Integrität und Unabhängigkeit von Personen in öffentlichen oder privaten Schlüsselpositionen untergräbt.

Bestechung ist eine eindeutigere Form der Korruption, bei der eine Person eine andere Person veranlasst, ihre Pflichten oder Verantwortlichkeiten in einer bestimmten Weise zu erfüllen, üblicherweise durch die Bereitstellung von Geschenken, Geld, Dienstleistungen oder einer anderen Form des persönlichen Vorteils. Bestechung ist – auch in Deutschland -rechtswidrig, wie wir in Kapitel 4 noch näher betrachten werden, und zieht zahlreiche Rechtsfolgen nach sich.

Ein anschauliches Beispiel für Bestechung wäre ein Bauunternehmer, der einem städtischen Beamten Geld anbietet, damit dieser die Bauvorschriften lockert oder ignoriert und dem Unternehmer erlaubt, ein Gebäude schneller oder billiger zu bauen. Ein weiteres Beispiel könnte ein Student sein, der einem Professor Geld oder Geschenke anbietet, um in eine Prüfungsnote zu erhalten. In den meisten Ländern der Welt ist Bestechung strafbar und wird mit hohen Geld- und sogar Freiheitsstrafen geahndet. Das Problem ist die Beweisbarkeit, wie wir noch sehen werden.

»Vetternwirtschaft« ist ein weiterer Begriff, der häufig im Zusammenhang mit Korruption verwendet wird. Er leitet sich von dem Wort »Vetter« ab, das im Mittelalter so viel wie »Verwandter« bedeutete. In der Soziologie bezeichnet Vetternwirtschaft eine Form der Korruption, bei der Ämter und Aufträge bevorzugt an Verwandte und Freunde ohne Rücksicht auf ihre Qualifikationen vergeben werden. Dieses Phänomen ist auch unter dem Begriff »Nepotismus« bekannt, der sich vom lateinischen »nepos« (Neffe) ableitet und auf die Praxis der Päpste im Mittelalter zurückgeht, ihre Neffen zu Kardinälen zu ernennen. Auch dieser Begriff birgt seine historischen und soziologischen Untiefen, schließlich kann uns niemand einen Vorwurf machen, wenn wir uns um Familienangehörige kümmern, oder? Denn hier bestehen die stabilsten Bindungen und Vertrauenssituationen, ganz anders, als wenn wir es mit Fremden zu tun haben. Wieder versinken wir tiefer im Schlamm der Korruption, der den eben noch festen Boden unter unseren Füßen in ethischen Treibsand verwandelt.

Vetternwirtschaft ist also eine Form der Korruption, bei der Ämter, Positionen oder Aufträge aufgrund persönlicher Beziehungen und nicht aufgrund von Verdiensten oder Fähigkeiten vergeben werden. Diese Praxis ist in vielen Bereichen des öffentlichen und privaten Lebens anzutreffen und untergräbt die Glaubwürdigkeit und Transparenz von Institutionen und Unternehmen. Ein typisches Beispiel für Vetternwirtschaft kann in der Politik beobachtet werden, wenn ein Politiker eine wichtige Position mit einem Familienmitglied oder einem engen Freund besetzt, unabhängig von dessen Qualifikation oder Erfahrung für diese Rolle. Ein solcher Fall könnte die Ernennung eines unerfahrenen Verwandten zum Leiter einer staatlichen Behörde sein.

In der Wirtschaft kann sich Vetternwirtschaft darin äußern, dass ein Unternehmensleiter einen Auftrag an einen Freund oder ein Familienmitglied vergibt, obwohl andere Anbieter möglicherweise besser qualifiziert oder wirtschaftlich günstiger sind. Ein Beispiel hierfür wäre ein CEO, der einen lukrativen Werbevertrag an die Firma seines Schwagers vergibt, obwohl es andere Unternehmen gibt, die den Auftrag zu einem besseren Preis oder in einer höheren Qualität ausführen könnten.

Ein weiterer Aspekt der Korruption ist die »Günstlingswirtschaft«, bei der Personen aufgrund von Sympathie oder persönlichen Beziehungen bevorzugt behandelt werden. Hierbei handelt es sich um eine subtilere Form der Korruption, die oft schwer zu erkennen und nachzuweisen ist. Der Begriff »Günstling« stammt aus dem Althochdeutschen und bedeutet »jemand, der Gunst genießt«. Stehen wir nicht alle in irgendjemandes Gunst? Und ist das nicht eigentlich etwas Gutes? Tatsächlich steigt uns dabei der faulige Gestank der verderbten Korruptheit bereits deutlich in die Nase, auch wenn wir ihn mit dem scheinbar harmlosen Begriff der Günstlingswirtschaft zu überdecken versuchen. Es ist, was es ist: All diese Begriffe beschreiben Korruption und um das Problem anzugehen, müssen wir es zunächst beim Namen nennen.

Ein anderer Begriff, der oft im Zusammenhang mit Korruption verwendet wird, ist »Schmiergeld«. Darunter versteht man Geld oder andere Wertgegenstände, die einer Person unrechtmäßig gezahlt werden, um ihr Verhalten so zu beeinflussen, dass der Zahlende daraus einen Vorteil zieht. Im Geschäftsleben könnte dies bedeuten, dem Einkäufer eines großen Unternehmens Geld zu zahlen, um sicherzustellen, dass das Unternehmen weiterhin Produkte oder Dienstleistungen von einem bestimmten Lieferanten bezieht. Ein Schmiergeld könnte auch an jemanden in einer Behörde gezahlt werden, um eine Genehmigung zu erhalten, die sonst nicht erteilt worden wäre.

Ein weiterer, nicht verharmlosender, Begriff ist »Erpressung«. Dabei wird jemandem ein Schaden angedroht, wenn er nicht eine bestimmte Handlung vornimmt oder unterlässt. Ein Beispiel hierfür könnte ein Unternehmer sein, der einem Politiker damit droht, belastende Informationen über diesen zu veröffentlichen, wenn der Politiker nicht bestimmte politische Entscheidungen trifft, die für den Unternehmer von Vorteil sind.

»Klientelismus« ist ein weiterer Begriff im Zusammenhang mit Korruption. Unter Klientelismus versteht man ein System, in dem politische Unterstützung im Tausch gegen materielle Vorteile angeboten wird. Ein Beispiel wäre ein Politiker, der Wählern Arbeitsplätze oder andere Vorteile verspricht, wenn sie ihm bei der nächsten Wahl ihre Stimme geben.

1.4 Warum Compliance allein keine Lösung ist

Diese Beispiele zeigen, wie vielschichtig und facettenreich Korruption ist und wie schwierig es ist, eine klare Grenze zwischen legalem und illegalem Handeln zu ziehen. In jedem größeren Unternehmen gibt es deshalb eine ganze Abteilung, die sich nur mit dieser Abgrenzung beschäftigt: die Compliance. Doch Compliance setzt voraus, dass derjenige, der ihre Regeln befolgen soll, die Trennlinie nicht überschreiten will. Sie bewahrt sozusagen den anständigen Mitarbeiter davor, »aus Versehen« korrupt zu werden. Was aber, wenn es kein Versehen, sondern Absicht ist? Dann nutzen auch die besten Compliance-Regeln nichts. Anders ausgedrückt: Gegen den Dämon der Gier ist Compliance machtlos.

Bedeutet das, dass wir als Gesellschaft Korruption also in der Tat als gegeben hinnehmen müssen, als etwas, das wir zwar einschränken, aber nie ganz verhindern können, so wie Gewalt und andere Verbrechen? Das wäre ein niederschmetterndes Fazit.

1.5 Korruption ist eine Form von Machtmissbrauch

Korruption findet sich im Schatten der Macht, in ihren kleinen und großen Formen. Auch wenn es sich oft nicht so anfühlt: Jeder von uns übt an irgendeiner Stelle Macht über andere aus, und sei es nur über die eigenen Kinder oder das Haustier. Im Umgang mit dieser Macht zeigt sich, wie es um unser Wertesystem bestellt ist. In der einfachsten Definition ist Macht die Fähigkeit oder die Möglichkeit, das Verhalten anderer zu beeinflussen oder zu kontrollieren. Diese Definition kratzt jedoch nur an der Oberfläche eines komplexen Phänomens. In Wirklichkeit ist Macht weitreichender und vielschichtiger. Sie kann öffentlich oder verborgen, offensichtlich oder subtil, körperlich oder psychologisch, autoritär oder manipulativ sein.

Die Philosophie hat sich intensiv mit dem Konzept der Macht auseinandergesetzt. Von Platon und Aristoteles bis hin zu Machiavelli und Nietzsche haben Philosophen versucht, das Wesen der Macht zu verstehen und zu erklären. Einige betrachten Macht als notwendiges Übel, andere als Motor des Fortschritts. Wieder andere sehen darin eine Quelle für Korruption und Missbrauch. In der modernen Soziologie wird Macht im Zusammenhang mit strukturellen oder institutionellen Hierarchien betrachtet.

Max Weber zum Beispiel definierte Macht als die Fähigkeit eines Individuums oder einer Gruppe, ihren Willen gegen den Widerstand anderer durchzusetzen. In dieser Sichtweise ist Macht eng mit Herrschaft und Kontrolle verbunden und ist oft das Ergebnis von Ungleichheiten und Unterschieden in Status, Ressourcen oder Wissen.

Aber Macht ist nicht immer negativ oder destruktiv. Sie ist untrennbar mit der Übernahme von Verantwortung verknüpft. Sie kann auch als eine Kraft für positiven Wandel und sozialen Fortschritt gesehen werden. Macht kann genutzt werden, um Ungerechtigkeiten zu bekämpfen, Rechte zu verteidigen und positive soziale Veränderungen zu fördern. In diesem Sinne kann Macht als eine Form von Verantwortung und als Quelle von sozialer Handlungsfähigkeit betrachtet werden.

Und wie wir mit Macht umgehen, ob wir sie zum Wohle oder zum Schaden anderer einsetzen, ist ein wesentlicher Prüfstein für unsere moralische und ethische Integrität. Wie der französische Denker Michel Foucault bemerkte: »Macht ist überall; nicht weil sie alles umfasst, sondern weil sie von überall herkommt.«

Korruption ist der stille und oft unbemerkte Missbrauch dieser Macht. Sie ist ein inhärentes, das heißt aus uns selbst heraus entstehendes Produkt menschlicher Gier und Machtstrebens. Sie ist ein unerwünschter Nebeneffekt der menschlichen Natur, die in den Worten des Philosophen Friedrich Nietzsche als »ein Wille zur Macht« charakterisiert werden kann.

In der Psychologie hat Sigmund Freud den menschlichen Trieb zur Gier als Teil unserer Grundinstinkte erkannt. Korruption ist das dunkle Ergebnis, wenn Menschen diesen Instinkten nachgeben und sie in Machtpositionen umsetzen. Wie der Politiker und Bürgerrechtler Martin Luther King Jr. einmal sagte: »Nichts in der Welt ist gefährlicher als aufrichtige Ignoranz und gewissenhafte Dummheit.« Diese Worte hallen in den leeren Korridoren der Macht wider, wo Korruption und Habgier oft Hand in Hand gehen, um den Reichtum einiger weniger auf Kosten vieler zu vermehren.

Macht und Korruption sind zwei Konzepte, die auf soziologischer und philosophischer Ebene ebenfalls eng miteinander verknüpft sind. Macht ist die Fähigkeit, das Verhalten anderer zu beeinflussen oder zu kontrollieren, oft durch Belohnung oder Bestrafung. Korruption hingegen ist der Missbrauch dieser Macht zum persönlichen Gewinn oder Vorteil.

Auf der soziologischen Ebene wird der Zusammenhang zwischen Macht und Korruption durch die Position eines Einzelnen innerhalb eines sozialen Gefüges bestimmt. Je höher die Position einer Person, desto größer ist ihr Zugang zu Ressourcen und desto größer ist die Versuchung, diese Macht zu missbrauchen. Dies wird als »strukturelle Korruption« bezeichnet und ist besonders in hierarchischen Organisationen oder Gesellschaften verbreitet.

Aus philosophischer Sicht kann die Beziehung zwischen Macht und Korruption als moralisches Dilemma betrachtet werden. Die Inhaber von Macht stehen oft vor der Entscheidung, ihre Macht zum Wohle der Allgemeinheit oder zu ihrem persönlichen Vorteileinzusetzen. Diese Entscheidung ist ein Lackmustest für die persönliche Integrität und die moralischen Werte eines Individuums.

1.6 Von der Macht der günstigen Gelegenheit

Aber was veranlasst uns dazu, uns für die eine oder andere Seite zu entscheiden, wenn eine günstige Gelegenheit daherkommt? Einerseits haben wir unsere Werte, unser Gewissen, das uns Handlungen abhält, die anderen aktiv schaden. Was aber, wenn dieser Schaden nicht so leicht zu erkennen oder zu beziffern ist und eher abstrakt erscheint, wie es oft in Zusammenhang mit Korruption als vermeintlichem »Verbrechen ohne Opfer« der Fall ist? Ohne die Vorstellung eines konkreten Schadens übernimmt leicht eine andere, weitaus weniger moralische Seite unseres Denkens, Urteilens und Handelns das Ruder: die Gier. Der Ursprung von Korruption ist Gier. Fällt diese mit der passenden Gelegenheit und der Aussicht auf einen entsprechenden Vorteil zusammen, so geraten auch die stärksten moralischen Grenzen schnell ins Wanken.

Die menschliche Dimension der Korruption ist ein wesentlicher Aspekt, der oft übersehen wird. Tatsächlich sind es nicht unbedingt Menschen mit kriminellen Absichten, die korrupte Handlungen begehen. Vielmehr sind es oft »normale« Menschen, die in ihren alltäglichen Rollen und Verpflichtungen handeln. Der Risikofaktor Mensch spielt dabei eine entscheidende Rolle.

Die Macht der günstigen Gelegenheit ist ein weiterer entscheidender Faktor, der Korruption begünstigt. Wenn die Gelegenheit besteht, durch korrupte Handlungen persönliche oder berufliche Gewinn zu erlangen, und das Risiko der Entdeckung gering erscheint, können auch ansonsten rechtschaffene Menschen in die Korruptionsfalle tappen. Dieses Phänomen ist besonders ausgeprägt in Umgebungen mit schwachen Kontrollmechanismen und mangelnder Transparenz.

Interessant ist auch die Tatsache, dass Korruption im Gegensatz zu Diebstahl oder Gewaltverbrechen oft nicht als moralisch verwerflich betrachtet wird. Vielmehr kann sie in bestimmten Kontexten sogar als sozial akzeptabel oder notwendig angesehen werden. In solchen Fällen wird Korruption oft als eine Art »Schmiermittel« betrachtet, das das Funktionieren des Systems erleichtert.

Die Ursachen der Korruption sind so komplex und vielfältig wie die Korruption selbst. Eine der Hauptursachen von Korruption ist die ungleiche und intransparente Verteilung von Macht. Macht erlaubt es Individuen, Institutionen und sogar ganzen Gesellschaften, die Regeln zu beherrschen und sie nach Belieben zu beugen. In vielen Fällen ermöglicht Macht überhaupt erst die Entstehung von Korruption. Aber Macht ist nicht der einzige Faktor.

Armut und wirtschaftliche Instabilität können ebenfalls zur Korruption beitragen. Menschen, die in Armut leben oder sich in einer unsicheren wirtschaftlichen Lage befinden, sind eher bereit, korrupte Handlungen zu begehen, um ihr Überleben zu sichern. Das gilt insbesondere für Gesellschaften, in denen der Zugang zu Ressourcen und Chancen ungleich verteilt ist.

Das »Fraud Triangle« oder »Betrugsdreieck« ist ein Modell, das die drei Faktoren identifiziert, die häufig bei Betrug oder Korruption auftreten. Dieses Konzept wurde von dem Soziologen Donald R. Cressey entwickelt und ist der Betrugsaufklärung und -prävention weit verbreitet.

Das erste Element des Dreiecks ist die »Gelegenheit«. Dies bezieht sich auf die Umstände, die es einem Individuum ermöglichen, einen Betrug zu begehen. Beispielsweise kann ein Mangel an Kontrolle oder Überwachung in einer Organisation eine solche Gelegenheit darstellen.

Das zweite Element ist »Druck« oder auch »Motivation«. Dies kann sich auf persönliche oder finanzielle Probleme beziehen, die ein Individuum dazu drängen, betrügerische Handlungen zu begehen. Zum Beispiel kann ein Mitarbeiter, der mit finanziellen Schwierigkeiten konfrontiert ist, sich unter Druck gesetzt fühlen, Geld von seinem Arbeitgeber zu stehlen.

Das letzte Element ist die »Rechtfertigung«. Dies bezieht sich auf die Einstellung oder das Denken, das ein Individuum glauben lässt, dass seine betrügerische Handlung akzeptabel oder gerechtfertigt ist. Beispielsweise könnte ein Individuum glauben, dass es richtig ist, Bestechungsgelder anzunehmen, wenn es glaubt, dass es unterbezahlt ist.

Im Kontext der Korruption bietet das Betrugsdreieck ein hilfreiches Modell, um zu verstehen, warum Korruption entsteht. Es zeigt, dass Korruption oft das Ergebnis einer Kombination aus Gelegenheit, Druck und Rechtfertigung ist. Bestimmte Branchen wie die Abfallwirtschaft und die Baubranche sind besonders anfällig für Korruption. Die Abfallwirtschaft ist beispielsweise stark von öffentlichen

Aufträgen abhängig. Viele Unternehmen konkurrieren um diese lukrativen Verträge, und in einem solchen Wettbewerbsumfeld ist die Versuchung groß, sich durch Bestechung einen unfairen Vorteil zu verschaffen. Darüber hinaus ist die Abfallentsorgung eine Aufgabe, die mit erheblichen Umweltauswirkungen verbunden ist, und es kann verlockend sein, Vorschriften zu umgehen oder zu missachten, um Kosten zu sparen. Die Baubranche hingegen ist komplex und oft unübersichtlich. An großen Bauprojekten sind häufig mehrere Subunternehmer und eine Vielzahl von Materiallieferanten beteiligt. Diese Komplexität kann es schwierig machen, genaue Kostenschätzungen zu erstellen und den Überblick über alle Beteiligten zu behalten. Dies wiederum schafft einen Nährboden für korrupte Praktiken, wie zum Beispiel das Überrechnen von Materialien oder die Unterbezahlung von Subunternehmern.

1.7 Die Geißel der Gier

Gier als ein intensives und egoistisches Verlangen nach etwas, insbesondere nach Reichtum, Macht oder Nahrung, ist ein zentraler Akteur in der Dynamik der Korruption. Die alten Griechen bezeichneten Gier als »Pleonexie«. In diesem Sinne kann Gier die Wahrscheinlichkeit korrupten Verhaltens erhöhen, indem sie Individuen dazu verleitet, ihre Macht zum persönlichen Vorteil zu missbrauchen.

Die Forschung zeigt, dass Gier und Korruption auf individueller Ebene oft Hand in Hand gehen: Personen, die aus psychologischer Sicht eine hohe Anfälligkeit für Gier zeigen, neigen eher zu korruptem Verhalten.

Aus soziologischer Sicht ist Gier ein Produkt und ein Verstärker sozialer Ungleichheit. Sie kann das soziale Gefüge aushöhlen und das Vertrauen in Institutionen untergraben, indem sie diejenigen belohnt, die bereit sind, Normen und Regeln zu brechen, um ihren eigenen Interessen zu dienen.

Historisch betrachtet hat Gier oft zu weit verbreiteter Korruption geführt, besonders in Zeiten politischer oder wirtschaftlicher Instabilität, wie wir bereits am einleitenden Beispiel von Jesse L. Livermore gesehen haben. Korruption hat oft katastrophale Auswirkungen auf Gesellschaften – sie fördert Ungleichheit, untergräbt das Vertrauen in öffentliche Institutionen und kann das Wachstum und die Entwicklung von Nationen behindern.

Gier, Macht, Korruption und fehlende Transparenz sind die modernen Reiter der Apokalypse.

Waren früher Seuchen und Krieg die größten Bedrohungen für die menschliche Zivilisation, so sind es heutzutage vor allem moralische Schwächen und Korruption, die das Wachstum und den Fortschritt hemmen. Das Problem: Sie sind deutlich schwerer zu erkennen und auf den ersten Blick auch weniger destruktiv als die apokalyptischen Geißeln vergangener Epochen. Und was schadet ein bisschen Korruption schon? Heißt es nicht oft: »Wo gehobelt wird, da fallen Späne« und »Wo Licht ist, ist auch Schatten«? Muss man das nicht in Kauf nehmen, wenn man wirtschaftlich und politisch erfolgreich sein will? Sind wir nicht alle ein bisschen korrupt, wenn uns der Handwerker anbietet, etwas »ohne Rechnung« zu machen oder wenn wir ein besonders verführerisches Angebot erhalten? Wo sind unsere persönlichen moralischen Grenzen – und wie definieren wir sie als Gesellschaft?

1.8 Korruption kostet – uns alle

Korruption hat weitreichende negative Auswirkungen auf Gesellschaften und Volkswirtschaften. Sie erhöht die Kosten öffentlicher Dienstleistungen, untergräbt das Vertrauen in Institutionen und behindert das Wirtschaftswachstum. Laut Transparency International werden die weltweiten Kosten für Korruption für das Jahr 2019 auf schätzungsweise 3,6 Billionen US-Dollar geschätzt, was 5 % des globalen BIP entspricht. Korruption ist also nicht nur ein moralisches, sondern auch ein finanzielles Problem.

Ein konkretes Beispiel für die Auswirkungen von Korruption ist der Bau der Berliner Flughafens (BER). Ursprünglich sollten sich die Kosten auf rund 2 Milliarden Euro belaufen. Am Ende kostete das

Projekt jedoch aufgrund von Korruption, Ineffizienz und Fehlplanung fast 7 Milliarden Euro. Nicht nur die finanziellen Verluste sind ein Problem. Korruption führt auch zu einem Vertrauensverlust in öffentliche Institutionen. Laut Eurobarometer 2019 glauben 63 % der Bürger, dass Korruption in ihrem Land weit verbreitet ist, und eine Mehrheit von 56 % ist der Ansicht, dass das Ausmaß der Korruption in den letzten drei Jahren zugenommen hat.

Die Auswirkungen von Korruption sind weitreichend und schädlich. Sie untergräbt das Vertrauen der Bürger in die öffentlichen Institutionen, verhindert eine gerechte Verteilung der Ressourcen und fördert Ungerechtigkeit und Ungleichheit. Darüber hinaus verzerrt sie den fairen Wettbewerb in der Wirtschaft und behindert das Wachstum und die Entwicklung des Landes.

1.9 Was wir tun können

Doch was können wir als Unternehmer und Wirtschaftsakteure, als gesellschaftliche Akteure tun, um Korruption zu bekämpfen? Was ist das wirksamste Gegenmittel gegen das Gift der Korruption? Wie kann ich mein Unternehmen und meine Mitarbeiter vor Korruption schützen? Klar ist: Deutschland muss im Kampf gegen Korruption harte Maßnahmen ergreifen. Dazu gehören die Förderung von Transparenz in der Regierungsführung, die Stärkung von Kontrollmechanismen und die Sensibilisierung der Öffentlichkeit für die negativen Auswirkungen von Korruption. Zum anderen müssen auch die Strafen für Korruption verschärft und durchgesetzt werden, um potenzielle Täter abzuschrecken.

Dazu muss das Phänomen Korruption aber überhaupt erst einmal als Problem im öffentlichen Bewusstsein angekommen sein – und davon sind wir in Deutschland noch weit entfernt.

Wir betrachten Korruption immer noch als eine Ausnahmeerscheinung, als kleine Anomalie im System, als reißerische Schlagzeile, aber nichts könnte falscher sein. Wir – als Bürger, als Wirtschaftsakteure, als Menschen mit freiem Willen – müssen die Korruption als allgegenwärtige Realität unserer Zeit erkennen und entlarven.

Korruption ist das Monster unter unserem Bett, das wir nicht sehen wollen, von dem wir aber wissen, dass es da ist. Was können wir tun, um es zu vertreiben? Wir können ihm mit einer großen Taschenlampe in das Gesicht – die Fratze – leuchten. Das erfordert Mut und Durchsetzungsvermögen. Korruption existiert im Schatten, sie blüht hinter verschlossenen Türen, deshalb kann sie nicht allein durch Regeln eingedämmt werden.

Das Gegengift gegen Korruption heißt Transparenz, und zwar nicht als bloßer Begriff, sondern ganz konkret, als übergeordnetes Prinzip und Handlungsmaxime, der wir uns als Unternehmer freiwillig unterordnen. Wir müssen nicht Immanuel Kant und den kategorischen Imperativ bemühen, um zu wissen, was da von uns verlangt wird.

Bedingungslose Transparenz kann es nicht geben, denn das würden unseren wirtschaftlichen Interessen schaden. Wie also mit der Korruption umgehen? Genau davon wird in diesem Buch die Rede sein. Wir werden die juristischen, soziologischen, psychologischen und praktischen Aspekte der Korruption betrachten und konkrete Lösungen auf individueller, unternehmerischer und politischer Ebene vorstellen, die sofort umgesetzt werden können.

Nach vielen Jahren als Ermittler im Bereich der Wirtschaftskriminalität glaube ich an eine Zukunft, in der Korruption so geächtet ist, dass die meisten Menschen trotz Gier und günstiger Gelegenheit davor zurückschrecken. Es ist unser Anliegen, den sozialen, juristischen und monetären Preis der Korruption so in die Höhe zu treiben, dass Machtmissbrauch dieser Art höchstens noch als Randerscheinung auftritt. Um dieses Ziel zu erreichen, brauchen wir Sie, lieber Leser, als Bürger, als Unternehmer, als Arbeitnehmer. Nur gemeinsam können wir dem Monster unter dem Bett den Garaus machen, nur gemeinsam können wir Institutionen und Werte schaffen, die uns als Gesellschaft, als Unternehmen und als Individuen gegen Korruption immunisieren.

Es ist mir ein Anliegen, gerechte und inklusive Sprache zu fördern, da ich fest davon überzeugt bin, dass Sprache die Kraft hat, unsere Sicht auf die Welt und aufeinander zu formen. Gleichzeitig liegt mir viel an der Lesbarkeit und Verständlichkeit des Textes. Aus diesem Grund habe ich mich dafür entschieden, in diesem Werk das generische Maskulinum zu verwenden. Diese Entscheidung reflektiert nicht die Vernachlässigung von Geschlechtergerechtigkeit, sondern dient vielmehr der Klarheit und Flüssigkeit des Textes. Es ist mir wichtig zu betonen, dass mit dieser sprachlichen Wahl alle Geschlechter eingeschlossen und wertgeschätzt sind.

Giuseppe Frau im Herbst 2023

Giuseppe Frau ist Inhaber und führender Wirtschaftsermittler der renommierten Kölner Agentur für Wirtschaftsermittlungen ComSec. In den vergangenen Jahrzehnten hat er sich einen Namen gemacht, indem er zur Aufklärung so mancher spektakulärer Korruptionsfälle beigetragen hat. Mit seiner akribischen Arbeit und seinem unermüdlichen Engagement für Gerechtigkeit hat er erheblich dazu beigetragen, Licht in dunkle Machenschaften zu bringen. Heute ist er entschlossen, der Korruption den Kampf anzusagen. Er bringt seine reiche Erfahrung und sein Fachwissen ein, um Unternehmen dabei zu helfen, sich vor den verheerenden Auswirkungen der Korruption zu schützen. Mit seinen scharfen Analysen und seinem tiefen Verständnis für die Mechanismen der Korruption steht Giuseppe Frau an vorderster Front im Kampf gegen die Korruption.

2. Von Bestechung bis Vetternwirtschaft: Die unterschiedlichen Facetten der Korruption

Nach Angaben der Nichtregierungsorganisation Transparency International lag der weltweite Durchschnittswert des Korruptionswahrnehmungsindex (Corruption Perceptions Index, CPI) im Jahr 2020 bei 43 von 100 Punkten. Ein Wert von 0 steht für ein hohes Maß an Korruption, ein Wert von 100 für ein sehr niedriges Maß an Korruption. Mehr als zwei Drittel der 180 im Index erfassten Länder erreichten einen Wert von weniger als 50. Mit einem Wert von 88 führen Dänemark und Neuseeland die Rangliste der am wenigsten korrupten Länder an. Schlusslichter sind der Südsudan und Somalia mit nur 12 Punkten.

2.1 Kampf gegen Korruption: Die Arbeit von Transparency International

Transparency International ist eine Nichtregierungsorganisation, die sich der dem Kampf gegen die Korruption verschrieben hat. Gegründet wurde sie 1993 von Peter Eigen, einem ehemaligen Mitarbeiter der Weltbank, in Berlin. Seitdem hat sich die Organisation zu einer weltweit agierenden Kraft mit über 100 Zweigstellen in aller Welt entwickelt.

Ihre Aufgaben sind vielfältig. Sie arbeitet daran, das Bewusstsein für die schädlichen Auswirkungen der Korruption zu schärfen und fordert von Regierungen, Unternehmen, Nichtregierungsorganisationen und Bürger weltweit auf, Maßnahmen zur Korruptionsbekämpfung zu ergreifen. Dazu erstellt sie Berichte, führt Untersuchungen durch und bietet Schulungen an.

Ein wichtiger Bestandteil ihrer Arbeit ist der jährlich veröffentlichte Korruptionswahrnehmungsindex (Corruption Perceptions Index,

CPI). Dieser Index ordnet Länder nach der wahrgenommenen Korruption in ihrem öffentlichen Sektor und dient als wichtiges Instrument zur Beurteilung der Korruptionslage in verschiedenen Ländern.

In Deutschland ist Transparency International Deutschland e. V. seit 1993 tätig und hat seinen Schwerpunkt auf die Bekämpfung von Korruption in Politik, Wirtschaft und Gesellschaft gelegt. Sie engagiert sich für Transparenz, Integrität, Rechenschaftspflicht und Bürgerbeteiligung und hat zahlreiche Initiativen und Projekte ins Leben gerufen, um diese Ziele zu erreichen.

Transparency International Deutschland e. V. hat eine Reihe wichtiger Initiativen zur Korruptionsbekämpfung in verschiedenen Bereichen ins Leben gerufen. Im Bereich der Zusammenarbeit mit Unternehmen ist das Projekt »Business Integrity Forum« (BIF) hervorzuheben. Im Rahmen dieses Forums treffen sich Vertreter aus der Wirtschaft, um gemeinsam Strategien zur Korruptionsbekämpfung zu entwickeln und Best Practices auszutauschen. Ein weiteres wichtiges Projekt ist das »Whistleblowing Network«. Dieses Netzwerk bietet eine Plattform für Hinweisgeber, die auf Korruptionsfälle aufmerksam machen möchten. Das Netzwerk bietet Unterstützung und Schutz für Whistleblower und erleichtert so die Meldung von Korruptionsfällen.

Auch im Bereich der Politikberatung hat Transparency International Deutschland wichtige Beiträge geleistet. So hat die Organisation beispielsweise einen »Nationalen Integritätsbericht« erstellt, der eine umfassende Analyse der Korruptionssituation in Deutschland bietet und konkrete Handlungsempfehlungen für die Politik enthält. Darüber hinaus berät die Organisation regelmäßig politische Entscheidungsträger und stellt ihre Expertise bei der Erstellung von Gesetzen und Richtlinien zur Verfügung. Die Arbeit von Transparency International ist von großer Bedeutung, da Korruption ein ernsthaftes Hindernis für sozialen und wirtschaftlichen Fortschritt darstellt. Mit ihrer Arbeit trägt die Organisation dazu bei, Korruption sichtbar zu machen und Instrumente zu ihrer Bekämpfung bereitzustellen.

Schätzungen zufolge belaufen sich die Kosten der Korruption weltweit auf etwa 5 % des globalen BIP ausmachen, was etwa 2,6 Billionen US-Dollar entspricht. Darüber hinaus gehen nach Angaben der Weltbank jährlich rund 1 Billion US-Dollar durch Bestechungszahlungen verloren. Dies unterstreicht das Ausmaß und die Schwere der Korruption auf globaler Ebene. Experten betonen, dass die Bekämpfung der Korruption und die Verbesserung der Transparenz in allen Bereichen der Gesellschaft von entscheidender Bedeutung für die soziale und wirtschaftliche Entwicklung sind.

Korruption verursacht sowohl materielle als auch immaterielle Schäden. Materielle Schäden können sich in Form von finanziellen Verlusten manifestieren, die durch unehrliche Praktiken entstehen. Dies kann öffentliche Gelder betreffen, die für private Zwecke abgezweigt werden, wodurch die finanziellen Ressourcen, die für öffentliche Dienstleistungen wie Bildung und Gesundheit zur Verfügung stehen, eingeschränkt werden.

Die immateriellen Schäden sind jedoch oft schwerwiegender und dauerhafter. Sie umfassen den Verlust des Vertrauens der Bürger in ihre Regierungen, Institutionen und die Gesellschaft als Ganzes. Diese Art von Schaden kann zu sozialen und politischen Unruhen führen und das soziale Gefüge einer Gesellschaft aushöhlen. Die Folgen der Korruption sind für die Bürger besonders schwerwiegend, da sie in der Regel diejenigen sind, die sich auf öffentliche Dienstleistungen verlassen, die durch Korruption untergraben werden. Darüber hinaus kann Korruption sozialen Ungleichheiten verstärken, indem sie die wohlhabenderen und mächtigeren Teile der Gesellschaft begünstigt und die ärmeren und weniger mächtigen Teile der Gesellschaft benachteiligt.

Es ist wichtig, zu verstehen, dass Korruption nicht nur finanzielle Auswirkungen hat, sondern auch das Vertrauen und die Glaubwürdigkeit von Regierungen und Institutionen untergräbt. Dies führt zu Effizienz- und Effektivitätsverlusten bei der Erbringung öffentlicher Dienstleistungen und beeinträchtigt letztlich das Wohlergehen der Gesellschaft als Ganzes. Die Bekämpfung der Korruption und der Aufbau transparenter und rechenschaftspflichtiger Regierungen sind daher von entscheidender Bedeutung, um das Vertrauen der Bürger wiederherzustellen und nachhaltiges Wachstum und Entwicklung zu ermöglichen.

2.2 Rechtsstaatlichkeit und Korruption – ein Blick in die Geschichte

Historisch betrachtet wurde Korruption keineswegs immer als Verbrechen angesehen. Vielmehr war sie oftmals fester Bestandteil des politischen und sozialen Gefüges, wie Beispiele aus dem europäischen Mittelalter und den Feudalstaaten des 18. Jahrhunderts zeigen.

Ein aussagekräftiges Beispiel ist Friedrich II. von Preußen, der systematisch Minister am Hof der Kaiserin Maria Theresia bestach und davon ausging, dass diese ihrerseits seine Minister bestach. Es war eine allgemeine Erwartung, dass Diplomaten bestochen wurden, und in gewisser Weise hatten sie sogar ein Anrecht darauf.

Die preußischen Hofbeamten waren Diener des Königs und wurden durch sogenannten »Sporteln«– Vergütungen in Geld oder Naturalien, die der Empfänger der Dienstleistung zu entrichten hatte – alimentiert. Bis zum Ende des Kaiserreichs erhielten preußische Beamte nur etwa zwei Drittel des Gehalts, das sie zur Finanzierung des Lebensstils benötigten, der von ihnen aufgrund des Dienstranges erwartet wurde. Zum Ausgleich gab es Beihilfen und die Erlaubnis zum Nebenerwerb, die jedoch eingeschränkt war. Ein Erlass des preußischen Königs verbot seinen Beamten das »Fiedeln in Kaschemmen«, also das Musizieren in Gasthäusern.

Die Vollbesoldung von Beamten, also das Konzept, dass ein Beamter ein ausreichendes Gehalt erhält, um seinen Lebensunterhalt zu bestreiten, ist eine relativ neue Erfindung in der europäischen Geschichte und wurde als fortschrittliche Maßnahme von Frankreich eingeführt.

Unter dem Begriff »Kamarilla« verstand man in der höfischen Kultur eine Gruppe von Beratern oder Vertrauten, die hinter den Kulissen eines offiziellen Regimes Einfluss nahmen, oft zu ihrem eigenen

Vorteil. Der Begriff stammt ursprünglich aus Spanien und wurde im 18. und 19. Jahrhundert für informelle Beratungsgremien verwendet, die die Entscheidungsfindung der spanischen Monarchen beeinflussten. Die Mitglieder der Kamarilla waren oft nicht offiziell in der Regierung tätig und konnten daher ihre Macht unkontrolliert und diskret ausüben. Sie nutzten ihre engen persönlichen Beziehungen zum Herrscher, um zu persönlichem Reichtum und politischem Einfluss zu gelangen und um die Staatspolitik in ihrem Sinne zu gestalten. Dabei handelten sie oft im Interesse des Monarchen und nicht im öffentlichen Interesse.

Mit Beginn der frühen Neuzeit und dem Aufkommen des Rechtsstaates änderte sich die Wahrnehmung von Korruption grundlegend. Im Zuge der Aufklärung und der Entstehung moderner Staaten wurde der Begriff Korruption zunehmend negativ konnotiert und bezog sich auf illegale Praktiken von Beamten und Politikern zum eigenen Vorteil.

Im Zeitalter der Aufklärung wurde Korruption zunehmend kritisch betrachtet, da sie im Widerspruch zu den aufkommenden Idealen von Gleichheit und Rechtsstaatlichkeit stand. Dieser Paradigmenwechsel wurde maßgeblich durch das Denken der Philosophen der Aufklärung beeinflusst, die den Einzelnen und seine Rechte in den Mittelpunkt stellten. So schrieb Montesquieu, einer der einflussreichsten Denker seiner Zeit: »Es gibt kein größeres Übel in Staaten als die Korruption der Sitten.«

Mit der zunehmenden Organisation von Gesellschaften in Nationalstaaten und der Entstehung moderner politischer Institutionen wurde Korruption als Bedrohung für die Integrität des Staates und die Gleichheit seiner Bürger wahrgenommen. Dieser Wandel wurde von Philosophen wie Immanuel Kant sehr deutlich zum Ausdruck gebracht, der in seiner Schrift »Zum ewigen Frieden« betonte, dass »die Korruption der Regierung [...] das größte Übel ist, welches die Menschheit befällt.«

In der Folgezeit begann man, Gesetze zu erlassen, die Korruption unter Strafe stellten, um die Integrität der politischen Institutionen und das Vertrauen der Bürger in die Regierung zu schützen. Dies war ein Resultat der Arbeiten von Denkern wie John Locke, der betonte, dass »die Regierung ihre Legitimität aus der Zustimmung der Regierten bezieht«, was impliziert, dass Korruption, die das Vertrauen der Bürger untergräbt, eine direkte Bedrohung für die Legitimität der Regierung darstellt. Man kann also sagen, dass der Wandel in der Wahrnehmung von Korruption nicht nur ein Produkt von Veränderungen in der politischen Organisation und den gesellschaftlichen Normen war, sondern auch das Ergebnis des Denkens und der Arbeit der Aufklärer.

Im 19. Jahrhundert wurde die juristische Sichtweise der Korruption immer klarer definiert. In dieser Zeit wurden viele der ersten Antikorruptionsgesetze eingeführt, die Bestechung und ähnliche Handlungen unter Strafe stellten. In Deutschland beispielsweise wurde 1877 das Reichsstrafgesetzbuch verabschiedet, das die Bestechung und Bestechlichkeit von Beamten unter Strafe stellte. Im 20. Jahrhundert wurde die juristische Sichtweise der Korruption weiter verfeinert. Es wurden international gültige Definitionen und Standards für Korruption eingeführt, und es wurden internationale Organisationen und Abkommen zur Korruptionsbekämpfung geschaffen. Dazu gehören die Antikorruptionskonvention der Vereinten Nationen und die OECD-Konvention gegen Bestechung. Die Sicht auf Korruption hat sich von einer weit verbreiteten und teilweise akzeptierten Praxis in vormodernen Gesellschaften zu einem illegalen und moralisch verwerflichen Verhalten gewandelt, das rechtlich verfolgt und international bekämpft wird.

2.3 Bestechung und Bestechlichkeit

In seiner einfachsten Form bezeichnet Korruption, wie wir gesehen haben, den Missbrauch von Macht zum privaten Vorteil. Aber was bedeutet das konkret?

Die wohl bekannteste Form der Korruption ist die Bestechung. Laut Transparency International wurden im Jahr 2019 weltweit fast 1,6 Billionen US-Dollar an Bestechungsgeldern gezahlt. Ein bekanntes Beispiel hierfür ist der FIFA-Korruptionsskandal, bei dem hochrangige

FIFA-Funktionäre wegen der Annahme von Bestechungsgeldern verurteilt wurden. Eine weitere Form der Korruption ist die Vetternwirtschaft, bei der Positionen und Privilegien an Verwandte und Freunde unabhängig von deren Qualifikation vergeben werden. Der Fall des ehemaligen italienischen Ministerpräsidenten Silvio Berlusconi ist hierfür ein Paradebeispiel. Ihm wurde vorgeworfen, zahlreiche politische Ämter mit Familienmitgliedern besetzt zu haben.

Untreue stellt eine weitere Form der Korruption dar. Dabei wird das Vermögen des Unternehmens oder der Institution, für die man arbeitet, zum privaten Vorteil genutzt. Ein Beispiel ist der Fall von Siemens im Jahr 2006, als mehrere Manager des Unternehmens wegen Untreue verurteilt wurden, weil sie Firmengelder für private Zwecke abgezweigt hatten.

Neben Bestechung, Vetternwirtschaft und Untreue gibt es weitere Formen der Korruption, die nicht weniger schädlich sind. Eine solche Form ist beispielsweise der Insiderhandel, bei dem nicht öffentlich zugängliche Informationen genutzt werden, um persönliche finanzielle Vorteile zu erlangen. Ein berühmtes Beispiel dafür ist der Fall von Martha Stewart in den USA, die wegen Insiderhandels verurteilt wurde, nachdem sie Insiderinformationen genutzt hatte, um Aktien zu verkaufen und finanzielle Verluste zu vermeiden.

Ein weiteres Beispiel ist der Amtsmissbrauch, bei dem Amtsträger ihre Position und Macht missbrauchen, um persönliche Vorteile zu erlangen. Weltweites Aufsehen erregte der Fall des ehemaligen südafrikanischen Präsidenten Jacob Zuma, der wegen Amtsmissbrauchs angeklagt wurde. Zuma soll Staatsgelder in Höhe von fast 20 Millionen Euro für den Umbau seines Privathauses verwendet haben.

Auch Erpressung ist eine Form der Korruption, bei der Personen unter Androhung oder Anwendung von Gewalt dazu gebracht werden, Vorteile zu gewähren. Eines der bekanntesten Beispiele ist der Skandal um den ehemaligen Direktor des Internationalen Währungsfonds, Dominique Strauss-Kahn. Ihm wurde vorgeworfen, seine Position ausgenutzt zu haben, um Frauen zu sexuellen Gefälligkeiten zu zwingen.

Darüber hinaus gibt es noch die Schattenwirtschaft, in der wirtschaftliche Aktivitäten außerhalb staatlicher Kontrolle und Besteuerung stattfinden. Die Weltbank schätzt das Volumen der weltweiten Schattenwirtschaft auf über 10 Billionen US-Dollar. Dies führt zu erheblichen Einnahmeverlusten des Staates und verstärkt die soziale Ungleichheit.

Schmiergeld, auch als Bestechungsgeld bekannt, ist eine Zahlung an eine Person oder Institution, um einen Vorteil zu erlangen oder zu behalten. Es handelt sich in der Regel um eine illegale Praxis, die Moral und Ethik untergräbt und das faire und transparente Funktionieren von Wirtschafts- und Regierungsorganisationen stört.

Bis vor kurzem war es in Deutschland möglich, Schmiergelder von der Steuer abzusetzen. Dies lag an einer juristischen Grauzone. Die Gesetzgebung unterschied zwischen Bestechung im öffentlichen Sektor – die seit jeher illegal und nicht steuerlich absetzbar war – und »nützlichen Aufwendungen« im privaten Sektor. Letztere waren unter bestimmten Umständen steuerlich absetzbar, sofern sie als »Betriebsausgaben« im Rahmen der Geschäftstätigkeiten angesehen wurden. Das heißt, wenn ein Unternehmen Schmiergelder zahlte, um einen Auftrag zu erhalten, konnte es diese Zahlung als »nützliche Aufwendung« deklarieren und steuerlich geltend machen. Dieses Schlupfloch wurde jedoch mit dem 1997 in Kraft getretenen Antikorruptionsgesetz geschlossen. Seitdem sind Schmiergelder sowohl im öffentlichen als auch im privaten Sektor illegal und steuerlich nicht mehr absetzbar.

Korruption kann verschiedene Formen annehmen, von denen einige im Zusammenhang mit Geschäftspraktiken besonders relevant sind. In einigen Unternehmen kann Korruption zu einem systemischen Bestandteil der Geschäftspolitik werden. Das bedeutet, dass Bestechung und unlautere Geschäftspraktiken als legitime Mittel zur Erreichung von Geschäftszielen angesehen werden. Ein fiktives Beispiel wäre ein Unternehmen, das regelmäßig Geschenke an potenzielle Kunden verteilt, um diese zum Abschluss von Geschäften zu bewegen. Ein weiterer Aspekt der Korruption im Geschäftsleben ist die

Zahlung von Schmiergeldern, um den Umsatz zu steigern. Auf den ersten Blick erscheint das nicht verwerflich. Unternehmen könnten beispielsweise Geld an Entscheidungsträger in anderen Unternehmen zahlen, um sicherzustellen, dass ihre Produkte oder Dienstleistungen bevorzugt werden. Ein fiktives Beispiel wäre ein Pharmaunternehmen, das Ärzte dafür bezahlt, dass sie seine Medikamente verschreiben.

Das sogenannte Anfüttern ist eine Methode der Korruption, bei der Geschenke, Reisen, Mahlzeiten oder andere Vergünstigungen angeboten werden, um eine Geschäftsbeziehung aufzubauen oder zu festigen. Dies kann beispielsweise dazu führen, dass ein potenzieller Kunde ein Produkt bevorzugt kauft oder dass ein Regierungsbeamter einen Auftrag vergibt. Ein fiktives Beispiel wäre ein Bauunternehmen, das einem städtischen Planungsbüro eine Reise zu einem angeblichen »Informationsaustausch« anbietet, um sich einen Vorteil bei der Vergabe eines Bauvertrags zu verschaffen.

Korruptionskartelle sind organisierte Gruppen, die sich zusammenschließen, um systematisch Bestechung und Korruption zu betreiben. Sie können auf verschiedenen Ebenen operieren, von lokalen bis hin zu globalen Netzwerken. Ein fiktives Beispiel für ein Korruptionskartell könnte ein Netzwerk von Unternehmen und Regierungsbeamten sein, die zusammenarbeiten, um öffentliche Ausschreibungen zu manipulieren und Gewinne untereinander aufzuteilen.

Korruption beginnt dabei nicht zwangsläufig mit dem Austausch großer Geldsummen oder politischer Einflussnahme auf höchster Ebene. Sie kann mit scheinbar harmlosen Praktiken beginnen, die oft als »kleine Gefälligkeiten« oder »Handschlaggeschäfte« bezeichnet werden. Dies sind Handlungen, die möglicherweise nicht sofort als korrupt eingestuft werden, aber dennoch sie eine Form der Korruption darstellen, wenn sie dazu dienen, ungerechtfertigte Vorteile zu erlangen.

Ein klassisches Beispiel für einen »kleinen Gefallen« könnte sein, dass ein Beamter, der für die Erteilung von Baugenehmigungen zuständig ist, einen Freund bevorzugt, indem er dessen Antrag schneller bearbeitet. In diesem Fall könnte der Beamte argumentieren, dass er nur einem Freund hilft und keine Bestechungsgelder annimmt. Tatsächlich aber nutzt er seine Position aus, um anderen Vorteile zu verschaffen – und das ist eine Form der Korruption.

Ähnlich verhält es sich mit »Handschlaggeschäften«. Hier könnte ein Unternehmer einem Kommunalpolitiker einen lukrativen Auftrag für ein Bauvorhaben anbieten, wenn dieser im Gegenzug die Planungs- und Genehmigungsverfahren beschleunigt. Obwohl kein Geld fließt, wird ein Vorteil gewährt und erwartet – ein Merkmal von Korruption.

Auch das Prinzip »eine Hand wäscht die andere« kann ein Hinweis auf korrupte Praktiken sein. Wenn beispielsweise ein Arzt einen Patienten eher behandelt, weil dieser eine großzügige Spende an das Krankenhaus verspricht, ist das eine Form der Korruption.

Diese Beispiele illustrieren, dass Korruption oft mit subtilen Formen beginnt. Um die Integrität von Institutionen und Systemen zu wahren, ist es daher unerlässlich, solche Praktiken zu erkennen und zu bekämpfen.

Wenn es um die Verschleierung von Korruption geht, sind die Täter mehr als kreativ.

Streugeschenke und Sammelkassen sind gängige Instrumente der Korruption, die oft dazu verwendet werden, Gelder zu sammeln und zu verteilen, um das Handeln von Entscheidungsträgern zu beeinflussen. Ein fiktives Beispiel könnte eine Stiftung sein, die offiziell für wohltätige Zwecke gegründet wurde, aber heimlich Gelder von Interessengruppen annimmt und an Politiker verteilt. Diese Korruptionsmethoden dienen dazu, das Vertrauen der Öffentlichkeit zu erschüttern und die Integrität politischer Entscheidungsprozesse zu untergraben.

Korruptionsmakler sind oft die wichtigsten Akteure in komplexen Korruptionsnetzwerken und handeln im Auftrag von Unternehmen oder Einzelpersonen, um Bestechungsgelder zu zahlen oder zu empfangen. Stellen Sie sich vor, ein Autohersteller stellt einen Agenten ein, der Regierungsbeamte besticht, um eine günstige Gesetzgebung zu erwirken. Diese Agenten agieren im Verborgenen, um ihre illegalen Aktivitäten zu verschleiern und die Spuren der Korruption zu verwischen.

Briefkastenfirmen und Kriegskassen sind oft ein Mittel, um korrupte Praktiken zu verschleiern. Ein fiktives Beispiel könnte ein Unternehmen sein, das eine Tochtergesellschaft gründet, um Bestechungsgelder zu verstecken. Diese Unternehmen nutzen komplexe Buchführungsmethoden und verschleiern die Herkunft der Gelder, um die Aufdeckung ihrer illegalen Aktivitäten zu erschweren.

Schwarzgeldtöpfe und Umwegfinanzierungen sind typische Methoden, um Korruption zu verschleiern. Denken Sie an ein Immobilienunternehmen, das Schwarzgeld auf ein Offshore-Konto einzahlt und dieses Geld dann als »Investition« wieder in das Unternehmen zurückfließen lässt. Durch dieses undurchsichtige Verfahren wird die Herkunft der Gelder und die Verbindung zur Korruption verschleiert.

Beraterverträge und Provisionen können als Deckmantel für Korruption dienen. Ein Beispiel könnte ein Unternehmen sein, das hohe Beratungsgebühren an einen »Berater« zahlt, der in Wirklichkeit ein korrupter Regierungsbeamter ist. Diese Art der Bestechung ermöglicht es den Beteiligten, korrupte Zahlungen als legitime Geschäftskosten zu tarnen und die Aufmerksamkeit von den illegalen Aktivitäten abzulenken.

Beteiligungen und Kunstwerke können dazu dienen, Korruption zu verschleiern. Ein fiktives Beispiel wäre ein Politiker, der für den Kauf eines Gemäldes eine hohe Provision erhält, die weit über dem Marktwert liegt. Durch den Kauf von Kunstwerken wird eine scheinbar legale Transaktion vortäuscht, während in Wirklichkeit Bestechungsgelder verschleiert werden.

Nebentätigkeiten können ein weiteres Mittel zur Verschleierung von Korruption sein, insbesondere wenn sie in direktem Zusammenhang mit der Haupttätigkeit der Person stehen. Ein fiktiver Fall könnte ein Regierungsbeamter sein, der eine bezahlte Beratertätigkeit für ein Unternehmen annimmt, das von seiner Abteilung reguliert wird. Dadurch wird die Grenze zwischen legalen Aktivitäten und Korruption verwischt, was die Aufdeckung erschwert.

Rechtsanwälte spielen häufig eine wichtige Rolle bei der Verschleierung von Korruption, indem sie komplexe rechtliche Strukturen und Vereinbarungen schaffen, die die Aufdeckung korrupter Praktiken erschweren. Ein fiktives Beispiel wäre eine Anwaltskanzlei, die für ihre Mandanten Offshore-Unternehmen und Trusts gründet, um die Herkunft und Verwendung von Bestechungsgeldern zu verschleiern. Diese komplexen juristischen Konstrukte dienen dazu, die Spuren der Korruption zu verwischen und die Verantwortlichen vor strafrechtlicher Verfolgung zu schützen.

2.4 Korruption weltweit – ein Phänomen, viele Sichtweisen

Der Umgang mit Korruption ist weltweit sehr unterschiedlich was sowohl auf Unterschiede in den gesellschaftlichen und kulturellen Normen als auch auf Unterschiede in den rechtlichen und institutionellen Rahmenbedingungen zurückzuführen ist.

In Ländern wie Schweden oder Dänemark, die als die am wenigsten korrupten Länder der Welt gelten, sind Transparenz und Rechenschaftspflicht fest in der Regierungsführung verankert. Sie verfügen über strikte Antikorruptionsgesetze und -richtlinien und starke öffentliche Institutionen, die Korruption wirksam bekämpfen.

Auf der anderen Seite gibt es Länder wie Somalia oder Südsudan, in denen die Korruption tief verwurzelt und allgegenwärtig ist. In diesen Ländern sind die staatlichen Institutionen schwach und es fehlt an Transparenz und Rechtsstaatlichkeit, was die Ausbreitung von Korruption begünstigt.

Es gibt jedoch auch Länder wie China oder Saudi-Arabien, die trotz ihrer autoritären Regierungssysteme umfassende Antikorruptionskampagnen durchführen. Korruption wird in diesen Ländern oft mit harten Strafen geahndet, bis hin zur Todesstrafe.

In vielen Ländern des globalen Südens, insbesondere in Afrika und Lateinamerika, ist Korruption ein wesentliches Hindernis für Entwicklung und Wachstum. In diesen Ländern wird Korruption oft als »systemerhaltende Korruption« betrachtet, bei der die Eliten Korruption nutzen, um ihre Macht und ihren Reichtum zu erhalten und zu vergrößern.

Auch in den Industrieländern ist Korruption ein Problem, wenn auch in subtilerer Form. Hier wird Korruption oft durch Lobbyismus und »revolving door policy « praktiziert, bei der Politiker und Beamte nach ihrer Amtszeit lukrative Posten in der Privatwirtschaft übernehmen.

2.5 Die Illusion der Korruptionsfreiheit in Deutschland

Obwohl Deutschland im internationalen Vergleich einen relativ hohen Korruptionswahrnehmungsindex aufweist, ist das Land weit davon entfernt, korruptionsfrei zu sein. Vielmehr besteht in Deutschland nach wie vor eine gewisse Illusion der Korruptionsfreiheit, die vor allem auf die subtileren Formen der Korruption zurückzuführen ist, die in der Gesellschaft oft übersehen oder ignoriert werden.

Ein Beispiel hierfür ist der in Deutschland verbreitete »Vitamin B«-Effekt, bei dem persönliche Beziehungen und Kontakte genutzt werden, um berufliche Vorteile zu erlangen. Obwohl dies oft als harmloses Networking angesehen wird, kann es in tatsächlich eine Form der Korruption sein, wenn es dazu dient, unlautere Vorteile zu schaffen oder zu erhalten.

Ein weiteres Beispiel ist der Fall des ehemaligen Bundespräsidenten Christian Wulff, der 2012 zurücktrat, nachdem Vorwürfe wegen der Annahme von Vorteilen und Gefälligkeiten während seiner Amtszeit als niedersächsischer Ministerpräsident laut geworden waren. Obwohl Wulff letztlich freigesprochen wurde, hat der Skandal das öffentliche Bewusstsein für das Problem der Korruption in Deutschland geschärft.

Diese Beispiele zeigen, dass Korruption in Deutschland nicht nur in Form von Bestechungsgeldern oder illegalen Zahlungen vorkommt. Sie kann auch in subtileren Formen auftreten, die oft schwer zu erkennen und zu verfolgen sind. Daher ist es wichtig, dass wir unseren Korruptionsbegriff erweitern und alle Formen der unlauteren Vorteilsnahme als das erkennen, was sie sind: Korruption. Nur so können wir sicherstellen, dass die Integrität unserer Institutionen und unseres Systems gewahrt bleibt.

In der Öffentlichkeit schnell vergessen, gab es auch in Deutschland in den letzten Jahren immer wieder größere Korruptionsfälle, vor allem im Zusammenhang mit öffentlichen Ämtern.

Ein solcher Fall ist der sogenannte »Sachsensumpf«, der Ende der 1990er-Jahre ans Licht kam. Dabei wurden hochrangige Mitglieder der sächsischen Justiz und Politik beschuldigt, in eine Vielzahl illegaler Aktivitäten verwickelt zu sein, darunter Prostitution und Bestechung. Trotz der Schwere der Anschuldigungen und der Tatsache, dass mehrere Personen strafrechtlich verfolgt wurden, fand die Affäre außerhalb Sachsens relativ wenig Beachtung in den Medien.

Ein weiterer Fall ereignete sich in Bayern, wo der ehemalige Landtagsabgeordnete Georg Schmid wegen Bestechlichkeit und Steuerhinterziehung verurteilt wurde. Schmid hatte seine Ehefrau jahrelang als Sekretärin beschäftigt und ihr ein überhöhtes Gehalt aus der Staatskasse bezahlt. Der als »Amigo-Affäre« bekannt gewordene Fall löste eine breite Diskussion über die Ethik und Verantwortung in der deutschen Politik aus.

Ein ähnlicher Fall ereignete sich in Nordrhein-Westfalen, wo der ehemalige Ministerpräsident Jürgen Rüttgers beschuldigt wurde, politische Gefälligkeiten gegen Spenden eingetauscht zu haben. Obwohl Rüttgers letztlich strafrechtlich nicht belangt wurde, führte der Skandal zu seinem Rücktritt und machte die Notwendigkeit von Transparenz und Rechenschaftspflicht in der Politik deutlich.

Lobbyismus und die sogenannte »revolving door policy« sind auch in Deutschland keine unbekannten Phänomene. Bei der »revolving door policy« handelt es sich um den Wechsel von hochrangigen Politikern und Beamten in lukrative Positionen in der Privatwirtschaft nach Beendigung ihrer Amtszeit. Ein bekanntes Beispiel ist der ehemalige Bundeskanzler Gerhard Schröder, der nach seiner politischen Karriere Aufsichtsratsposten in mehreren Großunternehmen wie Gazprom und Rosneft übernahm.

Lobbyismus in Deutschland nimmt viele Formen an, von direkten Treffen und Gesprächen zwischen Lobbyisten und Politikern bis hin zu informelleren Beziehungen und Netzwerken. Lobbyisten versuchen, Einfluss auf die Gesetzgebung zu nehmen, um die Interessen der von ihnen vertretenen Unternehmen oder Branchen zu fördern. Dieser Einfluss wird manchmal als problematisch angesehen, da er die Interessen einer kleinen Gruppe über die Interessen der Allgemeinheit stellen kann.

In Deutschland werden zunehmend Forderung nach Transparenz und Kontrolle des Lobbyismus laut. Verschiedene Organisationen und Parteien, wie Transparency International und die Partei „Bündnis 90/Die Grünen“ fordern beispielsweise die Einführung eines verpflichtenden Lobbyregisters, in dem alle Treffen zwischen Politikern und Lobbyisten öffentlich gemacht werden sollen. Darüber hinaus wird eine »Abkühlphase« gefordert, in der ehemalige Politiker und Beamte eine bestimmte Zeit lang keine Lobbytätigkeiten ausüben dürfen, um mögliche Interessenkonflikte zu vermeiden. Diese Forderung wird jedoch nicht von allen politischen Parteien unterstützt und es bleibt abzuwarten, wie sich die Gesetzgebung in diesem Bereich entwickelt.

Der Preis der Macht: Korruption in politischen Ämtern

Amtsträgerkorruption bezeichnet das Phänomen, dass eine Person in einer öffentlichen Position ihre Macht oder ihren Einfluss missbraucht, um sich selbst oder andere ungerechtfertigt zu bereichern. Dies kann durch direkte Bestechung geschehen, bei der Geld, Geschenke oder Dienstleistungen als Gegenleistung für eine vorteilhafte Handlung oder Entscheidung angeboten werden. Es kann aber auch subtilere Formen annehmen, wie etwa den sogenannten »Vitamin B«-Effekt, bei dem persönliche Beziehungen ausgenutzt werden, um unlautere Vorteile zu erlangen.

Aus rechtlicher Sicht ist die Bestechung von Amtsträgern eine schwere Straftat. Sie wird in Deutschland nach den §§ 331 ff. des Strafgesetzbuches (StGB) Geldstrafen oder Freiheitsstrafen bis zu fünf Jahren geahndet. Eine besondere Schwere kann erreicht werden, wenn die Tat im großen Umfang oder als Teil einer kriminellen Vereinigung begangen wird.

In der öffentlichen Wahrnehmung wird Amtsträgerkorruption oft nicht erkannt oder unterschätzt, insbesondere wenn sie in subtilen Formen auftritt. Dies kann zu einer Kultur der Akzeptanz führen, die das Problem noch verschärft. Es ist daher wichtig, das Bewusstsein für alle Formen der Korruption zu schärfen und sie in all ihren Erscheinungsformen zu bekämpfen, um die Integrität unserer öffentlichen Institutionen und das Vertrauens der Bürger in sie zu erhalten.

Korruption im privaten Sektor – Begleitdelikte und Verschleierung

Ein häufiges Phänomen ist die Angestelltenbestechung. Dabei erhalten Mitarbeiter von Unternehmen Zahlungen oder andere Vergünstigungen, um Entscheidungen zu ihren Gunsten zu beeinflussen. Diese Art von Korruption kann zu einer Reihe von Problemen führen, einschließlich ineffizienter Betriebsabläufe, unlauterem Wettbewerb und letztlich zu höheren Kosten für Verbraucher und Aktionäre.

Interessanterweise zieht Korruption häufig eine Reihe von Begleitdelikten nach sich, darunter auch Geldwäsche. Dies geschieht, wenn illegale Einkünfte in den legalen Finanzkreislauf eingeschleust werden, um ihre Herkunft zu verschleiern. Ein typisches Beispiel ist die Verwendung von Schweizer Bankkonten zur Verbergung von Bestechungsgeldern. Aufgrund des strengen Schweizer Bankgeheimnisses und der Komplexität der dort verwendeten Finanzinstrumente ist die Verfolgung von Geldwäscheaktivitäten oft eine Herausforderung.

Eine weitere Komplikation bei der Bekämpfung von Korruption im privaten Sektor ist die Frage, wo das Bestechungsgeld herkommt. In vielen Fällen werden die Kosten einfach auf die üblichen Geschäftsrechnungen aufgeschlagen und so indirekt von den Kunden getragen.

Ein weiteres häufiges Begleitdelikt ist die Steuerhinterziehung. Korrupte Unternehmen und Einzelpersonen nutzen oft komplexe Unternehmensstrukturen und Offshore-Bankkonten, um ihre tatsächlichen Einkünfte zu verschleiern und so Steuern zu hinterziehen. Dies führt nicht nur zu erheblichen Verlusten für die Staatskasse, sondern untergräbt auch das Prinzip der Steuergerechtigkeit.

Ein weiterer Mechanismus zur Verschleierung von Korruption sind Scheingeschäfte. Dabei handelt es sich um Geschäftstransaktionen, die nur zum Zweck der Verschleierung korrupter Zahlungen durchgeführt werden. Sie können beispielsweise in Form von überhöhten Rechnungen für Dienstleistungen oder Produkte erfolgen, die nie erbracht wurden. Wer letztlich für die Korruption zahlt, ist eine wichtige Frage. In vielen Fällen werden die Kosten für korrupte Praktiken auf die von den Unternehmen angebotenen Produkte oder Dienstleistungen aufgeschlagen. Das bedeutet, dass letztlich die Endverbraucher, also wir alle, die Zeche zahlen. Dies geschieht in Form von höheren Preisen, schlechterer Qualität oder sogar gefährlichen Produkten.

Korruption im Fokus – Ökonomie und Wettbewerbsverzerrung

Wirtschaftlich betrachtet ist Korruption eine Form der Marktverzerrung. Sie behindert das freie Spiel von Angebot und Nachfrage und kann zu ineffizienten Ausgaben führen. Es entsteht eine Situation, in der nicht die beste oder effizienteste Lösung gewählt wird, sondern diejenige, die den korrupten Akteuren den größten Vorteil bringt.

Ein gutes Beispiel für die wirtschaftlichen Auswirkungen von Korruption ist die Baubranche. Wenn Bestechungsgelder für die Vergabe von Bauaufträgen ausschlaggebend sind und nicht die Qualität oder die Kosten der Arbeit, kann dies zu überhöhten Preisen, schlechter Qualität und sogar zu Sicherheitsproblemen führen. Ein weltweites Beispiel ist die Ölindustrie. In vielen Ländern, in denen Erdöl eine wichtige Einnahmequelle ist, gibt es häufig Korruptionsvorwürfe. Das Geld aus dem Ölgeschäft fließt oft nicht in die öffentlichen Kassen, sondern in die Taschen von Politikern und Beamten. Die Bürger, die eigentlich von den Einnahmen aus dem Erdölgeschäft profitieren sollten, bleiben oft arm. Ein bekanntes Beispiel ist Nigeria, wo trotz der enormen Öleinnahmen ein großer Teil der Bevölkerung in Armut lebt. Diese Beispiele zeigen, dass die Kosten der Korruption weit über die unmittelbar gestohlenen Beträge hinausgehen. Sie führen zu ineffizienten Ausgaben, verzerren den Wettbewerb und können sogar die Sicherheit und das Wohl der Bürger gefährden. Die Bekämpfung der Korruption ist daher nicht nur eine Frage der Moral, sondern auch eine wirtschaftliche Notwendigkeit.

Korruption kann in diesem Sinne definiert werden als Missbrauch von öffentlicher oder besser »offizieller« Macht zum privaten Vorteil, in der Regel durch Bestechung. Dabei entstehen nicht nur direkte Kosten durch die unrechtmäßige Umverteilung von Ressourcen, sondern auch indirekte Kosten, zum Beispiel in Form von ineffizienten Entscheidungen, die zur Maximierung der Bestechungsgelder und nicht zum Wohl der Allgemeinheit getroffen werden.

Einen interessanten theoretischen Rahmen zur Analyse von Korruption bietet die Prinzipal-Agent-Theorie. In diesem Modell ist der Prinzipal derjenige, der einen Auftrag vergibt (zum Beispiel. der Staat oder die Wähler), und der Agent ist derjenige, der den Auftrag ausführt (zum Beispiel der Beamte oder der Politiker). Korruption entsteht dann, wenn der Agent, anstatt im besten Interesse des Prinzipals zu handeln, Bestechungsgelder von Dritten (zum Beispiel Unternehmen) annimmt, um Entscheidungen zu ihren Gunsten zu treffen.

Ein klassisches Beispiel für Korruption im Sinne der Prinzipal-Agent-Theorie ist das sogenannte »Rent-Seeking«. Dabei handelt es sich um das Bestreben von Unternehmen, durch Bestechung von Politikern und Beamten Vorteile zu erlangen, wie zum Beispiel exklusive Verträge, Steuervergünstigungen oder Regulierungsentscheidungen, die den Wettbewerb einschränken. Diese Form der Korruption ist besonders schädlich, da sie den Wettbewerb verzerrt und die wirtschaftliche Effizienz verringert.

Ein weiteres Beispiel ist die sogenannte »staatliche Gefangennahme« (state capture), bei der korrupte Netzwerke von Politikern und Geschäftsleuten staatliche Institutionen »gefangen nehmen« und sie zum eigenen Vorteil nutzen. Ein berühmt-berüchtigtes Beispiel dafür ist das »Systema« in Russland, wo Oligarchen und Politiker eng miteinander verflochten sind und staatliche Ressourcen zum eigenen Vorteil nutzen.

Ein Schlüsselkonzept des »Systema« ist das der »Oligarchen«, eine kleine Gruppe extrem reicher Geschäftsleute, die erheblichen Einfluss auf die Politik ausüben. Nach dem Zusammenbruch der Sowjetunion in den 1990er-Jahren haben viele dieser Oligarchen ihr Vermögen und ihren Einfluss durch die Privatisierung von Staatseigentum erworben, oft unter fragwürdigen Umständen. Zum Beispiel erlangte der Oligarch Roman Abramowitsch, dessen Vermögen auf über 14 Milliarden Dollar geschätzt wird, seinen Reichtum durch den Kauf des staatlichen Ölunternehmens Sibneft zu einem Bruchteil des tatsächlichen Wertes. Ein weiteres Beispiel ist Michail Chodorkowski, der das Ölunternehmen Yukos erwarb und später wegen Steuerhinterziehung verhaftet wurde, was viele als politisch motiviert betrachteten. In den 2000er-Jahren versuchte Präsident Putin, das »Systema« zu reformieren, indem er versuchte, die Macht der Oligarchen einzuschränken und in Schlüsselpositionen in der Wirtschaft und in staatlichen Unternehmen mit engen Verbündeten besetzte. Dies hat zwar die Dynamik des »Systema« verändert, die Verflechtungen von Politik und Wirtschaft und die Nutzung staatlicher Ressourcen für private Zwecke sind jedoch nach wie vor vorhanden. Eine Studie von Transparency International aus dem Jahr 2017 ergab, dass Russland im Korruptionswahrnehmungsindex auf Platz 135 von 180 Ländern rangiert, was auf ein hohes Maß an wahrgenommener Korruption hindeutet. Trotz internationaler Kritik und interner Reformversuche bleibt das »Systema« ein integraler Bestandteil des politischen und wirtschaftlichen Systems Russlands.

2.6 Scheinwerferlicht auf Korruption

Laut Transparency International erreichte Deutschland im Jahr 2020 einen Korruptionswahrnehmungsindex (CPI) von 80 Punkten und belegte damit den 9. Platz unter 180 Ländern. Dies ist zwar ein respektabler Wert, bedeutet aber nicht, dass Deutschland korruptionsfrei ist.

Im Jahr 2019 beispielsweise wurden in Deutschland 4 395 Verfahren wegen Bestechung oder Bestechlichkeit eingeleitet. Dies entspricht einem Anstieg von 3,8 % im gegenüber dem Vorjahr. Darüber registrierte die deutsche Polizei im selben Jahr 16 473 Korruptionsdelikte registriert, was einer Zunahme von nahezu 10 % gegenüber 2018 entspricht.

Eine Studie der Wirtschaftsprüfungsgesellschaft Ernst & Young aus dem Jahr 2019 zeigt, dass 43 % der deutschen Unternehmen in den vorherigen zwei Jahren mindestens einen Korruptionsfall hatte. Die Studie unterstreicht auch, dass Korruption in Deutschland trotz strenger Regeln und hoher Strafen nach wie vor verbreitet ist.

Die wirtschaftlichen Auswirkungen der Korruption sind erheblich. Der Schaden durch Korruption in Deutschland wird auf mindestens 20 Milliarden Euro pro Jahr geschätzt. Dies unterstreicht die Notwendigkeit, Korruption zu bekämpfen und Transparenz in allen gesellschaftlichen Bereichen zu fördern.

Die Wahrnehmung von Korruption hat sich in den letzten Jahren erheblich verändert. Es gibt ein wachsendes Bewusstsein dafür, dass Korruption ein ernsthaftes Problem ist, das die soziale, politische und wirtschaftliche Entwicklung von Gesellschaften behindert und daher entschlossen bekämpft werden muss. Dies ist auf eine Reihe von Faktoren zurückzuführen. Erstens haben die zunehmende Globalisierung und der damit verbundene Informationsaustausch weltweit zu einem besseren Verständnis und Bewusstsein der Auswirkungen von Korruption geführt. Durch die globale Vernetzung und die Verfügbarkeit von Informationen können Korruptionsfälle schneller aufgedeckt und öffentlich gemacht werden. Zweitens hat die Arbeit zivilgesellschaftlicher Organisationen wie Transparency International dazu beigetragen, das Bewusstsein für Korruption zu schärfen und die Notwendigkeit von Antikorruptionsmaßnahmen auf die politische Agenda zu setzen. Diese Organisationen haben Methoden zur Messung von Korruption entwickelt, die es ermöglichen, Länder zu vergleichen und Fortschritte bei der Korruptionsbekämpfung zu verfolgen.

Drittens haben prominente Korruptionsskandale, wie der Fall von Park Geun-hye in Südkorea oder die Operation »Car-Wash-Skandal« in Brasilien, die öffentliche Aufmerksamkeit auf das Problem der Korruption gelenkt. Diese Skandale haben die schädlichen Auswirkungen von Korruption auf die politische Stabilität und die wirtschaftliche Entwicklung von Ländern deutlich gemacht.

Schließlich hat sich auch die rechtliche Sichtweise von Korruption verändert. Während Korruption in der Vergangenheit oft als Teil des

»normalen« politischen oder geschäftlichen Prozesses betrachtet wurde, wird sie heute zunehmend als Straftat angesehen, die verfolgt und bestraft werden muss. Dies hat zu schärferen Gesetzen und härteren Strafen für Korruption geführt.

Seit den 1990er-Jahren haben die Europäische Union und Deutschland bedeutende Schritte unternommen, um die Korruption zu bekämpfen und die Transparenz zu verbessern. Ein wichtiger Meilenstein war die Unterzeichnung des Strafrechtsübereinkommens gegen Korruption durch die EU im Jahr 1997. Dieses Übereinkommen schuf erstmals einen verbindlichen rechtlichen Rahmen für die Ermittlung, Verfolgung und Bestrafung von Korruption in den Mitgliedstaaten.

In Deutschland wurde 1997 das Gesetz zur Bekämpfung von Korruption erlassen, welches Straftaten im Geschäftsverkehr unter Strafe stellt und die Bestechung und Bestechlichkeit von Amtsträgern verschärft. Dieses Gesetz wurde später durch das Gesetz zur Bekämpfung von Korruption im Gesundheitswesen (2016) und das Korruptionsbekämpfungsgesetz (2017) ergänzt. Beide Gesetze erweitern den Anwendungsbereich der Korruptionsbekämpfung und verschärfen die Bestimmungen des Strafgesetzbuches in Bezug auf Bestechung und Bestechlichkeit.

Die EU ihrerseits hat nicht nur rechtliche, sondern auch politische Maßnahmen zur Korruptionsbekämpfung ergriffen. Sie hat die Länder des Erweiterungsprozesses und ihre Nachbarschaftspolitik zur Bekämpfung der Korruption gedrängt und die Berichterstattung über Korruption in den Mitgliedstaaten durch die Gründung des Anti-Korruptionberichts der EU im Jahr 2014 verbessert.

Im Jahr 2014 wurden Deutschland und insbesondere der Bundestag von Experten des Europarats wegen unzureichender Maßnahmen zur Korruptionsbekämpfung scharf kritisiert. Die Experten waren der Ansicht, dass Deutschland nicht genug unternimmt, um sicherzustellen, dass seine Gesetzgeber den höchsten ethischen Standards entsprechen. Besonders kritisiert wurde das Fehlen eines unabhängigen Kontrollorgans, das in der Lage wäre, mutmaßliche Korruptionsfälle im Bundestag zu untersuchen. Auch das Fehlen klarer

Regeln für den Umgang mit Interessenkonflikten wurde bemängelt. Der Mangel an solchen Mechanismen erhöhte das Risiko von Korruptionsfällen und untergrub das Vertrauen der Öffentlichkeit in die Integrität des politischen Systems. Die Kritik des Europarats unterstrich die Notwendigkeit, dass Deutschland seine Antikorruptionsmaßnahmen verstärkt und transparenter gestaltet, um das Vertrauen der Bürger in ihre Volksvertreter zu stärken und die politische Kultur des Landes zu verbessern.

Seit der Kritik des Europarates im Jahr 2014 hat Deutschland verschiedene Maßnahmen Korruptionsbekämpfung ergriffen. Ein wesentlicher Schritt war die Einrichtung des Korruptionsregisters im Jahr 2015. Dieses Register listet Unternehmen auf, die wegen Korruption oder Betrug verurteilt wurden, um die Transparenz zu verbessern und die Vergabe öffentlicher Aufträge an solche Unternehmen zu verhindern.

Die Wahrnehmung von Korruption hat sich auch in den letzten Jahren stark verändert. Es besteht ein wachsendes Bewusstsein dafür, dass Korruption ein ernsthaftes Problem ist, das die soziale, politische und wirtschaftliche Entwicklung von Gesellschaften behindert und daher entschlossen bekämpft werden muss.

3. Die korrupte Realität: Von Skandalen und Straflosigkeit

Der VW-Abgasskandal, auch bekannt als »Dieselgate«, war eine ernsthafte Krise und ein großer Vertrauensverlust für den weltweit größten Automobilhersteller und hatte weitreichende Auswirkungen auf die gesamte Automobilindustrie. Der Skandal kam im September 2015 ans Licht, als die US-Umweltschutzbehörde (EPA) die Volkswagen AG beschuldigte, in ihren Dieselfahrzeugen eine spezielle Software verwendet zu haben, die bei Abgasemissionstests manipulierte Ergebnisse lieferte.

Volkswagen nutzte die Manipulationssoftware, um vor allem in den USA die strengen Abgasnormen scheinbar zu erfüllen. Die Software erkannte, wenn ein Fahrzeug auf dem Prüfstand getestet wurde, und schaltete dann in einen Modus, der die Emissionen reduzierte. Im normalen Fahrbetrieb jedoch emittierten die Fahrzeuge deutlich mehr Schadstoffe als erlaubt. Die Verantwortung für diese Praktiken wurde mehreren hochrangigen Führungskräften und Ingenieuren von Volkswagen zugeschrieben. Im Jahr 2017 bekannte sich der ehemalige Ingenieur James Liang schuldig, die betrügerische Software entwickelt zu haben, und wurde zu einer Haftstrafe verurteilt. Der ehemalige Vorstandsvorsitzende Martin Winterkorn trat im Zuge des Skandals zurück und wurde später wegen Betrugs angeklagt. Wer genau was wusste oder anordnete, ist noch Gegenstand laufender Ermittlungen und Prozesse.

VW gab die Manipulation öffentlich zu und gestand, dass die Betrugssoftware weltweit in rund 11 Millionen ihrer Dieselautos installiert war. Die manipulative Software führte dazu, dass die Fahrzeuge bei Tests niedrigere Stickoxid-Emissionen aufwiesen, als sie im normalen Fahrbetrieb tatsächlich ausstießen. Dies war ein klarer Verstoß gegen geltendes Umweltrecht und stürzte VW in eine schwere Krise.

Der VW-Abgasskandal kann auch als Korruptionsskandal betrachtet werden, da er deutliche Anzeichen von unzulässiger Einflussnahme und Täuschung aufweist. Es gab deutliche Anzeichen für Vetternwirtschaft und Intransparenz innerhalb der Unternehmensführung von Volkswagen. Die Entscheidung, Betrugssoftware einzusetzen, war nicht nur ein Verstoß gegen Umweltgesetze, sondern auch ein Akt der Täuschung der Kunden und der Öffentlichkeit. Darüber hinaus wurden offenbar interne und externe Kontrollmechanismen umgangen oder manipuliert, um den Betrug zu vertuschen. Diese Handlungen deuten auf ein ernsthaftes Problem der Unternehmenskultur und -ethik bei Volkswagen hin und sind Anzeichen für korruptes Verhalten.

Der Skandal hatte weitreichende finanzielle Auswirkungen, da Volkswagen mit Strafzahlungen, Schadenersatzklagen und Rückrufkosten in Milliardenhöhe konfrontiert wurde. Die Aktien des Unternehmens stürzten ab, und das Ansehen und das Vertrauen der Kunden und der Öffentlichkeit wurde schwer beschädigt. Mehrere hochrangige Volkswagen-Manager, darunter der CEO Martin Winterkorn, traten zurück oder wurden entlassen.

Diese Ereignisse haben die Automobilindustrie nachhaltig geprägt und zu verstärkten Forderungen nach strengeren Emissionstests und mehr Transparenz in der Branche geführt. Der VW-Abgasskandal gilt als einer der größten Unternehmensskandale in der Geschichte und bleibt ein warnendes Beispiel für die Folgen von Unternehmensbetrug und mangelnder Unternehmensethik.

3.1 Wie entsteht Korruption?

Korruption entsteht häufig an der Schnittstelle individueller, organisatorischer und gesellschaftlicher Faktoren. Aus soziologischer Sicht kann Korruption als Produkt systematischer Ungleichheiten und Dysfunktionalitäten innerhalb einer Gesellschaft und ihrer Institutionen verstanden werden. In Situationen, in denen nicht genügend Ressourcen zur Verfügung stehen oder der Zugang zu Ressourcen ungleich verteilt ist, kann Korruption als Mittel angesehen werden,

Ressourcen zu erlangen oder Ungleichheiten auszugleichen. Aus psychologischer Sicht kann Korruption auf individuelle Charaktereigenschaften, wie Gier und Machtstreben sowie auf mangelndes ethisches Bewusstsein zurückgeführt werden. Eine Person kann sich zur Korruption hingezogen fühlen, wenn sie den Eindruck hat, dass sie mit unehrlichen Mitteln mehr erreichen kann als mit ehrlicher Arbeit.

Die Entscheidung für die Korruption wird innerhalb der begünstigenden Strukturen von einzelnen Individuen getroffen, die sich dann zu korrupten Netzwerken zusammenschließen und kein Unrechtsbewusstsein mehr haben. In vielen Fällen ist ein zentrales Element der Korruption das Konzept der Rationalisierung. Personen, die sich korrupt verhalten, rationalisieren ihr Verhalten oft, indem sie es als notwendig oder sogar als Vorteil für andere darstellen. Sie können sich selbst einreden, dass sie nur das tun, was alle anderen tun, oder dass sie in einem korrupten System keine andere Wahl haben.

Ein weiterer wichtiger psychologischer Prozess im Zusammenhang mit Korruption ist die Desensibilisierung. Personen, die wiederholt korrupte Handlungen begehen, können diese mit der Zeit als normal oder akzeptabel ansehen. Sie können auch eine emotionale Distanz zu den negativen Auswirkungen ihrer Handlungen entwickeln, insbesondere wenn diese Auswirkungen abstrakte oder entfernte Gruppen betreffen, wie zum Beispiel die Gesamtbevölkerung eines Landes.

Macht kann korruptes Verhalten in zweierlei Hinsicht begünstigen: Sie ermöglicht es Personen, korrupte Handlungen durchzuführen, und sie kann auch das Gefühl der Unverwundbarkeit oder das Gefühl, über dem Gesetz zu stehen, verstärken. Gier, sei es nach materiellen Gütern oder nach Status und Einfluss, kann ebenfalls ein starker Antrieb für Korruption sein. Einzelpersonen können die potenziellen Vorteile korrupten Verhaltens, wie finanzielle Gewinne oder mehr Macht und Einfluss, über ethische Bedenken und mögliche Risiken stellen.

In der wissenschaftlichen Literatur zu Korruption wird zudem zwischen situativer und struktureller Korruption unterschieden. Dabei geht es vor allem um die Motive und die Umstände, unter denen

Korruption stattfindet. Situative und strukturelle Korruption sind zwei Arten von Korruption, die sich auf verschiedenen Ebenen manifestieren, die aber beide erhebliche Auswirkungen auf Gesellschaft und Wirtschaft haben können.

Situative Korruption liegt vor, wenn Einzelpersonen in bestimmten Situationen korrupte Handlungen begehen, die zumeist durch kurzfristige Vorteile motiviert sind. Diese Form der Korruption ist in der Regel sporadisch und nicht systemisch. Sie ist vielmehr das Ergebnis individueller Entscheidungen und hängt stark von den spezifischen Umständen und Gelegenheiten ab, die sich den dem Einzelnen bieten. Beispiele für situative Korruption sind Bestechung, Unterschlagung oder Vetternwirtschaft.

Strukturelle Korruption hingegen ist tief in den Institutionen und Systemen einer Gesellschaft verwurzelt. Sie tritt auf, wenn Korruption zur Norm wird und durch die Strukturen und Prozessen innerhalb einer Organisation, eines Sektors oder einer Gesellschaft unterstützt wird. Strukturelle Korruption ist oft schwieriger zu erkennen und zu bekämpfen, da sie Teil der zugrunde liegenden Funktionsweise eines Systems ist und von den Beteiligten oft als unvermeidlich oder sogar notwendig angesehen wird. Beispiele hierfür sind systematische Bestechung, weit verbreitete Vetternwirtschaft oder die Missachtung von Rechtsstaatlichkeit und ethischen Standards. Weitere Ursachen können Machtungleichgewichte, mangelnde Transparenz und Kontrolle sowie rechtliche Grauzonen sein.

Korruption gedeiht unter bestimmten Bedingungen besonders gut. Einer der wichtigsten Faktoren ist mangelnde Transparenz. Wenn Entscheidungen und Prozesse für die Öffentlichkeit nicht nachvollziehbar sind, ist es leicht für korrupte Akteure, ihre Handlungen zu verschleiern. Ein weiterer wichtiger Faktor ist die fehlende Rechenschaftspflicht. Wenn es keine wirksamen Mechanismen gibt, um Personen für ihr Fehlverhalten zur Rechenschaft zu ziehen, besteht ein erhöhtes Risiko für korrupte Handlungen. Außerdem begünstigt eine Kultur der Straflosigkeit Korruption. Wenn korrupte Handlungen nicht geahndet werden, sendet dies die Botschaft aus, dass Korruption toleriert wird und ohne Konsequenzen bleibt. Darüber hinaus kann Korruption in einem Umfeld gedeihen, in dem Vetternwirtschaft und Nepotismus vorherrschen. Wenn Ämter und Vergünstigungen aufgrund persönlicher Beziehungen und nicht nach Leistung vergeben werden, entsteht ein fruchtbarer Boden für korruptes Verhalten. Schließlich spielt auch die wirtschaftliche Situation eine Rolle. In Gebieten mit hoher Armut und niedrigen Einkommen kann die Versuchung groß sein, durch Korruption zusätzliches Geld zu verdienen. Ebenso können in Ländern mit schwachen Institutionen und politischer Instabilität die Kontrollmechanismen unzureichend sein, was Korruption begünstigt. Es ist wichtig zu beachten, dass diese Faktoren oft zusammenwirken und sich gegenseitig verstärken können. Die Bekämpfung der Korruption erfordert daher eine umfassende Strategie, die sowohl die strukturellen als auch die situativen Aspekte der Korruption berücksichtigt.

Die renommierte Gießener Kriminologin Britta Bannenberg hat in ihrer akribischen Auswertung von Korruptionsfällen drei charakteristische Strukturen identifiziert: Bagatell- oder Gelegenheitskorruption, Korruption aufgrund gewachsener Beziehungen und Netzwerkkorruption.

Die Bagatell- oder Gelegenheitskorruption ist eine Form der Korruption, die sich zufällig und spontan ergibt und oft durch geringwertige Vorteile gekennzeichnet ist. Sie tritt in Situationen auf, in denen sich eine Gelegenheit zur persönlichen Bereicherung bietet, die zu verlockend ist, um sie zu auszuschlagen.

Der zweite Typ ist die Korruption aufgrund gewachsener Beziehungen. Hierbei handelt es sich um Fälle, in denen sich über einen längeren Zeitraum Beziehungen zwischen Individuen oder Gruppen entwickelt haben. In diesen Beziehungen können sich korrupte Praktiken entstehen und aufrechterhalten werden, oft aufgrund von gegenseitiger Abhängigkeit und/oder Loyalität.

Die dritte und komplexeste Struktur ist die Netzwerkkorruption. Sie tritt auf, wenn eine Gruppe von Personen oder Unternehmen zusammenarbeitet, um sich systematisch Vorteile zu verschaffen. Diese Form der Korruption erfordert ein höheres Maß an Organisation und Koordination und geht oft mit ausgefeilten Methoden zur Verschleierung der korrupten Handlungen einher. Die Mitglieder des Netzwerks können sich gegenseitig schützen und ihre Aktivitäten koordinieren, um das Entdeckungsrisiko zu minimieren und ihre Vorteile zu maximieren.

Dabei ist zu berücksichtigen, dass die Grenzen zwischen diesen Typen oft fließend sind und dass Korruption in der Praxis oft Elemente aller drei Typen aufweisen kann. Dennoch bietet das Modell einen nützlichen Rahmen für die Analyse und das Verständnis von Korruptionsfällen und kann dazu beitragen, wirksamere Strategien zur Korruptionsbekämpfung und -prävention zu entwickeln.

3.2 Zwei Täter – viele Opfer

Die Frage, wer bei einer korrupten Handlung der größere Verbrecher ist – der Gebende oder der Nehmende – ist komplex und hängt von verschiedenen Faktoren ab. Beide Akteure spielen eine aktive Rolle und tragen zur Aufrechterhaltung des korrupten Systems bei. Der Gebende kann die Korruption initiieren, aber ohne einen bereitwilligen Empfänger des Bestechungsgeldes würde die korrupte Handlung nicht stattfinden. Umgekehrt wäre der Nehmende nicht in der Lage sein, zu korrumpieren, wenn es niemanden gäbe, der bereit wäre, das Bestechungsgeld zu zahlen.

Die deutsche Rechtsprechung unterscheidet zwischen aktiver und passiver Korruption. Aktive Korruption, also das Fordern, Anbieten, Versprechen oder Gewähren von Vorteilen, wird oft in Form von Bestechungs- oder Schmiergeldzahlungen praktiziert. Ein bekanntes Beispiel hierfür ist der Siemens-Skandal, bei dem das Unternehmen Schmiergelder in Millionenhöhe an ausländische Amtsträger zahlte, um lukrative Aufträge zu erhalten.

Die passive Korruption, also die Annahme von Vorteilen oder die Bestechung, ist ebenfalls weit verbreitet. Ein prominentes Beispiel hierfür ist die sogenannte »Spendenaffäre« der CDU in den 1990er-Jahren, bei der Parteimitglieder illegale Spenden von Waffenherstellern angenommen hatten.

Darüber hinaus können Korruptionsfälle auch Fälle von Untreue, Betrug oder Vorteilsnahme in einem besonders schweren Fall umfassen. Diese Formen der Korruption sind ebenfalls strafbar und können mit Geld- oder Freiheitsstrafen geahndet werden.

Korruption hat immer auch strukturelle und systemische Ursachen und kann davon nicht losgelöst betrachtet werden. Der Kampf gegen Korruption muss daher auf allen Ebenen geführt werden, von der individuellen Ethik und Integrität bis hin zu institutionellen Reformen und gesellschaftlichen Veränderungen.

In den USA wurden 1977 mit der Einführung des »Foreign Corrupt Practices Act« (FCPA) Unternehmen für korruptes Verhalten haftbar gemacht. Damit wurde anerkannt, dass Unternehmen eine zentrale Rolle bei der Förderung oder Verhinderung der Korruption spielen. Wenn Unternehmen für korruptes Verhalten zur Rechenschaft gezogen werden, ist dies ein starker Anreiz, Bestechung und andere Formen der Korruption zu vermeiden. Dies fördert auch eine Kultur der Ethik und Integrität in den Unternehmen. In Europa und insbesondere in Deutschland wird derzeit über die Einführung ähnlicher Regelungen nachgedacht. Die Einführung einer Unternehmenshaftung in diesen Regionen erkennt die wichtige Rolle der Unternehmen bei der Korruptionsbekämpfung an und signalisiert die Bereitschaft, Unternehmen für ihr Fehlverhalten zur Rechenschaft zu ziehen. Dies würde nicht nur die ethischen Standards in den Unternehmen erhöhen, sondern auch das Vertrauen in die Geschäftswelt stärken und eine gerechtere und transparentere Wirtschaft zu fördern.

Die Wirecard AG, einst Deutschlands Vorzeigeunternehmen im Bereich der digitalen Finanztechnologie, steht nun im Mittelpunkt eine der größten Wirtschaftsskandale in der deutschen Geschichte. Der Skandal dreht sich um mutmaßliche Bilanzfälschungen in Höhe von fast 2 Milliarden Euro. Im Juni 2020 meldete Wirecard Insolvenz wegen Überschuldung und Zahlungsunfähigkeit an.

Institutionelle Korruption bezeichnet ein Phänomen, bei dem Korruption nicht auf individuellem Fehlverhalten beruht, sondern in den Strukturen und Prozessen einer Institution verankert ist. Dies ist der Fall, wenn eine Institution oder Organisation Normen, Praktiken oder Verfahren entwickelt hat, die korruptes Verhalten systematisch fördern oder belohnen. Oft wird dieses Verhalten vom Umfeld der

Organisation normalisiert und als Teil der ‚Geschäftspraxis' betrachtet. Beispiele für institutionelle Korruption können unter anderem beinhalten: systematische Bestechung, Vetternwirtschaft, mangelnde Transparenz und Rechenschaftspflicht sowie unethisches Verhalten auf Führungsebene. Es ist wichtig zu betonen, dass institutionelle Korruption schwer zu erkennen und zu bekämpfen ist, da sie oft tief in der Kultur und den Prozessen einer Organisation verwurzelt ist.

Der Fall Wirecard wird allgemein als Beispiel für institutionelle Korruption angesehen, da mehrere Unternehmen, Prüfungsorgane und Regulierungsbehörden involviert sind. Die Wirtschaftsprüfungsgesellschaft Ernst & Young hat Wirecard jahrelang geprüft und dabei die Jahresabschlüsse trotz Berichten über Unregelmäßigkeiten stets bestätigt. Auch die Bundesanstalt für Finanzdienstleistungsaufsicht (BaFin), die deutsche Finanzmarktaufsicht, wird kritisiert, weil sie trotz mehrfacher Warnungen nicht entschieden genug eingegriffen habe.

Der Skandal schlug auch auf politischer Ebene hohe Wellen. Es wurden Fragen nach der Rolle des Bundesfinanzministeriums und des Bundeskanzleramts gestellt, insbesondere im Hinblick auf Wirecards expansionsorientierte ausländische Politik. Die Kontrollmechanismen versagten offenbar auf mehreren Ebenen, so dass sich Korruption innerhalb der Institutionen ausbreiten konnte.

Die Folgen des Wirecard-Skandals sind weitreichend und haben das Vertrauen in die deutschen Finanzmärkte, die Unternehmensaufsicht und die Wirtschaftsprüfung tief erschüttert. Der Fall hat gezeigt, dass Korruption und Betrug auch in scheinbar respektablen Unternehmen und Institutionen vorkommen können und dass ein wirksames System zur Aufdeckung und Verhinderung solcher Praktiken von entscheidender Bedeutung ist.

In Deutschland wird intensiv über die Einführung einer Unternehmensstrafbarkeit diskutiert. Ein zentrales Element dieses Gesetzesvorhabens ist die Ausweitung der Haftung von Unternehmen für korrupte Handlungen ihrer Mitarbeiter und Führungskräfte. Das Bundesministerium der Justiz und für Verbraucherschutz hat den Entwurf eines Gesetzes zur Stärkung der Integrität in der Wirtschaft vorgelegt. Dieser sieht vor, dass Unternehmen für Straftaten wie

Korruption, die in ihrem Interesse oder mit ihrer Duldung begangen wurden, mit Geldbußen von bis zu 10 % ihres Jahresumsatzes belegt werden können. Darüber hinaus soll das Gesetz Unternehmen dazu anhalten, wirksame Compliance-Strukturen zu implementieren, um kriminelles Verhalten zu verhindern und aufzudecken. Es bleibt abzuwarten, wie das Gesetz letztlich aussehen wird und welche Auswirkungen es auf die Unternehmenslandschaft in Deutschland haben wird.

3.3 Korruption im Sport

Die Korruption im Sport hat in den letzten Jahren erheblich zugenommen, was auf eine Vielzahl von Faktoren zurückzuführen ist. Sport gilt als Vertrauensgut, das auf den Grundprinzipien von Fairness und Gleichheit beruht. Er ist eine Arena, in der Athleten ihre Fähigkeiten und Fertigkeiten unter gleichen Bedingungen unter Beweis stellen können. Korruption untergräbt jedoch diese Prinzipien, indem sie die Integrität des Wettbewerbs beeinträchtigt und das Ansehen des Sports schädigt.

Die zunehmende Kommerzialisierung des Sports ist einer der Hauptgründe für die Zunahme der Korruption. Da es um immer größere Geldsummen geht, werden die Anreize für unethisches Verhalten immer größer. Sportorganisationen, Athleten und sogar Fans können dazu verleitet werden, die Regeln zu brechen, um finanzielle Gewinne zu erzielen oder sich einen unfairen Vorteil zu verschaffen. Ein Beispiel dafür ist der FIFA-Korruptionsskandal, bei dem hochrangige Funktionäre Bestechungsgelder in Millionenhöhe angenommen haben, um die Vergabe von Weltmeisterschaften zu beeinflussen.

Um die Korruption im Sport wirksam zu bekämpfen, sind sowohl präventive als auch reaktive Maßnahmen erforderlich. Auf der präventiven Seite können Bildungsprogramme und Trainingsinitiativen dazu beitragen, das Bewusstsein für die negativen Auswirkungen von Korruption zu schärfen und Athleten, Funktionäre und Fans mit den notwendigen Fähigkeiten auszustatten, um Korruption zu erkennen und zu melden. Darüber hinaus können strengere Vorschriften und

Kontrollen dazu beitragen, die Möglichkeiten für unethisches Verhalten zu verringern. Ein Beispiel hierfür ist die Einführung von »Integritätseinheiten« in einigen Sportarten, die für die Überwachung und Untersuchung potenzieller Korruptionsfälle zuständig sind.

Auf der reaktiven Seite sind strenge Sanktionen gegen diejenigen erforderlich, die der Korruption überführt werden. Diese können von Geldstrafen und Suspendierungen bis hin zum Ausschluss von Wettbewerben reichen. Wichtig ist, dass diese Maßnahmen unabhängig vom Status oder der Prominenz der betroffenen Personen konsequent angewendet werden. Ein gutes Beispiel hierfür ist der Fall des ehemaligen Siegers der Tour de France Lance Armstrong, der aufgrund von Dopingvorwürfen seine Titel verlor und lebenslang vom Radsport ausgeschlossen wurde.

Korruption im Sport ist ein komplexes und tief verwurzeltes Problem, das einer umfassenden und koordinierten Lösung bedarf. Es ist von entscheidender Bedeutung, dass alle Beteiligten – von den Sportorganisationen über die Athleten bis hin zu den Fans – eine aktive Rolle bei der Korruptionsbekämpfung spielen und sich für die Wiederherstellung von Integrität und Fairness im Sport einsetzen. Nur so kann das Vertrauen in den Sport als wertvolles gesellschaftliches Gut erhalten und Korruption wirksam bekämpft werden.[1]

Ein prominentes Beispiel für strukturelle Korruption ist der internationale Dachverband des Fußballverband FIFA. Die FIFA ist seit Jahren in eine Reihe von Korruptionsskandalen verwickelt, die vom Verkauf von Fernsehrechten bis hin zur Vergabe von Austragungsorten für die Fußballweltmeisterschaften reichen. Im Jahr 2015 wurden mehrere hochrangige FIFA-Funktionäre wegen Korruptionsvorwürfen verhaftet. Die Untersuchungen deckten ein tief verwurzeltes System von Bestechung und Vetternwirtschaft auf, das über mehrere Jahrzehnte bestand und von den höchsten Ebenen der Organisation unterstützt wurde. Dieses Beispiel verdeutlicht, wie tief strukturelle

[1] Emrich, Eike; Gassmann, Freya (2019): Korruption und Sport, in: Was ist Korruption? Begriffe, Grundlagen und Perspektiven gesellschaftswissenschaftlicher Korruptionsforschung. Hrsg. von Peter Graeff und Tanja Rabl. Nomos, S. 143-163.

Korruption in einer Institution verankert sein kann und wie schwierig es ist, sie zu entwurzeln und zu bekämpfen.

Rainer Grindel, ehemaliger Präsident des Deutschen Fußball-Bundes e. V. (DFB), geriet 2019 in die Schlagzeilen, als er in einen Skandal verwickelt wurde, der schließlich zu seinem Rücktritt führte. Grindel, der seit 2016 Präsident des DFB war, wurde vorgeworfen, eine teure Uhr im Wert von 6.000 Euro von einem ukrainischen Geschäftsmann angenommen zu haben, was einen möglichen Interessenkonflikt darstellt.

Heftig kritisiert wurde Grindel auch wegen seiner Nebentätigkeiten. Während seiner Amtszeit als DFB-Präsident erhielt er zusätzlich zu seinem Gehalt als Präsident eine Vergütung von 78.000 Euro pro Jahr als Aufsichtsratsmitglied der DFB-Tochtergesellschaft DFB-Medien. Diese Praxis wurde von vielen als unethisch angesehen und warf weitere Fragen bezüglich seiner Führungsqualitäten und seiner Integrität auf.

Der Skandal um Grindel und den DFB führte zu einer intensiven Debatte über die Ethik und die Transparenz im deutschen Fußball.

3.4 Korruption im Gesundheitswesen

Das Gesetz zur Bekämpfung von Korruption im Gesundheitswesen wurde im Jahr 2016 in Deutschland verabschiedet. Die Entstehung dieses Gesetzes wurde durch die Notwendigkeit angetrieben, eine klare Rechtsgrundlage zur Bekämpfung von Korruption in diesem Sektor zu schaffen – ein Bereich, der aufgrund der hohen finanziellen Transaktionen und der oft komplexen Entscheidungsprozesse als besonders anfällig für korrupte Praktiken gilt.

Das Gesetz stellt korruptes Verhalten im Gesundheitswesen ausdrücklich unter Strafe und definiert eine Reihe von Handlungen als korrupt, darunter auch Bestechlichkeit und Bestechung im Gesundheitswesen. Besonders hervorzuheben ist, dass das Gesetz sowohl die Täter als auch die Empfänger von Bestechungsgeldern strafrechtlich verfolgt. Zudem sind nicht nur die direkte Bestechung strafbar, sondern auch indirekte Vorteile wie Einladungen zu teuren Veranstaltungen oder Luxusreisen.

Eine Besonderheit des Gesetzes ist, dass es sich nicht nur auf Ärzte und andere Angehörige der Heilberufe bezieht, sondern auf alle Akteure im Gesundheitswesen, einschließlich Apotheker, Physiotherapeuten und Pflegepersonal. Damit wurde ein breiter Anwendungsbereich geschaffen, um eine effektive Bekämpfung von Korruptionsfällen zu ermöglichen.

Die Ursachen für die Einführung des Gesetzes liegen in den zunehmenden Bedenken hinsichtlich der Integrität des Gesundheitswesens und dem Wunsch, das Vertrauen der Öffentlichkeit in dieses wichtige soziale Gut zu stärken. Korruption im Gesundheitswesen kann zur Verschwendung von Ressourcen führen, die Qualität der medizinischen Versorgung beeinträchtigen und das Vertrauen in medizinische Fachkräfte und Institutionen untergraben.

Die Auswirkungen des Gesetzes seit seiner Einführung sind erheblich. Es hat die Aufmerksamkeit auf das Thema Korruption im Gesundheitswesen gelenkt und die Notwendigkeit einer effektiven Compliance in Gesundheitseinrichtungen unterstrichen. Das Gesetz hat auch zu einer Reihe von Strafverfahren geführt, die eine abschreckende Wirkung haben und dazu beitragen, korruptes Verhalten zu verhindern. Korruption im Gesundheitswesen ist seit der Gesetzesnovelle ein Offizialdelikt, das heißt die Verfolgung von Straftaten hängt also nicht mehr von der Anzeigebereitschaft der Unternehmen oder Betroffenen ab. Es bleibt jedoch eine ständige Herausforderung, die wirksame Umsetzung des Gesetzes zu gewährleisten und das Bewusstsein für dieses wichtige Thema im gesamten Gesundheitssektor zu fördern.

Vor der Verabschiedung des Gesetzes im Jahr 2016 gab es in Deutschland keine spezifischen gesetzlichen Regelungen gegen Korruption im Gesundheitswesen. Diese Regelungslücke führte dazu, dass Ärzte, Krankenhäuser und Pharmaunternehmen in einer rechtlichen Grauzone agierten, in der unethisches Verhalten weitgehend ungeahndet blieb. Das deutsche Gesundheitswesen ist aufgrund seiner Struktur und Dynamik besonders anfällig für Korruption. Ein zentrales Problem sind die komplexen und oft undurchsichtigen Beziehungen zwischen Ärzten, Krankenhäusern und der Pharmaindustrie. Unternehmen bieten Ärzten häufig Anreize, etwa in Form von Geschenken, Reisen oder finanziellen Zuwendungen, um ihre Produkte zu bewerben.

Da diese Praktiken häufig intransparent sind, ist es für Patienten schwer zu erkennen, ob eine Behandlungsempfehlung auf medizinischer Notwendigkeit beruht oder ob finanzielle Anreize eine Rolle spielen. Das deutsche Gesundheitswesen ist aus mehreren Gründen besonders korruptionsanfällig.

Ein zentraler Aspekt ist die Rolle der gesetzlichen Krankenkassen und deren Kostenübernahme für Gesundheitsleistungen durch diese. Angesichts der hohen finanziellen Aufwendungen im Gesundheitswesen und der Tatsache, dass eine Vielzahl von Leistungen durch die gesetzlichen Krankenkassen abgedeckt wird, besteht ein hohes Missbrauchspotenzial. Ärzte und medizinische Leistungserbringer könnten beispielsweise dazu verleitet werden, unnötige oder überteuerte Behandlungen durchzuführen, um höhere Vergütungen von den Krankenkassen zu erhalten. Darüber hinaus stellt die öffentliche Gesundheitsversorgung in Deutschland eine besondere Herausforderung dar. Die Tatsache, dass die Gesundheitsversorgung weitgehend staatlich organisiert und finanziert ist, schafft ein Umfeld, das für korrupte Praktiken anfällig sein kann. Die Entscheidungsfindung im Gesundheitswesen kann von bürokratischen Prozessen und Interessenkonflikten geprägt sein, unethischem Verhalten Tür und Tor öffnet. Insbesondere können die Akteure des Gesundheitswesens versucht sein, ihre Entscheidungen eher auf der Grundlage persönlicher Vorteile oder unzulässiger Einflussnahme zu treffen als im Interesse der Patienten.

Die Undurchsichtigkeit der Beziehungen zwischen Ärzten, Krankenhäusern, Krankenkassen und Pharmaunternehmen kann es schwierig machen, unethisches Verhalten zu erkennen und zu bestrafen. Transparenz und Rechenschaftspflicht in diesem Bereich sind daher entscheidend, um Korruption zu verhindern und das Vertrauen der Öffentlichkeit in das Gesundheitswesen zu stärken, in der Vergangenheit immer wieder durch zahlreiche Korruptionsskandale im Zusammenhang im Gesundheitswesen erschüttert wurde.

Cerivastatin war einst ein hoch gelobtes Medikament zur Senkung des Cholesterinspiegels. Es gehörte zur Gruppe der Statine, Medikamente, die die körpereigene Produktion von Cholesterin hemmen. Cerivastatin, das unter dem Handelsnamen Baycol/Lipobay vertrieben wurde, wurde von der Bayer AG hergestellt.

Cerivastatin wurde wegen seiner hohen Wirksamkeit und Effizienz gelobt. Im Vergleich zu anderen Statinen waren geringere Dosen erforderlich, um die gewünschte Wirkung zu erzielen. Es wurde jedoch im August 2001 weltweit vom Markt genommen, da es mit Todesfällen in Verbindung gebracht wurde. Die Patienten litten an einer schweren Muskelkrankheit namens Rhabdomyclyse. Diese Krankheit führt zum Abbau von Muskelgewebe, was wiederum in zu Nierenschäden führen kann.

Der Fall Cerivastatin ist ein weiteres Beispiel für Korruption im Gesundheitswesen. Berichten zufolge waren sowohl die Bayer AG als auch einige medizinische Fachleute, die das Medikament verschrieben, über das Risiko von Rhabdomyolyse im Zusammenhang mit Cerivastatin informiert. Trotz dieses Wissens wurde das Risiko jedoch von den Beteiligten verschwiegen, um den Profit nicht zu gefährden.

Die Bayer AG hatte Studien finanziert und veröffentlicht, die die Sicherheit und Wirksamkeit von Cerivastatin betonten und gleichzeitig die mit dem Medikament verbundenen Risiken verharmlosten. In einigen Fällen wurden sogar negative Studienergebnisse unterdrückt oder nicht veröffentlicht, was zu einem verzerrten Bild der Sicherheit von Cerivastatin führte. Ärzte, die von der Bayer AG finanziell unterstützt wurden, verschrieben das Medikament auch dann noch, als Bedenken über die Sicherheit von Cerivastatin laut wurden.

Der Vorfall macht deutlich, wie finanzielle Anreize und Korruption die ethischen Standards und das Urteilsvermögen von Unternehmen und Angehörigen der Gesundheitsberufe beeinträchtigen und

Patienten unnötigen Risiken ausgesetzt werden. Er unterstreicht auch die Notwendigkeit größerer Transparenz und Rechenschaftspflicht in der pharmazeutischen Industrie sowie einer strengeren Regulierung und Kontrolle der medizinischen Forschung und Praxis. Das Verhalten der Bayer AG und der beteiligten Ärzte im Fall Cerivastatin stellt einen schweren Verstoß gegen die ärztliche Ethik und das Vertrauen der Öffentlichkeit dar und unterstreicht die dringende Notwendigkeit, Korruption im Gesundheitswesen zu bekämpfen und die Integrität medizinischer Forschung und Praxis zu schützen.

Der Contergan-Skandal ist ein dunkles Kapitel in der Geschichte der Pharmaindustrie und ein eindrucksvolles Beispiel für Korruption und ethisches Fehlverhalten im Gesundheitswesen. Contergan, ein Medikament zur Behandlung gegen Schlaflosigkeit und Morgenübelkeit in der Schwangerschaft, wurde in den 1950er-Jahren von der deutschen Firma Grünenthal entwickelt und vermarktet. Trotz fehlender gründlicher Tests wurde das Medikament als sicher und wirksam angepriesen und schnell zu einem Bestseller. Schätzungsweise 10 000 Kinder in 46 Ländern wurden jedoch mit schweren Geburtsfehlern geboren, darunter fehlende oder verkümmerte Gliedmaßen, nachdem ihre Mütter das Medikament während der Schwangerschaft eingenommen hatten.

Der Contergan-Skandal offenbarte ein beunruhigendes Ausmaß an Korruption und unethischem Verhalten. Es gab Berichte, dass Grünenthal von den Risiken des Medikaments wusste, diese aber leugnete und aktiv versuchte, Kritiker zum Schweigen zu bringen. Es gab auch Vorwürfe, das Unternehmen habe die Behörden bestochen, um die Zulassung des Medikaments zu beschleunigen und Kontrollen zu umgehen.

Der Organspende-Skandal in Deutschland, der 2012 ans Tageslicht kam, hat das Vertrauen der Öffentlichkeit in das Gesundheitssystem schwer erschüttert. In diesem Skandal kam heraus, dass mehrere Klinikärzte in Deutschland die Wartelisten für Organspenden manipuliert hatten, um bestimmten Patienten schneller zu einer Transplantation zu verhelfen.

Gleichzeitig wurden andere, ebenso bedürftige Patienten benachteiligt. Die Manipulationen betrafen vor allem Lebertransplantationen und ereigneten sich in renommierten Transplantationszentren, darunter Göttingen, Regensburg und München. Die beteiligten Ärzte gaben falsche medizinische Informationen über ihre Patienten an, um ihnen eine höhere Dringlichkeit und damit einen besseren Platz auf der Warteliste zu verschaffen. Die beteiligten Ärzte profitierten auf mehrfacher Hinsicht von der Manipulation der Organwartelisten. Einerseits steigerte erfolgreiche Transplantationen ihr berufliches Ansehen und Prestige. Sie konnten ihre Erfolgsquoten ausweisen und ihre Kompetenz durch die Anzahl der durchgeführten Transplantationen unter Beweis stellen. Andererseits wurde berichtet, dass einige Ärzte finanzielle Anreize von Patienten oder deren Angehörigen erhielten, um eine höhere Position auf der Liste zu erreichen.

Die Korruption lief meist nach einem ähnlichen Muster ab. Die Ärzte fälschten medizinische Unterlagen und machten falsche Angaben über den Gesundheitszustand und die Dringlichkeit ihrer Patienten. Für diese Manipulationen ließen sie sich bezahlen. In einigen Fällen wurden Patienten als Dialysepatienten gemeldet, obwohl sie keine Dialyse benötigten, da Dialysepatienten in der Warteliste höher eingestuft werden. In anderen Fällen wurden nicht notwendige Operationen durchgeführt um den Zustand eines Patienten kritischer erscheinen zu lassen, als er tatsächlich war.

Der Skandal führte zu einem deutlichen Rückgang der ohnehin niedrigen Bereitschaft zur Organspende in Deutschland und zu einer Verschärfung der Transplantationsgesetze. Strengere Kontrollen und Transparenzmaßnahmen wurden eingeführt, um ähnliche Vorfälle in Zukunft zu verhindern. Der Organspende-Skandal ist ein weiteres beunruhigendes Beispiel für die möglichen Auswirkungen von Korruption und unethischem Verhalten im Gesundheitswesen.

3.5 Korruption in der Politik

Politische Korruption hat seit 2010 zahlreiche Länder weltweit erschüttert und die internationalen Schlagzeilen beherrscht. In vielen Fällen wurden umfangreiche Ermittlungen eingeleitet, um das Ausmaß der Korruption aufzudecken. Ein herausragendes Beispiel ist die Operation »Lava Jato« in Brasilien, eine groß angelegte Untersuchung der Bundespolizei. Sie deckte einen weit verbreiteten Korruptionsskandal auf, der die Regierung und staatliche Unternehmen wie Petrobras betraf. Es wurde festgestellt, dass Bestechung und Geldwäsche zu Verurteilungen von Politikern und Geschäftsleuten geführt haben, die in diese illegalen Machenschaften verwickelt waren.

Saudi-Arabien erlebte 2017 eine beispiellose Antikorruptionskampagne, in deren Verlauf zahlreiche prominente Persönlichkeiten, darunter Prinzen und ehemalige Minister, verhaftet wurden. Die Kampagne wurde jedoch von einigen als Machtergreifung des Kronprinzen Mohammed bin Salman interpretiert und blieb daher umstritten.

In Südafrika war die Präsidentschaft von Jacob Zuma von 2009 bis 2018 von zahlreichen Korruptionsvorwürfen und Skandalen geprägt. Zuma und seine Regierung wurden beschuldigt, öffentliche Gelder für persönliche Zwecke missbraucht und sich in unzähligen Fällen der Bestechung schuldig gemacht zu haben. Dies führte zu umfangreichen Ermittlungen und öffentlichen Debatten über Korruption in der Regierung.

Auch Russland steht vor Herausforderungen im Kampf gegen die weit verbreitete Korruption. Kritiker werfen der Regierung von Wladimir Putin vor, Korruption zu tolerieren und sogar zu fördern, um sich politische Loyalität zu sichern. Vor allen in der Rüstungsindustrie und bei Waffenhändlern ist Korruption ein großes Problem. Die hohe Geheimhaltung und die enormen Summen, um die es in diesen Bereichen geht, schaffen ein Umfeld, in dem unethisches Verhalten gedeihen kann.

Wenn über Korruption in diesen Ländern berichtet wird, zeigen viele Deutsche eine gewisse Arroganz aufgrund der fehlenden Rechtsstaatlichkeit in diesen Ländern. Vermutlich würde es viele erschüttern, dass das Recherchekollektiv Correctiv.org in allen genannten Korruptionsfällen in anderen Demokratien deutsche Schmiergelder gefunden hat und in diesem Zusammenhang sogar von einer »deutschen Schmiergeldindustrie«[2] spricht, die weltweit die Demokratie gefährde. Es scheint, dass die deutsche Arroganz in Sachen Korruption einer nüchternen Demut und dem Willen zur Aufklärung und Bekämpfung weichen sollte. Deutsche Unternehmen, allen voran die Rüstungsindustrie, profitieren von der Demokratieschwäche anderer Länder und schrecken dabei auch vor Korruption nicht zurück.

Die Ursachen für die Verbreitung von Korruption in diesen Ländern sind vielfältig und komplex. Neben der Schwäche demokratischer Institutionen spielen mangelnde Transparenz und Rechenschaftspflicht eine Rolle. Ebenso begünstigt ein Klima der Straflosigkeit korrupte Machenschaften. Um Korruption wirksam zu bekämpfen, sind umfassende Reformen notwendig. Dazu gehören die Stärkung der Rechtsstaatlichkeit, die Verbesserung von Transparenz und Rechenschaftspflicht in Regierung und Wirtschaft sowie die Förderung von Ethik und Integrität auf allen gesellschaftlichen Ebenen.

Es ist auch von großer Bedeutung, dass die internationale Gemeinschaft zusammenarbeitet, um die grenzüberschreitende Korruption zu bekämpfen und sicherzustellen, dass Korruption nicht länger als »normales« Geschäftsverhalten angesehen wird. Nur durch koordinierte und konzertierte Anstrengungen kann eine nachhaltige Lösung für dieses weitreichende Problem gefunden und korrupten Praktiken entgegengewirkt werden.

Während Korruption international in den letzten 20 Jahren zunehmend in den Fokus der wissenschaftlichen Forschung gerückt ist, zeigt sich für die deutsche Forschung ein erstaunlicher weißer Fleck. Korruption, konkret politische Korruption, wird von deutschen Politikwissenschaftlerinnen und -wissenschaftlern nicht als lohnender Forschungsgegenstand angesehen. Zu wenig Daten, zu wenig gesellschaftliches Interesse und damit zu wenig Relevanz. Wo die gesell-

[2] Richter, Frederik (2020): Geheimsache Korruption. Wie die deutsche Schmiergeldindustrie weltweit die Demokratie verrät. Correctiv.

schaftliche Norm fehlt – konkret das öffentliche Bewusstsein für die Allgegenwärtigkeit und Schädlichkeit von Korruption – ist es schwierig zu forschen.[3]

Eine einfache Umfrage auf der Straße kann dies zeigen. Fragen Sie eine zufällig ausgewählte Person, was über Korruption denkt. Sie werden feststellen, dass die meisten nicht konkret benennen können, was Korruption ist. Deshalb können sie auch keine Haltung dazu entwickeln.

Zur politischen Korruption gesellt sich eine Haltung, die ein wenig davon ausgeht, dass »die da oben« ohnehin machen können, was sie wollen, Politiker, Banker, Manager. Es zeigt sich ein großer Vertrauensverlust in die gesellschaftlichen Institutionen, der mit der Bankenkrise begann und in der Gegenwart seinen bisherigen traurigen Höhepunkt findet.

Es zeigt sich ein Gefühl der Ohnmacht, gegenüber denen, die ihre Macht missbrauchen. Genau das müssen wir ändern. Wir müssen es als gesellschaftliche Aufgabe begreifen, Täter zur Rechenschaft zu ziehen und eine klare kollektive Haltung gegenüber Korruption zu entwickeln. Jedes Kind muss spätestens am Ende der Grundschule wissen, was Korruption ist und warum sie schädlich ist.

Stattdessen wird über Korruption so gut wie nie gesprochen.

Die Korruption von Politikern ist besonders dramatisch, weil an gewählte Amtsträger höhere moralische Ansprüche gestellt werden und sie eine besondere Verantwortung tragen. Während in der Wirtschaft die Verantwortung vor allem dem Gewinn und dem Wohlergehen des Unternehmens gilt, repräsentieren Politiker immer auch die Demokratie und ihre rechtsstaatlichen Prinzipien und Institutionen. Sie haben die Pflicht, das Vertrauen der Öffentlichkeit zu gewinnen und zu erhalten, indem sie ihre Aufgaben mit Integrität wahrneh-

[3] Wolf, Sebastian; Fütterer Sabine (2019): Politikwissenschaftliche Korruptionsforschung, in: Was ist Korruption? Begriffe, Grundlagen und Perspektiven gesellschaftswissenschaftlicher Korruptionsforschung. Hrsg. von Peter Graeff und Tanja Rabl. Nomos, S. 103-122, S. 104-105.

men. Diese Verpflichtung geht weit über die bloße Einhaltung der Gesetze hinaus. Sie erfordert, dass sie jeden Anschein von Unangemessenheit oder unethischem Verhalten vermeiden, um das Vertrauen der Öffentlichkeit in ihre Arbeit und in die Institutionen, die sie vertreten, zu erhalten.

Korruption untergräbt das Vertrauen der Bürger in die staatlichen Institutionen und kann das demokratische System selbst gefährden, indem sie Gleichheit, Gerechtigkeit und Transparenz untergräbt, die im Herzen des Rechtsstaates stehen.

Die gewählten Abgeordneten leisten bei ihrem Amtsantritt einen Eid, der ihre Verpflichtung gegenüber ihrem Amt und der Demokratie bekräftigt. Sie schwören, ihre Kraft dem Wohle des Volkes zu widmen, seinen Nutzen zu mehren, Schaden von ihm abzuwenden, das Grundgesetz und die Gesetze des Bundes zu wahren und zu verteidigen, ihre Pflichten gewissenhaft zu erfüllen und Gerechtigkeit gegen jedermann zu üben. Dieser Eid dient als ständige Mahnung an ihren Auftrag, integer zu handeln und Korruption in jeder Form zu vermeiden. Er ist nicht nur eine zeremonielle Geste, sondern eine bindende Verpflichtung, die sie an ihr Amt und ihre ethische Verantwortung erinnert.

Wenn Politiker dann aus Gier und Eigeninteresse ihren Amtseid verletzen und korrupt werden, hat dies besonders schädliche Auswirkungen auf das Gemeinwesen und ruft entsprechende Empörung in der Öffentlichkeit hervor.

Vor allem wird das Vertrauen der Bürger in die politischen Institutionen und die Legitimität des politischen Prozesses untergraben. Dies wiederum kann zu politischer Apathie und Zynismus führen, was sich in geringer Wahlbeteiligung und mangelndem Engagement der Bürger äußern kann. Darüber hinaus kann Korruption in der Politik die Effizienz und Effektivität der Regierungsführung beeinträchtigen, da Entscheidungen und Politiken nicht zum Wohle der Allgemeinheit, sondern zum Nutzen einiger weniger getroffen werden können. Dies führt zu sozialer Ungleichheit und Ungerechtigkeit. Zudem birgt Korruption die Gefahr des Machtmissbrauchs, da sie

Einzelpersonen oder Gruppen in die Lage versetzen kann, unverhältnismäßig großen Einfluss auf die politische Agenda auszuüben.

Die Bekämpfung von Korruption bei gewählten Amtsträgern ist daher nicht nur eine Frage der Strafverfolgung, sondern auch des Schutzes von Demokratie und Rechtsstaat. Die rechtlichen Grundlagen der Korruptionsbekämpfung findet sich in Deutschland hauptsächlich im Strafgesetzbuch (StGB).

Von besonderer Bedeutung ist in diesem Zusammenhang § 108e StGB, der die Bestechung von Mandatsträgern unter Strafe stellt. Dieser Paragraf verbietet es Abgeordneten für eine bestimmte Handlung im Rahmen ihrer parlamentarischen Tätigkeit Vorteile zu fordern, anzunehmen oder sich versprechen zu lassen. Ein Verstoß kann mit einer Freiheitsstrafe bis zu fünf Jahren oder mit einer Geldstrafe geahndet werden.

Trotz dieser Regelungen kam es Deutschland in der Vergangenheit zu einer Reihe von Korruptionsskandalen erlebt, die auf rechtliche Grauzonen und unklare Definitionen in der Gesetzgebung zurückzuführen sind.

Die sogenannte »Spielbankenaffäre«, die Bayern in den Jahren 1955 bis 1962 erschütterte, ist ein eindrucksvoller Fall von Korruption und Vetternwirtschaft auf höchster politischer Ebene in der frühen Bundesrepublik. Kern des Skandals war die Vergabe von Spielbankenkonzessionen an Privatpersonen.

Im Jahr 1955 beschloss die Bayerische Staatsregierung unter Ministerpräsident Wilhelm Hoegner (SPD), das Glücksspiel in Bayern zu legalisieren, um zusätzliche Steuereinnahmen zu generieren und den Tourismus anzukurbeln. Daraufhin wurden Konzessionen für den Betrieb von Spielbanken in Bad Wiessee, Bad Kissingen, Bad Reichenhall und Garmisch-Partenkirchen ausgeschrieben.

Nach Hoegners Rücktritt 1957 vergab sein Nachfolger Hanns Seidel (CSU) die Konzessionen an verschiedene Privatpersonen, darunter auch einige prominente CSU-Mitglieder. Dies führte zu erheblichen politischen Kontroversen, da die Auswahl der Konzessionäre nicht transparent und nach strengen Kriterien, sondern offenbar aufgrund persönlicher Beziehungen und Parteizugehörigkeit erfolgte.

Bald darauf kamen Gerüchte auf, dass einige der Konzessionäre vor der Konzessionsvergabe erhebliche Geldbeträge an CSU-Politiker gezahlt hatten. Außerdem wurde bekannt, dass die Spielbanken trotz Verbots privates Glücksspiel veranstalteten und die Gewinne nicht ordnungsgemäß versteuert wurden.

Ihren Höhepunkt erreichte die Affäre 1962, als der bayerische Innenminister August Geislhöringer (CSU) wegen seiner Verstrickung in den Skandal zurücktrat. Die öffentliche Empörung über die Spielbankenaffäre führte zu einer breiten Diskussion über politische Ethik und Korruption in Bayern und trug zur Entstehung einer Reformbewegung innerhalb der CSU bei.

Die Spielbankaffäre war eine wichtige Lektion für die politische Landschaft in Bayern und Deutschland. Sie zeigte die Notwendigkeit transparenter und fairer Verfahren bei der Vergabe staatlicher Konzessionen und die Gefahren einer Verquickung von Politik und Wirtschaftsinteressen auf. Bis heute dient die Affäre als Mahnung an die politische Elite, das Vertrauen der Öffentlichkeit nicht aufs Spiel zu setzen.

Die sogenannte »Traumschiff-Affäre«, auch als »Späth-Affäre« bekannt, stürzte den baden-württembergischen Ministerpräsidenten Lothar Späth (CDU) 1991 in eine tiefe politische Krise, die schließlich zu seinem Rücktritt führte. Auslöser des Skandals war die im Januar 1991 bekannt gewordene Tatsache, dass Späth Ende 1984 zusammen mit seiner Familie und einigen engen Geschäftsfreunden auf Kosten der Unternehmensgruppe Jürgen Schneider eine Kreuzfahrt im Mittelmeer unternommen hatte. Der Gesamtwert der als privater Urlaub deklarierte Reise betrug rund 64.000 DM, umgerechnet etwa 32.700 Euro.

Der Fall wurde durch einen Bericht des »Spiegel« publik, woraufhin Späth zunächst versuchte, die Angelegenheit herunterzuspielen. Er behauptete, die Reise sei als Dienstreise deklariert gewesen, und er habe nichts Unrechtes getan. Doch die öffentliche Meinung wandte sich gegen ihn, als klar wurde, dass er der Öffentlichkeit und seinem eigenen Kabinett nicht die Wahrheit gesagt hatte. Die Affäre weitete sich aus, als im Februar 1991 bekannt wurde, dass der Firmeninhaber Jürgen Schneider, der die Kosten der Reise übernommen hatte, in große finanzielle Schwierigkeiten geraten war. Er war wegen Betrugs, Kreditbetrugs und Urkundenfälschung verhaftet worden und hatte Schulden in Höhe von mehreren hundert Millionen DM. Der Druck auf Späth wuchs und führte schließlich zu seinem Rücktritt am 13. Februar 1991, der einen Tiefpunkt in der politischen Geschichte Baden-Württembergs markierte und die ernsten Konsequenzen der Korruption auf höchster politischer Ebene deutlich machte. Der Fall Späth Fall dient bis heute als warnendes Beispiel für die verheerenden Auswirkungen von Korruption und Vetternwirtschaft in der Politik.

Bezeichnenderweise hatte jede der etablierten Parteien ihren eigenen Korruptionsskandal. Der Schwarzgeldskandal der FDP unter Jürgen W. Möllemann ist ein weiteres Beispiel für politische Korruption, das in den Jahren 2000 bis 2003 in Deutschland für Aufsehen sorgte. Im Zentrum des Skandals stand der damalige stellvertretende Bundesvorsitzende der FDP und Spitzenkandidat der nordrhein-westfälischen FDP Jürgen W. Möllemann.

Es wurde bekannt, dass er und seine Parteifreunde illegale Parteispenden in Höhe von rund 900.000 Euro angenommen hatten. Hauptgrund für die illegalen Spenden war der Landtagswahlkampf der FDP in Nordrhein-Westfalen im Jahr 2000, für den Möllemann erhebliche Summen eingeworben hatte. Diese Gelder wurden über mehrere Briefkastenfirmen und Strohmänner abgewickelt, um die Herkunft der Spenden zu verschleiern.

Zudem gab es Spekulationen, dass Möllemann persönlich von den Schwarzgeldern profitiert haben könnte. Dies führte zu umfangreichen Ermittlungen und schließlich zu seinem Rücktritt von allen politischen Ämtern im Jahr 2003. Der Skandal beschädigte das Ansehen der FDP erheblich und führte zu weitreichenden organisatorischen und personellen Veränderungen in der Partei.

Margarethe Nimsch, von 1995 bis 1998 hessische Staatsministerin, gehörte der Partei Bündnis 90/Die Grünen an und musste wegen Korruptionsvorwürfen zurücktreten. Der Vorwurf lautete: Sie habe einer Bekannten und Parteifreundin Aufträge im Wert von rund 500.000 DM für ein Ausbildungsprojekt für Jugendliche ohne vorherige Ausschreibung zugeschanzt.

Nimsch bestritt vehement den Vorwurf fehlender Ausschreibungen, trat aber zurück, als sie in ihrer eigenen Fraktion keine Unterstützung fand. Die daraufhin 1998 durchgeführte Untersuchung des Landesrechnungshofs fand zwar keine Vergabe ohne Ausschreibung, stellte aber fest, dass in einigen Fällen die Grundsätze der Sparsamkeit und Wirtschaftlichkeit missachtet worden waren.

Der jüngste Skandal, der für öffentliche Empörung sorgte, betraf die CDU. Philipp Amthor, der junge CDU-Politiker und Bundestagsabgeordnete, stand im Juni 2020 im Zentrum eines Bestechungsskandals, der die deutsche politische Szene erschütterte. Der Skandal entfaltete sich, als Amthors geschäftliche Beziehungen zu einem New Yorker Start-up-Unternehmen namens Augustus Intelligence ans Licht der Öffentlichkeit kamen. Amthor hatte Aktienoptionen als Gegenleistung für Lobbyarbeit für das Unternehmen erhalten. Amthor, der in der Vergangenheit für seine rhetorische Brillanz und seinen konservativen Standpunkt gelobt wurde, wurde einer breiteren Öffentlichkeit bekannt, als er 2017 als jüngster Abgeordneter in den deutschen Bundestag einzog. Seine Verbindung zu Augustus Intelligence, einem auf künstliche Intelligenz spezialisierten Unternehmen, wurde jedoch erst 2020 bekannt, als die Medien die Beteiligung des Politikers enthüllten. Amthor soll sich an zwei Bundesministerien gewandt haben, um für das Start-up-Unternehmen zu werben, von dem er Aktienoptionen erhielt. In seiner Rolle als Bundestagsabgeordneter organisierte er Treffen mit hochrangigen Regierungsbeamten, die dem Unternehmen zugutekamen. Im Gegenzug für seine Bemühungen erhielt Amthor Aktienoptionen und wurde in den Vorstand des Unternehmens berufen.

Die Enthüllungen lösten eine breite Debatte über Ethik in der Politik und die Grenzen zwischen politischen und geschäftlichen Interessen aus. Amthor entschuldigte sich öffentlich für sein Verhalten und gab an, seine Verbindungen zu dem Unternehmen abgebrochen zu haben. Die CDU kündigte daraufhin eine Überarbeitung ihrer Regeln für Nebentätigkeiten an.

Auch die Corona-Pandemie bot vielen Amtsträgern die Gelegenheit zur persönlichen Bereicherung und zu einer kritisch zu betrachtenden »Klientelpolitik«, die nicht unbedingt den Interessen der Öffentlichkeit diente.

Die sogenannte »Maskenaffäre«, die 2021 durch die Presse ging, war eine Reihe von Verdachtsmomenten, bei denen es um Vorteilsnahme, Bestechlichkeit und Korruption durch verschiedene Abgeordnete der CDU und CSU im Bundestag und in den Landtagen in den Jahren 2020 und 2021 ging. Diese Vorwürfe standen vor allem im Zusammenhang mit der Beschaffung von Atemschutzmasken während der COVID-19-Pandemie in Deutschland und wurden als »Maskenskandal« oder »Korruptionsaffäre« bezeichnet.

Obwohl Abgeordnete durchaus nebenberufliche Tätigkeiten ausüben dürfen, unterliegen diese der Offenlegungspflicht. Es ist auch zu verstehen, dass das Herstellen von Kontakten als Teil ihrer Mandatspflichten angesehen wird. Anfang 2021 wurde jedoch bekannt, dass die Schweizer Firma Emix Trading GmbH, unter der Leitung der Jungunternehmer Jascha Rudolphi und Luca Steffen die Gesundheitsministerien in Nordrhein-Westfalen und Bayern mit überteuerten und oft minderwertigen Masken beliefert hatte.

Das Bundesgesundheitsministerium hat mit dem Unternehmen sogar einen Vertrag über mindestens 300 Millionen Euro abgeschlossen. Dies wurde unter anderem durch die persönlichen Bemühungen von Andrea Tandler, der Tochter des früheren CSU-Generalsekretärs Gerold Tandler, bei Bundesgesundheitsminister Jens Spahn ermöglicht. Es wurde Kritik laut, dass in diesen Fällen persönliche Vorteile oder finanzielle Gewinne erzielt wurden und dass die Unternehmensstrukturen intransparent seien. Trotz der schwerwiegenden

Vorwürfe wurden alle Beschuldigten in den Gerichtsverfahren freigesprochen, da ihre Handlungen nach § 108e (Abgeordnetenbestechung) legal waren. Der Bundesgerichtshof stellte fest, dass es Sache des Gesetzgebers sei, auf eine potenzielle Strafbarkeitslücke zu reagieren. Am 24. Januar 2023 wurde gegen Andrea Tandler ein Haftbefehl wegen steuerrechtlicher Vorwürfe erlassen und Untersuchungshaft angeordnet.

Die Affäre löste eine Welle von Rücktritten und Parteiaustritten aus und führte zu sinkenden Umfragewerte beider Parteien im März 2021 sowie zu Niederlagen der CDU bei den Landtagswahlen in Baden-Württemberg und Rheinland-Pfalz. Als Reaktion auf die Affäre wurden die Rahmenbedingungen für Nebeneinkünfte von Bundestagsabgeordneten verschärft. Ähnliche Gesetze wurden auch im bayerischen Landtag verabschiedet.

Abgeordnetenbestechung ist eine spezifische Form der Korruption, die sich gegen den parlamentarischen Meinungsbildungsprozess richtet. Sie liegt vor, wenn ein Abgeordneter dafür bezahlt wird, politische Entscheidungen in einer Weise zu beeinflussen, die nicht unbedingt im Interesse seiner Wähler oder der Öffentlichkeit liegt. Das Hauptziel dieser Art der Bestechung besteht darin, den freien und unabhängigen Willen des Abgeordneten zu untergraben und seine Entscheidungen zu manipulieren. In Deutschland ist die Abgeordnetenbestechung nach § 108e des Strafgesetzbuches (StGB) strafbar. Der Tatbestand ist erfüllt, wenn ein Abgeordneter für die Ausübung seines politischen Mandats Bestechungsgelder annimmt oder selbst Bestechungsgelder fordert. Die Höchststrafe für Abgeordnetenbestechung beträgt in Deutschland fünf Jahre Freiheitsstrafe oder Geldstrafe. Im Vergleich zu anderen Ländern ist die deutsche Gesetzgebung in Bezug auf die Abgeordnetenbestechung eher restriktiv, da sie nur Handlungen unter Strafe stellt, die explizit im Zusammenhang mit einer konkreten parlamentarischen Entscheidung stehen.

Bis 1994 war die Abgeordnetenbestechung in Deutschland nicht strafbar. Die frühere Auffassung argumentierte, dass eine solche Straftat im Widerspruch zur im Grundgesetz verankerten Unabhängigkeit der Abgeordneten stehen würde. Bereits seit 1951 sah die Geschäftsordnung des Bundestages die Möglichkeit vor, eine Ehrenordnung zu erlassen, doch erst 1972 machte der Deutsche Bundestag von dieser Möglichkeit Gebrauch. Auslöser war das gescheiterte Misstrauensvotum gegen die Regierung Brandt, bei dem einige Abgeordnete gegen ihre eigene Fraktion gestimmt hatten. Einige dieser Abgeordneten behaupteten, ihnen seien wirtschaftliche Vorteile für ein bestimmtes Abstimmungsverhalten angeboten worden. Nach der Wiedervereinigung Deutschlands wurde bekannt, dass auch das Ministerium für Staatssicherheit versucht hatte, einzelne CDU-Abgeordnete zu bestechen. Doch auch die 1972 verabschiedeten Verhaltensregeln des Bundestages stellten die Abgeordnetenbestechung nicht unter Strafe. Erst unter der Regierung Kohl wurde 1994 mit dem 28. Strafrechtsänderungsgesetz der Straftatbestand der Abgeordnetenbestechung eingeführt. Das erste Urteil nach dem neuen Straftatbestand fällte das Landgericht Neuruppin im Jahr 2007. Deutschland unterzeichnete die UN-Konvention gegen Korruption 2003. Im Jahr 2012 forderten 26 der 30 DAX-Unternehmen die Ratifizierung der Konvention. Die Regierungskoalition lehnte dies jedoch ab, da sie eine Gefährdung der freien Mandatsausübung befürchtete. Im Jahr 2013 wurde ein interfraktioneller Gesetzesvorschlag präsentiert, der jedoch von CDU und FDP abgelehnt wurde. Mit einer Strafrechtsnovelle im Jahr 2014 wurde der Straftatbestand deutlich erweitert und das Strafmaßerhöht.

In Deutschland stellt das Gesetz seit 1994 die Abgeordnetenbestechung unter Strafe, wie im § 108e des Strafgesetzbuches festgelegt. Dies umfasst sowohl aktive als auch passive Formen der Bestechung.

Mit der Neufassung der Vorschrift, die am 1. September 2014 in Kraft trat, wurde der Tatbestand auf alle Handlungen im Rahmen der Mandatswahrnehmung erweitert. Zuvor galt die Regelung lediglich für den Stimmenkauf. Im Jahr 2021 wurden die Strafen durch eine Gesetzesänderung erneut verschärft.

Das Gesetz im Wortlaut:

Bestechlichkeit und Bestechung von Mandatsträgern

(1) Wer als Mitglied einer Volksvertretung des Bundes oder der Länder einen ungerechtfertigten Vorteil für sich oder einen Dritten als Gegenleistung dafür fordert, sich versprechen lässt oder annimmt, dass er bei der Wahrnehmung seines Mandates eine Handlung im Auftrag oder auf Weisung vornehme oder unterlasse, wird mit Freiheitsstrafe von einem Jahr bis zu zehn Jahren, in minder schweren Fällen mit Freiheitsstrafe von sechs Monaten bis zu fünf Jahren bestraft.

(2) Ebenso wird bestraft, wer einem Mitglied einer Volksvertretung des Bundes oder der Länder einen ungerechtfertigten Vorteil für dieses Mitglied oder einen Dritten als Gegenleistung dafür anbietet, verspricht oder gewährt, dass es bei der Wahrnehmung seines Mandates eine Handlung im Auftrag oder auf Weisung vornehme oder unterlasse.

(3) Den in den Absätzen 1 und 2 genannten Mitgliedern gleich stehen Mitglieder
1. einer Volksvertretung einer kommunalen Gebietskörperschaft,
2. eines in unmittelbarer und allgemeiner Wahl gewählten Gremiums einer für ein Teilgebiet eines Landes oder einer kommunalen Gebietskörperschaft gebildeten Verwaltungseinheit,
3. der Bundesversammlung,
4. des Europäischen Parlaments,
5. einer parlamentarischen Versammlung einer internationalen Organisation und
6. eines Gesetzgebungsorgans eines ausländischen Staates.

(4) Ein ungerechtfertigter Vorteil liegt insbesondere nicht vor, wenn die Annahme des Vorteils im Einklang mit den für die Rechtsstellung des Mitglieds maßgeblichen Vorschriften steht. Keinen ungerechtfertigten Vorteil stellen darein politisches Mandat oder eine politische Funktion sowie

2. eine nach dem Parteiengesetz oder entsprechenden Gesetzen zulässige Spende.

(5) Neben einer Freiheitsstrafe von mindestens sechs Monaten kann das Gericht die Fähigkeit, Rechte aus öffentlichen Wahlen zu erlangen, und das Recht, in öffentlichen Angelegenheiten zu wählen oder zu stimmen, aberkennen.

Um dem politischen Amtsmissbrauch zu begegnen, hat die Bundesregierung das »Gesetz zur Bekämpfung der Korruption« 2015 eingeführt und 2023 angepasst, das die rechtlichen Voraussetzungen zur Korruptionsbekämpfung auch bei politischen Amtsträgern stärkt und erweitert.

Das Gesetz hebt die bisherige Einschränkung auf, dass Amtsträger nur dann strafrechtlich belangt werden können, wenn sie Vorteile für die pflichtwidrige Ausübung ihrer Tätigkeit annehmen. Strafbar ist nunmehr auch die Annahme von Vorteilen für die pflichtgemäße Amtsführung, zum Beispiel wenn Amtsträger ein entsprechendes »Dankeschön« von Lobbyisten – eine Reise oder Zahlungen – für die erfolgreiche Verabschiedung eines Gesetzes annehmen. Dies ist ein wichtiger Schritt zur Schließung der bisherigen Strafbarkeitslücke und zur Stärkung der Integrität des politischen Systems in Deutschland. Neben diesen Gesetzesänderungen wurde das Lobbyregistergesetz verabschiedet. Dieses Gesetz soll dazu beitragen, die Transparenz politischer Prozesse zu erhöhen und potenzielle Interessenkonflikte offenzulegen. Lobbyisten werden verpflichtet, ihre Auftraggeber und die Themen, für die sie sich einsetzen, zu registrieren und öffentlich zugänglich zu machen.

In einer vergleichenden Betrachtung der Antikkorruptionsgesetzgebung verschiedener westlicher Staaten lassen sich deutliche Unterschiede im Umgang mit Korruption feststellen. Deutschland hat seine Gesetzgebung in den letzten Jahren deutlich verschärft und verfügt heute über eine der strengsten Regelungen zur Abgeordnetenbestechung. Dies ist insbesondere durch die Änderungen im

Strafrecht 2014 erkennbar, die den Straftatbestand erheblich erweiterten und die Strafandrohung erhöhten. Im Vergleich dazu haben andere EU-Staaten wie Italien oder Spanien, die in der Vergangenheit mit großen Korruptionsskandalen zu kämpfen hatten, weniger strenge Regelungen. Im Vergleich zu den USA hinkt Deutschland allerdings noch hinterher. Während in Deutschland Abgeordnetenbestechung als Straftat gilt, die mit Freiheitsstrafe geahndet werden kann, verfügen die USA über ein umfassendes Korruptionsbekämpfungsgesetz, das Foreign Corrupt Practices Act (FCPA). Der FCPA enthält nicht nur Bestimmungen zur Bestechung von Amtsträgern, sondern auch Regelungen zur Bekämpfung unlauterer Geschäftspraktiken und der Geldwäsche.

3.6 Das »Bundeslagebild Korruption«

Das Bundeskriminalamt veröffentlicht jährlich das »Lagebild Korruption« zu Tätern, Tathandlungen und strafrechtlichen Hintergründen.[4]

Das Lagebild von 2022 zeigt, dass die Straftaten um mehr als Hälfte zurückgegangen sind (-51,6 %). Der Schaden betrug auf weniger als 27 Millionen Euro, auch diese Zahl ist rückläufig. Einer der am häufigsten von Korruption betroffenen Sektoren ist das Gesundheitswesen. 2022 wurden 3600 Korruptionsdelikte registriert.

Das Dunkelfeld der Korruption ist besonders hoch, da viele Unternehmen Korruptionsfälle vertuschen, selbst wenn sie intern aufgedeckt werden. Hauptgründe dafür sind die Angst vor Imageverlust und steuerrechtlichen Konsequenzen. In einer zunehmend globalisierten Welt wird das Image eines Unternehmens oft als einer der wichtigsten Vermögenswerte angesehen. Ein Korruptionsskandal kann schwerwiegende Auswirkungen auf den Ruf des Unternehmens haben, seine Geschäftsbeziehungen untergraben und möglicherweise zu einem erheblichen Verlust von Kunden führen. Dar-

4 »Lagebild Korruption 2022«, https://www.bka.de/DE/AktuelleInformationen/StatistikenLagebilder/Lagebilder/Korruption/korruption_node.html, abgerufen am 09.09.2023.

über hinaus können steuerliche Sanktionen erhebliche finanzielle Auswirkungen haben und sogar zur Insolvenz eines Unternehmens führen. Daher neigen viele Unternehmen dazu, solche Vorfälle intern zu regeln und sie nicht der Öffentlichkeit oder den Behörden zu melden. Dadurch erhöht sich das sogenannte Dunkelfeld der Korruption, also die Zahl der Korruptionsfälle, die nicht aufgedeckt oder gemeldet werden.

Bestechlichkeit und Bestechung waren die häufigsten Delikte, darunter auch einige schwere Fälle. Brandenburgs Innenminister Dietmar Woidke verhinderte 2011 in letzter Minute eine umstrittene Personalentscheidung. Hartmut N., ehemaliger Abteilungsleiter im Umweltministerium und Architekt der überdimensionierten Abwasseranlagen in Brandenburg, sollte zum Landesbeauftragten für das Binnenhochwasser im Oderbruch ernannt werden. Bevor es dazu kam, erfuhr Woidke von laufenden Ermittlungen gegen N. wegen des Verdachts der Bestechlichkeit und zog die Ernennung zurück. N. soll umfangreiche Aufträge des Ministeriums an ein privates Institut in Seddin vergeben haben. Im Gegenzug soll der Leiter des Instituts N. Geld und Baumaschinen im Wert von 10.500 Euro übergeben haben.

Diese Ermittlungen entsprangen einem anderen Fall, bei dem es um den Bau einer Brücke durch den geschützten Schilfgürtel des Seddiner Sees und Verbindungen zu einem angesehenen Golf- und Countryklub ging. In der Folgezeit gab es in Brandenburg immer wieder ähnliche Fälle. Das heißt aber nicht, dass die Behörden in Brandenburg korrupter sind als in anderen Bundesländern. Vielmehr war Brandenburg Vorreiter bei der Einrichtung von Antikorruptionsstellen in den Behörden. Die steigenden Fallzahlen zeigen jedoch, dass Korruption ein wiederkehrendes Problem ist, insbesondere bei Bauprojekte und öffentliche Aufträge.

Gegen eine Reihe weiterer Amtsträger, darunter auch einige Bürgermeister, wurden ebenfalls Ermittlungen eingeleitet. Sie alle sollen von einem lokalen Bauunternehmer zu teuren Esseneingeladen worden sein.

Inzwischen hat Ministerpräsident Woidke Antikorruptionsexperten in städtischen Unternehmen eingesetzt und eine Transparenzkommission gegründet, um den Skandal um Spitzel und dubiose Finanzgeschäfte aufzuarbeiten. Die Ermittlungen zu den Verfahren dauerten bis 2018 und teilweise bis 2021 an und ließen die Zahl der Verfahren und Betroffenen in die Höhe schnellen, so dass der Rückgang der Zahlen ab 2022 auch vor diesem Hintergrund zu sehen ist. Sinkende Zahlen bedeuten nicht, dass es weniger Straftaten gibt, sondern nur, dass aktuell keine größeren Fälle aufgedeckt wurden. Ein gutes Zeichen? Die Autoren dieses Buchs sehen das anders, doch dazu an späterer Stelle mehr.

Bestechung nach § 334 bleibt das häufigste Delikt. Im Jahr 2022 ist die Zahl der Korruptionsdelikte nach dem Strafgesetzbuch (StGB) und dem Gesetz zur Bekämpfung internationaler Bestechung (IntBestG) im Vergleich zum Vorjahr deutlich zurückgegangen. Die Autoren weisen darauf hin, dass die Fallzahlen des Bundeslagebildes immer nur Momentaufnahmen darstellen. Dies ist vor allem auf den Abschluss mehrerer umfangreicher Strafverfahren zurückzuführen, die zu einem Anstieg der Kriminalität im Jahr 2021 beigetragen haben. Auch die wirtschaftliche Entwicklung im Jahr 2022 und die damit einhergehenden Sparmaßnahmen können einen Einfluss auf den Rückgang gehabt haben. Wenn Unternehmen und Behörden weniger Geld zur Verfügung haben, werden Kontrollen in der Regel strenger und möglicherweise von mehreren Personen oder Gremien durchgeführt, was die Schwelle für korrupte Handlungen erhöhen und sich auf die allgemein verfügbaren monetären Vorteile auswirken kann. Bei Korruption ist zu beachten, dass die Zahl der registrierten Straftaten von Jahr zu Jahr erheblichen Schwankungen unterliegen kann. Korruption ist ein Kontrolldelikt, bei dem die Polizei im Rahmen der gemeldeten Verdachtsfälle immer wieder weitere Straftaten, Tatverdächtige, erlangte Vorteile und verursachte Schäden aufdecken kann. Sichtbare Kriminalitätsentwicklungen können daher auf besondere Fallkonstellationen zurückzuführen sein und geben nur bedingt einen Eindruck vom tatsächlichen Kriminalitätsgeschehen. Darüber hinaus ist im Bereich der Korruption generell von einem großen Dunkelfeld auszugehen. Da es sich in der Regel um Straftaten ohne individuell geschädigte Opfer handelt, sind sowohl das Erkennen entsprechender Sachverhalte als auch die Ermittlungsarbeit der

Strafverfolgungsbehörden erschwert. Trotz des deutlichen Rückgangs der festgestellten Delikte im Jahr 2022 bleibt Korruption ein gravierendes Kriminalitätsproblem mit weitreichenden wirtschaftlichen, politischen und sozialen Folgen, da sie das Grundvertrauen der Bürger in Staat und Wirtschaft beeinträchtigt. Neben der Strafverfolgung sind gezielte Präventionsmaßnahmen, insbesondere in korruptionsgefährdeten Bereichen von Behörden und Unternehmen, von großer Bedeutung. Die Entstehung korrupter Strukturen kann durch spezielle Aus- und Fortbildungen, Sensibilisierungsmaßnahmen und den Aufbau von Compliance-Strukturen sowie durch organisatorische und personelle Vorkehrungen entgegengewirkt werden. Zusammenhänge mit der COVID-19-Pandemie wurden nur in wenigen Einzelfällen in Verbindung mit dem Handel von Schutzmasken festgestellt.

4. Rechtliche Grundlagen und Rechtsfolgen von Korruption

In unseren Schulungen stellen wir immer wieder fest, dass vielen Mitarbeitern die Grenze zwischen »kleiner Gefälligkeit« und »Geschäften unter Freunden« nicht bewusst ist. Es herrscht die Einstellung vor, dass es irgendwie schon immer so lief, um es lapidar auszudrücken. Doch die EU-Vorschriften, die Korruptionsfälle der Vergangenheit und die verschärfte Wettbewerbssituation in Deutschland angesichts steigender Energiekosten und anderer Belastungen erhöhen die Gefahr von korruptem Verhalten vom kleinsten Angestellten bis zum höchsten Manager. Ein bewusster Umgang mit dem Korruptionsrisiko und seinen möglichen Folgen ist daher unerlässlich.

4.1 Die Unternehmenskultur

Als Leiter von Antikorruptionsschulungen in Unternehmen ist es unsere Aufgabe, auf die Notwendigkeit eines Mentalitätswandels im Umgang mit Korruption hinzuweisen. Die Annahme, dass »kleine Gefälligkeiten« oder »Geschäfte unter Freunden« in Ordnung sind, muss grundsätzlich in Frage gestellt werden. Korruption ist nicht nur rechtlich bedenklich, sie untergräbt auch das Fundament unserer Gesellschaft und Wirtschaft: das Prinzip der Fairness und Gleichberechtigung.

Es ist davon auszugehen, dass die Gesetze zur Korruptionsbekämpfung in Zukunft weiter verschärft werden. Unternehmen können sich nicht darauf beschränken, die gesetzlichen Vorschriften einzuhalten. Sie müssen aktiv daran arbeiten, Korruption auf allen Ebenen zu verhindern und zu bekämpfen. Dazu gehört auch, dass sie ihre Mitarbeiter kontinuierlich und umfassend über Korruption und die damit verbundenen Risiken aufklären.

Neben der Sensibilisierung der Mitarbeiter sind auch strukturelle Maßnahmen erforderlich. Unternehmen müssen klare Richtlinien für den Umgang mit Geschenken, Einladungen und anderen Vorteilen entwickeln und durchsetzen. In allen Geschäftsprozessen muss Transparenz herrschen, und es muss klare Prozesse für die Meldung und Untersuchung von Verdachtsfällen geben. Die Bekämpfung von Korruption ist eine kontinuierliche Aufgabe, die Engagement, Wachsamkeit und Entschlossenheit erfordert. Es liegt in der Verantwortung aller Beteiligten, ihr Bestes zu geben, um Korruption in unseren Unternehmen und in unserer Gesellschaft zu verhindern.

Es ist wichtig, dass Unternehmer und Mitarbeiter die Rechtsgrundlagen und möglichen Rechtsfolgen von Korruption kennen. Nur wer die rechtlichen Rahmenbedingungen und Konsequenzen korrupten Verhaltens versteht, kann verantwortungsvoll und gesetzeskonform handeln. Eine fundierte Kenntnis der Rechtslage ist unerlässlich, um mögliche Risiken zu erkennen und zu vermeiden. Mangelnde Rechtskenntnis ist zudem vor Gericht keine Entschuldigung. Neben den finanziellen und rechtlichen Folgen können Reputationsschäden und der damit verbundene Verlust von Marktanteilen erhebliche Auswirkungen auf die Wettbewerbsfähigkeit und den wirtschaftlichen Erfolg eines Unternehmens haben. In Einzelfällen kann Korruption sogar zur Insolvenz führen. Es ist daher von entscheidender Bedeutung, dass alle Mitarbeiter, von der Unternehmensleitung bis hin zu den Beschäftigten auf der operativen Ebene, über die Rechtsgrundlagen und möglichen Rechtsfolgen von Korruption informiert sind. Die Schulung von Mitarbeitern in Antikorruptionsmaßnahmen und die Einhaltung von Compliance-Regeln ist daher nicht nur eine rechtliche Notwendigkeit, sondern sind auch ein wichtiger Beitrag zur Sicherung der wirtschaftlichen Stabilität und des nachhaltigen Erfolgs eines Unternehmens.

Korruption hat enorme Auswirkungen auf die Unternehmenskultur – und umgekehrt. Sie schafft ein Klima der Angst und des Misstrauens, in dem Produktivität und Innovation leiden. Sie kann Mitarbeiter demotivieren und ihre Loyalität untergraben. Es ist daher von entscheidender Bedeutung, dass Unternehmen klare und energische

Maßnahmen ergreifen, um Korruption gar nicht erst entstehen zu lassen.

Unternehmen können eine Reihe von Maßnahmen ergreifen, um sicherzustellen, dass Korruption nicht toleriert wird und Korruptionsversuche schnell erkannt und geahndet werden. Eine dieser Maßnahmen ist die Einführung einer klaren und umfassenden Antikorruptionsrichtlinie. Diese Richtlinie sollte klar definieren, was als korruptes Verhalten gilt, und keine Grauzonen zulassen, die Manipulationen ermöglichen.

Neben der Festlegung einer klaren Richtlinie sollten Unternehmen auch regelmäßige Schulungen zum Thema Korruption anbieten. Diese Schulungen sollten sowohl die rechtlichen Aspekte von Korruption als auch die spezifischen Formen, die Korruption in dem jeweiligen Geschäftsbereich oder der Branche annehmen kann, umfassen.

Auch die Einrichtung einer internen Whistleblower-Hotline kann zur Aufdeckung von Korruption beitragen. Mitarbeiter, die Kenntnis von korrupten Praktiken haben, sollten ermutigt werden, diese zu melden, und ihnen sollte zugesichert werden, dass ihre Meldungen vertraulich behandelt werden und ohne Repressalien bleiben.

Letztlich sollte die Korruptionsbekämpfung nicht nur als eine Frage der Compliance als integraler Bestandteil der Unternehmenskultur betrachtet werden. Durch die Schaffung einer Kultur der Integrität und Transparenz können Unternehmen Korruption wirksam bekämpfen und gleichzeitig ein positives Arbeitsumfeld für ihre Mitarbeiter schaffen.

Umgekehrt hat die Unternehmenskultur einen entscheidenden Einfluss auf den Umgang mit Korruption in einer Organisation. Eine Kultur, die auf Transparenz, Integrität und Ethik basiert, fördert das Bewusstsein der Mitarbeiter für korrektes Verhalten und stärkt die Ablehnung von Korruption. In einem solchen Umfeld sind Mitarbeiter eher bereit, verdächtige Aktivitäten zu melden und sich gegen korrupte Praktiken zur Wehr zu setzen. Im Gegensatz dazu kann eine Unternehmenskultur, die auf Profit fokussiert und ethisches Verhalten vernachlässigt, korrupte Tendenzen begünstigen. Mitarbeiter könnten dazu ermutigt werden, unethische oder sogar illegale Wege zu beschreiten, um Geschäftsziele zu erreichen. Die Entwicklung und Aufrechterhaltung einer positiven, ethisch orientierten Unternehmenskultur ist daher ein wichtiger Schritt im Kampf gegen Korruption.

4.2 Der Rechtsrahmen – Deutschland, EU und weltweit

Die Europäische Union hat einen Rechtsrahmen geschaffen, um Korruption zu bekämpfen und Transparenz zu fördern. Die EU-Korruptionsbekämpfungsrichtlinie ist die wichtigste Rechtsvorschrift, die alle Mitgliedstaaten verpflichtet, Maßnahmen zur Prävention und Bekämpfung von Korruption in allen Bereichen zu ergreifen. Die Richtlinie schreibt vor, dass Korruption strafrechtlich verfolgt werden muss, unabhängig davon, ob sie auf nationaler oder grenzüberschreitender Ebene stattfindet. Darüber hinaus verpflichtet sie die Mitgliedstaaten, Mechanismen zur Vermeidung von Interessenkonflikten einzuführen, um Integrität und Transparenz zu fördern. Es ist jedoch zu beachten, dass die EU-Richtlinien den Mitgliedstaaten einen gewissen Spielraum bei der Umsetzung dieser Bestimmungen lassen. Sie legen Mindeststandards fest, die genaue Ausgestaltung der nationalen Gesetze bleibt jedoch den einzelnen Ländern überlassen. Dies kann dazu führen, dass sich die Antikorruptionsgesetze in den verschiedenen Mitgliedstaaten unterscheiden. Trotz dieser Unterschiede ist das gemeinsame Ziel aller EU-Mitgliedstaaten klar: die Ausmerzung von Korruption auf allen Ebenen der Gesellschaft.

Die rechtliche Behandlung von Korruption in der Wirtschaft weist in Deutschland, der EU und den USA deutliche Unterschiede auf. In Deutschland ist die Unternehmenskorruption strafrechtlich verboten und kann mit Geld- oder Freiheitsstrafen geahndet werden. Die deutschen Antikorruptionsgesetze sind streng, aber insbesondere im Vergleich zu den umfassenderen US-Gesetzen noch ausbaufähig.

Auch in der EU gibt es strenge Vorschriften zur Korruptionsbekämpfung, die jedoch in den einzelnen Mitgliedstaaten sehr unterschiedlich umgesetzt werden. Es gibt einen gesamteuropäischen Rechtsrahmen, der den Mitgliedstaaten jedoch Raum lässt, ihren spezifischen rechtlichen und kulturellen Kontext zu berücksichtigen. In einigen Fällen, wie in Italien und Spanien, kann dies zu weniger strengen Regelungen führen.

Demgegenüber verfolgen die USA mit ihrem Foreign Corrupt Practices Act (FCPA) einen sehr umfassenden Ansatz zur Korruptionsbekämpfung. Der FCPA enthält nicht nur Bestimmungen zur Bestechung von Amtsträgern, sondern zur Bekämpfung unlauterer Geschäftspraktiken und der Geldwäsche. Dieser weite Anwendungsbereich des FCPA zeigt, dass die USA entschlossen sind, Korruption auf allen Ebenen zu bekämpfen.

Im deutschen Strafrecht gibt es keine umfassende gesetzliche Regelung, die Korruption als solche unter Strafe stellt. Vielmehr werden die verschiedenen Aspekte und Verhaltensweisen, die unter den Oberbegriff der Korruption subsumiert werden können, in verschiedenen Einzelstraftatbeständen thematisiert und unter Strafe gestellt. In diesem Zusammenhang ist zu erwähnen, dass der deutsche Gesetzgeber bislang keine konkrete Definition von Korruption vorgenommen hat und diese Bezeichnung auch nirgendwo explizit im Strafrecht verankert ist.

Am 26. November 2015 trat das Gesetz zur Verschärfung der Korruptionsbekämpfung in Kraft, mit dem die nationale und internationale Korruptionsbekämpfung intensiviert und der EU-Rahmenbeschluss zur Bekämpfung der Bestechung im privaten Sektor umgesetzt werden soll. Durch die Globalisierung und den stetigen wachsenden Einfluss internationaler Organisationen, kennt Korruption leider keine nationalen Grenzen mehr. Dies führt zu einer ernsthaften Bedrohung des fairen und freien internationalen Wettbewerbs.

Als Reaktion darauf hat die Bundesregierung den Straftatbestand der Bestechung verschärft und damit ein starkes deutliches Zeichen gegen Korruption gesetzt. Mit dieser Neuregelung kommt Deutschland seiner Verpflichtung nach, verschiedene internationale Rechtsinstrumente zur Bekämpfung der grenzüberschreitenden Korruption umzusetzen. Darüber hinaus passt das Gesetz das deutsche Strafrecht an die verbindlichen Vorgaben aus dem EU-Rahmenbeschluss zur Bekämpfung der Bestechung im privaten Sektor und anderer internationaler Vorgaben vom 22. Juli 2003 an.

Dieses Gesetz stellt die umfassendste Reform des Korruptionsstrafrechts seit 1997 dar und brachte eine Reihe von Änderungen mit sich. Dazu gehören die Ausweitung der Strafbarkeit der Bestechlichkeit und Bestechung im geschäftlichen Verkehr, die Bestechung von Amtsträgern der Europäischen Union und die Ausdehnung des Anwendungsbereichs des deutschen Strafrechts auf Bestechung im Ausland.

Die Einführung des »Geschäftsherrenmodells« stellt eine der zentralen Anpassungen des Gesetzes zur Verschärfung der Korruptionsbekämpfung dar. Sie erweitert den Anwendungsbereich des § 299 StGB, der bisher auf das »Wettbewerbsmodell« beschränkt war. Bis zu dieser Ergänzung erfasste der Straftatbestand der Bestechlichkeit und Bestechung nur Fälle, in denen ein unlauterer Wettbewerbsvorteil durch Bestechung eines Mitarbeiters oder Beauftragten eines Unternehmens erlangt wurde. Strafbar machten sich dabei sowohl diejenigen, die solche Vorteile anboten, versprachen oder gewährten, als auch diejenigen, die solche Vorteile forderten oder annahmen.

Seit November 2015 ist eine Wettbewerbsverzerrung für die Strafbarkeit nicht mehr erforderlich. Strafbar sind nun auch Fälle, in denen keine Wettbewerbsverzerrung, aber eine Pflichtverletzung gegenüber dem Arbeitgeber vorliegt. Strafbar machen sich demnach Arbeitnehmer, die Bestechungsgelder als Gegenleistung für eine Pflichtverletzung gegenüber ihrem Arbeitgeber oder »Geschäftsherrn« annehmen. Das Gesetz sieht dafür eine Freiheitsstrafe von bis zu drei Jahren vor. Damit sollen die Interessen der »Geschäftsherren« an einem loyalen und unbeeinflussten Handeln ihrer Mitarbeiter geschützt werden.

Wesentliche Neuerungen bringt die Reform auch im Bereich der Amtsträgerbestechung. Künftig werden europäische und internationale Amtsträger bei Korruptionsdelikten deutschen Amtsträger gleichgestellt. Im Mittelpunkt der Gesetzesänderung steht die erweiterte Strafbarkeit der Bestechlichkeit und Bestechung europäischer Amtsträger. Danach wird mit einer Freiheitsstrafe bis zu fünf Jahren bestraft, wer einem europäischen Amtsträger, einem öffentlich besonders Verpflichteten, einem Mitglied der Bundeswehr, einem Richter, einem Mitglied eines Gerichts der Europäischen Union oder einem Schiedsrichter einen Vorteil für die künftige Dienstausübung anbietet, verspricht oder gewährt.

Auch bei Zuwendungen an europäische Amtsträger ist künftig Vorsicht geboten. Die Reform macht nun auch die sogenannte »Klimapflege« unzulässig, das heißt Zuwendungen, die nicht in unmittelbaren Zusammenhang mit einer pflichtwidrigen Amtshandlung stehen. Schickt zum Beispiel ein Mitarbeiter eines deutschen Unternehmens einem europäischen Amtsträger einen Präsentkorb zu Weihnachten, kann dies den Tatbestand des § 333 erfüllen. und damit strafbar sein.

4.3 Folgen von Korruption für Unternehmen

Korruption kann für Unternehmen schwerwiegende rechtliche Folgen haben, die weit über den unmittelbaren finanziellen Schaden hinausgehen. Zu den Sanktionen gehören Geldstrafen, die von den Strafverfolgungsbehörden je nach Schwere des Vergehens festgesetzt werden. Dies kann zu erheblichen finanziellen Belastungen führen, die sich negativ auf die Rentabilität des Unternehmens auswirken.

Darüber hinaus kann Korruption zu einer Herabstufung durch Rating-Agenturen führen. Ein schlechtes Rating erhöht die Kreditkosten und kann potenzielle Investoren abschrecken. Dies kann die Fähigkeit des Unternehmens, Kapital zu beschaffen und zu expandieren, erheblich beeinträchtigen.

Rechtsfolgen können auch die Verweigerung von Lizenzen oder Genehmigungen sein. Ohne die erforderliche Lizenz oder Genehmigung kann das Unternehmen seine Geschäftstätigkeit nicht fortsetzen, was erhebliche Umsatzeinbußen oder sogar die Schließung des Unternehmens zur Folge haben kann.

Für Unternehmen, die mit öffentlichen Aufträgen zu tun haben, kann Korruption zum Ausschluss von öffentlichen Aufträgen führen. Dies kann erhebliche Auswirkungen auf den Umsatz des Unternehmens haben, insbesondere wenn es sich um einen wesentlichen Teil des Geschäftsmodells handelt.

Schließlich können Unternehmen durch Reputationsverluste erheblich geschädigt werden. Kunden, Partner und Aktionäre könnten das Vertrauen in das Unternehmen verlieren, was zu einem Rückgang der Geschäftstätigkeit führen kann. In manchen Fällen können diese Verluste so groß sein, dass sie den Fortbestand des Unternehmens gefährden.

Das Korruptionsregister ist ein in vielen deutschen Bundesländern eingeführtes Instrument zur öffentlichen Kennzeichnung von Unternehmen, die in Korruptionsskandale verwickelt sind. Es dient dazu, öffentliche Aufträge von solchen Unternehmen fernzuhalten, indem es öffentlichen Auftraggebern eine Informationsquelle bietet, um die Integrität potenzieller Auftragnehmer zu überprüfen. Ein Eintrag in das Korruptionsregister kann erhebliche Auswirkungen auf die Geschäftsbeziehungen eines Unternehmens haben. Unternehmen, die in das Register eingetragen werden, können von öffentlichen Aufträgen ausgeschlossen werden, was insbesondere für Unternehmen, die in hohem Maße von diesen Aufträgen abhängig sind, schwerwiegende Folgen haben kann. Darüber hinaus kann eine Eintragung in das Korruptionsregister auch zu Nachteilen bei zukünftigen Geschäften führen, da die Eintragung in das Register als Indikator für schlechte Geschäftspraktiken angesehen werden kann. Insgesamt kann eine Eintragung in das Korruptionsregister die Reputation eines Unternehmens erheblich schädigen, seine finanzielle Stabilität beeinträchtigen und langfristige Geschäftsbeziehungen belasten.

Neben den bereits genannten Folgen können Korruptionsdelikte auch zur Nichtigkeit von abgeschlossenen Verträgen führen. Stellt sich heraus, dass ein Vertrag durch Bestechung oder andere korrupte Praktiken zustande gekommen ist, kann er nichtig sein, was für das betroffene Unternehmen mit erheblichen finanziellen Einbußen verbunden sein kann. Darüber hinaus können Zertifikate und Lizenzen, die ein Unternehmen für seine Geschäftstätigkeit benötigt, aufgrund von Korruptionsvergehen für ungültig erklärt werden. Dies kann sowohl die Geschäftstätigkeit als auch das Wachstum und die Expansion des Unternehmens stark beeinträchtigen.

In schweren Fällen kann die Justiz das durch korrupte Praktiken erworbene Vermögen eines Unternehmens beschlagnahmen. Diese Maßnahme kann die finanzielle Stabilität eines Unternehmens erheblich untergraben und seine Existenz bedrohen.

Ebenfalls möglich ist eine Untersagungsanordnung, die das Unternehmen daran hindert, bestimmte Geschäftspraktiken fortzuführen, die als korrupt eingestuft wurden. Dies kann die operative Tätigkeit des Unternehmens erheblich beeinträchtigen und seine Fähigkeit, Gewinne zu erzielen, einschränken.

Abschließend kann auch eine Vorteilsabschöpfung erfolgen. In diesem Fall ist das Unternehmen verpflichtet, alle finanziellen Vorteile, die es durch das korrupte Verhalten erlangt hat, an den Staat abzuführen. Diese Maßnahme soll sicherstellen, dass das Unternehmen nicht von seinen korrupten Praktiken profitiert und eine starke Abschreckungswirkung entfalten.

4.4 Folgen von Korruption für Personen

Die persönlichen Folgen von Korruption können ebenso gravierend sein wie die Folgen für ein Unternehmen. Ein offensichtlicher Aspekt sind die Freiheitsstrafen, die bei Korruptionsdelikten verhängt werden können. Ein Verurteilter kann mehrere Jahre im Gefängnis verbringen, was erhebliche Auswirkungen auf sein Privatleben, seine Karriere und seine Familie hat.

Eine weitere mögliche Folge von Korruption sind Geldstrafen. Diese Strafen können beträchtlich sein und für den Einzelnen den finanziellen Ruin bedeuten. In einigen Fällen kann das Gericht auch beschließen, dass die durch Korruption erzielten Gewinne eingezogen werden. Dies kann zusätzlich zu den Geldstrafen erfolgen und die finanzielle Belastung des Verurteilten weiter erhöhen.

Auch arbeitsrechtliche Konsequenzen sind eine mögliche Folge. Ein Mitarbeiter, der in korrupte Praktiken verwickelt ist, kann seinen

Arbeitsplatz verlieren, was zu Arbeitslosigkeit und möglicherweise zu Schwierigkeiten bei der Suche nach einem neuen Arbeitsplatz führen kann, insbesondere wenn die Korruptionsvorwürfe öffentlich bekannt werden.

Eine weitere schwerwiegende Folge ist die Eintragung in das Gewerbezentralregister und das Korruptionsregister. Dies kann den Ausschluss von bestimmten gewerblichen Tätigkeiten und die Schädigung des beruflichen Ansehens bedeuten.. Eine Eintragung in diese Register kann langfristige Folgen haben und die Fähigkeit des Betroffenen, in der von ihm gewählten Branche zu arbeiten, erheblich beeinträchtigen.

Neben diesen direkten Folgen kann Korruption auch erhebliche Reputationsschäden nach sich ziehen. Die Öffentlichkeit und die Medien reagieren oft stark auf Korruptionsfälle, und die betroffene Person kann als unehrlich und unzuverlässig angesehen werden. Dies kann sich auf viele Lebensbereiche auswirken, von persönlichen Beziehungen bis hin zu beruflichen Chancen.

Mögliche Verfall- und Einziehungsbeschlüsse sind äußerst drastische Maßnahmen, die bei Korruptionsdelikten angewendet werden können. Sie ermöglichen es den Behörden, Vermögenswerte einzuziehen, die durch korrupte Praktiken erworben wurden. Dies kann zum Verlust des gesamten Vermögens führen. Insgesamt sind die persönlichen Folgen von Korruption weitreichend und können das Leben eines Menschen nachhaltig verändern. Sie stellen eine ernst zu nehmende Abschreckung gegen korruptes Verhalten dar und unterstreichen die Notwendigkeit von Ethik und Integrität in allen Aspekten des Geschäftslebens.

Korruption kann sich auf verschiedene Rechtsgebiete des deutschen Rechts auswirken. Im Strafrecht beispielsweise können durch korrupte Handlungen Straftatbestände wie Bestechung, Bestechlichkeit und Untreue erfüllt sein. Im Steuerrecht kann Korruption zu Steuerhinterziehung und Steuerbetrug führen, indem Vermögenswerte und Einkommen verschleiert werden.

Auch das Kartellrecht kann betroffen sein, da Korruption eine Form des unlauteren Wettbewerb sein kann. Unternehmen, die korrupte Praktiken verwickelt sind, können versuchen, die Marktbedingungen zu ihren Gunsten zu manipulieren, was zu Kartellverstößen führen kann.

Korruption im Umweltrecht, besonders bezüglich der REACH-Verordnung, kann die Sicherheits- und Umweltschutzmaßnahmen untergraben. Diese EU-Verordnung von 2007 schützt Gesundheit und Umwelt vor chemischen Risiken und fordert von Unternehmen, relevante Informationen bereitzustellen. Im Zivilrecht können korrupte Praktiken zu ungerechten und illegalen Handlungen führen, die die Rechte anderer verletzen.

Im Vertragsrecht kann Korruption zu unfairen und rechtswidrigen Verträgen führen. Im Lebensmittelrecht kann Korruption Verstöße gegen Lebensmittelsicherheitsstandards zur Folge haben, indem beispielsweise unsichere oder minderwertige Produkte auf den Markt gebracht werden.

Das Vergaberecht kann ebenfalls betroffen sein, wenn Korruption dazu führt, dass öffentliche Aufträge auf unfaire und rechtswidrige Weise vergeben werden. Im Arbeitsrecht können korrupte Praktiken zur ungerechten Behandlung von Arbeitnehmern und Verstößen gegen Arbeitsstandards führen.

Im Datenschutzrecht schließlich kann Korruption dazu führen, dass Unternehmen gegen Datenschutzgesetze und -standards verstoßen, indem sie personenbezogene Daten auf unangemessene und rechtswidrige Weise nutzen. Insgesamt kann Korruption in jedem dieser Rechtsgebiete erhebliche rechtliche Konsequenzen haben und zu empfindlichen Strafen zur Folge haben.

4.5 Strafrechtliche Grundlagen

Das deutsche Strafgesetzbuch (StGB) enthält verschiedene Tatbestände, die sich auf Korruption beziehen:

§ 108b StGB regelt den Sportwettbetrug, bei dem Personen versuchen, den Ausgang eines Wettbewerbs durch Bestechung oder Bestechlichkeit zu beeinflussen.
§ 108e StGB befasst sich mit der Abgeordnetenbestechung und stellt das Anbieten, Gewähren, Fordern oder Annehmen von Vorteilen zur Beeinflussung von Abgeordneten unter Strafe.
§ 298 StGB betrifft den Wettbewerbsbetrug, bei dem die Chancengleichheit im Wettbewerb durch unlautere Praktiken wie Bestechung beeinträchtigt wird.
§ 299 StGB regelt die Bestechlichkeit und Bestechung im geschäftlichen Verkehr. Hierbei wird sowohl das Anbieten und Gewähren als auch das Fordern und Annehmen von Vorteilen im geschäftlichen Verkehr unter Strafe gestellt.
§ 300 StGB enthält eine Regelung zur Strafschärfung und Strafmilderung bei den Straftatbeständen nach den §§ 298 und 299 StGB.
§ 331 StGB behandelt die Vorteilsannahme. Es ist strafbar, wenn Amtsträger, Europäische Amtsträger oder Soldaten der Bundeswehr einen Vorteil für sich oder einen Dritten fordern, sich versprechen lassen oder annehmen.
§ 332 StGB regelt die Bestechlichkeit, bei der ein Amtsträger oder ein für den öffentlichen Dienst besonders Verpflichteter einen Vorteil als Gegenleistung für die Durchführung einer Diensthandlung fordert, sich versprechen lässt oder annimmt.
§ 333 StGB befasst sich mit der Vorteilsgewährung. Es ist strafbar, einem Amtsträger, einem für den öffentlichen Dienst besonders Verpflichteten oder einem Soldaten der Bundeswehr einen Vorteil für diesen oder einen Dritten als Gegenleistung für eine Diensthandlung anzubieten, zu versprechen oder zu gewähren.

§ 334 StGB regelt die Bestechung, bei der ein Amtsträger oder ein für den öffentlichen Dienst besonders Verpflichteter einen Vorteil als Gegenleistung für eine Diensthandlung fordert, sich versprechen lässt oder annimmt.
§ 335 StGB enthält eine Regelung zur besonderen Schwere des Korruptionsfalls. Sie tritt in Kraft, wenn die Tat einen schweren Schaden für das Ansehen der öffentlichen Verwaltung verursacht oder wenn der Täter wiederholt Bestechungsgelder annimmt. Im Folgenden werden die genannten Paragrafen des deutschen Strafgesetzbuchs (StGB) im juristischen Wortlaut wiedergegeben:
§ 108b StGB:
»(1) Wer einem anderen dafür, daß er nicht oder in einem bestimmten Sinne wähle, Geschenke oder andere Vorteile anbietet, verspricht oder gewährt, wird mit Freiheitsstrafe bis zu fünf Jahren oder mit Geldstrafe bestraft.
(2) Ebenso wird bestraft, wer dafür, daß er nicht oder in einem bestimmten Sinne wähle, Geschenke oder andere Vorteile fordert, sich versprechen läßt oder annimmt.«
§ 108e StGB:
»1) Wer als Mitglied einer Volksvertretung des Bundes oder der Länder einen ungerechtfertigten Vorteil für sich oder einen Dritten als Gegenleistung dafür fordert, sich versprechen lässt oder annimmt, dass er bei der Wahrnehmung seines Mandates eine Handlung im Auftrag oder auf Weisung vornehme oder unterlasse, wird mit Freiheitsstrafe von einem Jahr bis zu zehn Jahren, in minder schweren Fällen mit Freiheitsstrafe von sechs Monaten bis zu fünf Jahren bestraft.
(2) Ebenso wird bestraft, wer einem Mitglied einer Volksvertretung des Bundes oder der Länder einen ungerechtfertigten Vorteil für dieses Mitglied oder einen Dritten als Gegenleistung dafür anbietet, verspricht oder gewährt, dass es bei der Wahrnehmung seines Mandates eine Handlung im Auftrag oder auf Weisung vornehme oder unterlasse.
(3) Den in den Absätzen 1 und 2 genannten Mitgliedern gleich stehen Mitglieder

1. einer Volksvertretung einer kommunalen Gebietskörperschaft,
2. eines in unmittelbarer und allgemeiner Wahl gewählten Gremiums einer für ein Teilgebiet eines Landes oder einer kommunalen Gebietskörperschaft gebildeten Verwaltungseinheit,
3. der Bundesversammlung,
4. des Europäischen Parlaments,
5. einer parlamentarischen Versammlung einer internationalen Organisation und
6. eines Gesetzgebungsorgans eines ausländischen Staates.

(4) Ein ungerechtfertigter Vorteil liegt insbesondere nicht vor, wenn die Annahme des Vorteils im Einklang mit den für die Rechtsstellung des Mitglieds maßgeblichen Vorschriften steht. Keinen ungerechtfertigten Vorteil stellen dar
1. ein politisches Mandat oder eine politische Funktion sowie
2. eine nach dem Parteiengesetz oder entsprechenden Gesetzen zulässige Spende.

(5) Neben einer Freiheitsstrafe von mindestens sechs Monaten kann das Gericht die Fähigkeit, Rechte aus öffentlichen Wahlen zu erlangen, und das Recht, in öffentlichen Angelegenheiten zu wählen oder zu stimmen, aberkennen.«

§ 298 StGB:

»(1) Wer bei einer Ausschreibung über Waren oder Dienstleistungen ein Angebot abgibt, das auf einer rechtswidrigen Absprache beruht, die darauf abzielt, den Veranstalter zur Annahme eines bestimmten Angebots zu veranlassen, wird mit Freiheitsstrafe bis zu fünf Jahren oder mit Geldstrafe bestraft.

(2) Der Ausschreibung im Sinne des Absatzes 1 steht die freihändige Vergabe eines Auftrages nach vorausgegangenem Teilnahmewettbewerb gleich.

(3) Nach Absatz 1, auch in Verbindung mit Absatz 2, wird nicht bestraft, wer freiwillig verhindert, daß der Veranstalter das Angebot annimmt oder dieser seine Leistung erbringt. Wird ohne Zutun des Täters das Angebot nicht angenommen oder die

Leistung des Veranstalters nicht erbracht, so wird er straflos, wenn er sich freiwillig und ernsthaft bemüht, die Annahme des Angebots oder das Erbringen der Leistung zu verhindern."

§ 299 StGB: »Wer im geschäftlichen Verkehr als Angestellter oder Beauftragter eines Geschäftsbetriebes einen Vorteil für sich oder einen Dritten als Gegenleistung dafür fordert, sich versprechen läßt oder annimmt, daß er einen anderen bei dem Bezug von Waren oder gewerblichen Leistungen im Wettbewerb unlauter bevorzuge, wird mit Freiheitsstrafe bis zu drei Jahren oder mit Geldstrafe bestraft.«

§ 300 StGB: »Wer als Angehöriger eines Heilberufs, der für die Berufsausübung oder die Führung der Berufsbezeichnung eine staatlich geregelte Ausbildung erfordert, im Zusammenhang mit der Ausübung seines Berufs einen Vorteil für sich oder einen Dritten als Gegenleistung dafür fordert, sich versprechen lässt oder annimmt, dass er

1. bei der Verordnung von Arznei-, Heil- oder Hilfsmitteln oder von Medizinprodukten,
2. bei dem Bezug von Arznei- oder Hilfsmitteln oder von Medizinprodukten, die jeweils zur unmittelbaren Anwendung durch den Heilberufsangehörigen oder einen seiner Berufshelfer bestimmt sind, oder
3. bei der Zuführung von Patienten oder Untersuchungsmaterial einen anderen im inländischen oder ausländischen Wettbewerb in unlauterer Weise bevorzuge, wird mit Freiheitsstrafe bis zu drei Jahren oder mit Geldstrafe bestraft.

§ 331 Abs. 1 StGB:

»(1) Ein Amtsträger, ein Europäischer Amtsträger oder ein für den öffentlichen Dienst besonders Verpflichteter, der für die Dienstausübung einen Vorteil für sich oder einen Dritten fordert, sich versprechen läßt oder annimmt, wird mit Freiheitsstrafe bis zu drei Jahren oder mit Geldstrafe bestraft.

(2) Ein Richter, Mitglied eines Gerichts der Europäischen Union oder Schiedsrichter, der einen Vorteil für sich oder einen Dritten als Gegenleistung dafür fordert, sich versprechen läßt oder an-

nimmt, daß er eine richterliche Handlung vorgenommen hat oder künftig vornehme, wird mit Freiheitsstrafe bis zu fünf Jahren oder mit Geldstrafe bestraft. Der Versuch ist strafbar.

(3) Die Tat ist nicht nach Absatz 1 strafbar, wenn der Täter einen nicht von ihm geforderten Vorteil sich versprechen läßt oder annimmt und die zuständige Behörde im Rahmen ihrer Befugnisse entweder die Annahme vorher genehmigt hat oder der Täter unverzüglich bei ihr Anzeige erstattet und sie die Annahme genehmigt.«

§ 332 Abs. 1 StGB:

»(1) Ein Amtsträger, ein Europäischer Amtsträger oder ein für den öffentlichen Dienst besonders Verpflichteter, der einen Vorteil für sich oder einen Dritten als Gegenleistung dafür fordert, sich versprechen läßt oder annimmt, daß er eine Diensthandlung vorgenommen hat oder künftig vornehme und dadurch seine Dienstpflichten verletzt hat oder verletzen würde, wird mit Freiheitsstrafe von sechs Monaten bis zu fünf Jahren bestraft. In minder schweren Fällen ist die Strafe Freiheitsstrafe bis zu drei Jahren oder Geldstrafe. Der Versuch ist strafbar.

(2) Ein Richter, Mitglied eines Gerichts der Europäischen Union oder Schiedsrichter, der einen Vorteil für sich oder einen Dritten als Gegenleistung dafür fordert, sich versprechen läßt oder annimmt, daß er eine richterliche Handlung vorgenommen hat oder künftig vornehme und dadurch seine richterlichen Pflichten verletzt hat oder verletzen würde, wird mit Freiheitsstrafe von einem Jahr bis zu zehn Jahren bestraft. In minder schweren Fällen ist die Strafe Freiheitsstrafe von sechs Monaten bis zu fünf Jahren.

(3) Falls der Täter den Vorteil als Gegenleistung für eine künftige Handlung fordert, sich versprechen läßt oder annimmt, so sind die Absätze 1 und 2 schon dann anzuwenden, wenn er sich dem anderen gegenüber bereit gezeigt hat,

1. bei der Handlung seine Pflichten zu verletzen oder,
2. soweit die Handlung in seinem Ermessen steht, sich bei Ausübung des Ermessens durch den Vorteil beeinflussen zu lassen.“

§ 333 Abs. 1 StGB: »Wer einem Amtsträger, einem Europäischen Amtsträger oder einem Soldaten der Bundeswehr für dessen Dienstausübung einen Vorteil anbietet, verspricht oder gewährt, wird mit Freiheitsstrafe bis zu zwei Jahren oder mit Geldstrafe bestraft.«

§ 334 Abs. 1 StGB:

»(1) Wer einem Amtsträger, einem Europäischen Amtsträger, einem für den öffentlichen Dienst besonders Verpflichteten oder einem Soldaten der Bundeswehr einen Vorteil für diesen oder einen Dritten als Gegenleistung dafür anbietet, verspricht oder gewährt, daß er eine Diensthandlung vorgenommen hat oder künftig vornehme und dadurch seine Dienstpflichten verletzt hat oder verletzen würde, wird mit Freiheitsstrafe von drei Monaten bis zu fünf Jahren bestraft. In minder schweren Fällen ist die Strafe Freiheitsstrafe bis zu zwei Jahren oder Geldstrafe.

(2) Wer einem Richter, Mitglied eines Gerichts der Europäischen Union oder Schiedsrichter einen Vorteil für diesen oder einen Dritten als Gegenleistung dafür anbietet, verspricht oder gewährt, daß er eine richterliche Handlung

1. vorgenommen und dadurch seine richterlichen Pflichten verletzt hat oder
2. künftig vornehme und dadurch seine richterlichen Pflichten verletzen würde, wird in den Fällen der Nummer 1 mit Freiheitsstrafe von drei Monaten bis zu fünf Jahren, in den Fällen der Nummer 2 mit Freiheitsstrafe von sechs Monaten bis zu fünf Jahren bestraft. Der Versuch ist strafbar.

(3) Falls der Täter den Vorteil als Gegenleistung für eine künftige Handlung anbietet, verspricht oder gewährt, so sind die Absätze 1 und 2 schon dann anzuwenden, wenn er den anderen zu bestimmen versucht, daß dieser

1. bei der Handlung seine Pflichten verletzt oder,
2. soweit die Handlung in seinem Ermessen steht, sich bei der Ausübung des Ermessens durch den Vorteil beeinflussen läßt. «

§ 335 Abs. 2 Satz 3 StGB:
»(1) In besonders schweren Fällen wird
1. eine Tat nach
   a) § 332 Abs. 1 Satz 1, auch in Verbindung mit Abs. 3, und
   b) § 334 Abs. 1 Satz 1 und Abs. 2, jeweils auch in Verbindung mit Abs. 3, mit Freiheitsstrafe von einem Jahr bis zu zehn Jahren und
2. eine Tat nach § 332 Abs. 2, auch in Verbindung mit Abs. 3, mit Freiheitsstrafe nicht unter zwei Jahren bestraft.

(2) Ein besonders schwerer Fall im Sinne des Absatzes 1 liegt in der Regel vor, wenn
1. die Tat sich auf einen Vorteil großen Ausmaßes bezieht,
2. der Täter fortgesetzt Vorteile annimmt, die er als Gegenleistung dafür gefordert hat, daß er eine Diensthandlung künftig vornehme, oder
3. der Täter gewerbsmäßig oder als Mitglied einer Bande handelt, die sich zur fortgesetzten Begehung solcher Taten verbunden hat.«

Das jeweilige Grunddelikt definiert die grundlegende Straftat ohne zusätzliche erschwerende oder mildernde Umstände. Im Kontext der obigen Gesetze sind die Grunddelikte in den Paragrafen §§ 298 und 299 StGB zu finden, bei denen es um Bestechung und Vorteilsnahme im geschäftlichen Verkehr geht.

Die Qualifikation bezieht sich auf die Verschärfung oder Milderung der Straftat aufgrund von bestimmten Bedingungen oder Umständen. In den §§ 300 und 335 StGB werden diese qualifizierten Fälle behandelt. Sie enthalten Strafschärfungs- und Strafmilderungsregelungen bei den Straftaten nach den §§ 298 und 299 StGB sowie bei besonders schweren Fällen von Bestechung nach § 334 StGB.

Das bedeutet, dass die Strafe für das Grunddelikt je nach den Umständen der Tat erhöht oder gemildert werden kann. Verursacht die Tat beispielsweise einen schweren Schaden für das Ansehen der öffentlichen Verwaltung oder nimmt der Täter wiederholt Bestechungsgelder an, wird dies als besonders schwerer Fall gewertet und kann zu einer höheren Strafe führen.

4.6 Amtsträgerkorruption

Ein Amtsträger ist nach § 11 StGB, wer nach deutschem Recht Beamter oder Richter ist, im öffentlichen Dienst steht oder sonst dazu bestellt ist, im Inland oder für einen inländischen Verband oder eine inländische Gemeinschaft öffentliche Aufgaben wahrzunehmen. Dies kann eine Vielzahl von Personen umfassen, einschließlich Polizeibeamte, Regierungsbeamte und sogar bestimmte öffentliche Angestellte.

Amtsträgerkorruption bezieht sich auf Handlungen, bei denen ein Amtsträger einen unrechtmäßigen Vorteil wie Geld oder Geschenke fordert, sich versprechen lässt oder annimmt, im Gegenzug für eine Diensthandlung, die seine Pflichten verletzt oder verletzen würde. Dies stellt eine erhebliche Bedrohung für die Integrität der öffentlichen Verwaltung dar und ist daher strafbar.

Der relevante Teil des § 11 StGB lautet wie folgt:

»**Amtsträger**:
wer nach deutschem Recht
a) Beamter oder Richter ist,
b) in einem sonstigen öffentlich-rechtlichen Amtsverhältnis steht oder
c) sonst dazu bestellt ist, bei einer Behörde oder bei einer sonstigen Stelle oder in deren Auftrag Aufgaben der öffentlichen Verwaltung unbeschadet der zur Aufgabenerfüllung gewählten Organisationsform wahrzunehmen;«

Der § 11 StGB definiert die Begriffe des Amtsträgers und des für den öffentlichen Dienst besonders Verpflichteten. Die Bestimmung hilft bei der Auslegung anderer Strafvorschriften, indem sie die Personen bezeichnet, die in bestimmten Kontexten strafrechtlich zur Verantwortung gezogen werden können. Der Begriff des Amtsträgers ist weit gefasst und umfasst nicht nur Beamte und Richter, sondern auch Personen, die im öffentlichen Dienst stehen oder sonst dazu bestellt sind, öffentliche Aufgaben wahrzunehmen. Durch diese weite Definition kann eine Vielzahl von Personen unter diesen Begriff fallen können. Die ‚besonders Verpflichteten für den öffentlichen Dienst' sind Personen, die im öffentlichen Dienst stehen oder in anderer Weise mit der Wahrnehmung öffentlicher Aufgaben im Inland oder für einen inländischen Verband oder eine inländische Körperschaft betraut sind. Damit werden neben den ‚Amtsträgern' weitere Personen in die Definition einbezogen, um sicherzustellen, dass kein potenzieller Täter aus der strafrechtlichen Verantwortung entlassen wird. Die Qualifikationen des § 11 StGB legen nahe, dass nicht nur die formale Stellung einer Person, sondern auch die Art der von ihr wahrgenommenen Aufgaben die Amtsträgereigenschaft bestimmt. Auch wenn jemand keine formale Position innehat, kann er dennoch als Amtsträger angesehen werden, wenn er öffentliche Aufgaben wahrnimmt.

Materielle und immaterielle Vorteile spielen bei der Amtsträgerkorruption eine entscheidende Rolle. Materielle Vorteile sind in der Regel greifbar und haben einen direkten finanziellen Wert. Dazu gehören Geld, Geschenke, Reisen, Essenseinladungen, Gehaltszuschüsse oder auch unentgeltliche Dienstleistungen. Diese können den Amtsträger dazu verleiten, seine Pflichten zu verletzen und Diensthandlungen im Interesse des Vorteilsgebers vorzunehmen.

Immaterielle Vorteile hingegen sind weniger greifbar, können aber ebenfalls einen erheblichen Einfluss auf die Entscheidungen eines Amtsträgers haben. Dazu gehören beispielsweise Prestige, Einfluss, Macht oder auch die Zusage einer späteren Anstellung. Auch immaterielle Vorteile können somit einen Amtsträger zu einer Pflichtverletzung verleiten.

Beide Formen der Vorteilsgewährung sind nach dem deutschen Strafgesetzbuch strafbar, wenn sie dazu dienen, eine Diensthandlung zu beeinflussen und dadurch die Pflichten des Amtsträgers zu verletzen.

Im WM-Ticket-Verfahren (Urteil vom 14.10.2008 – 1 StR 260/08) standen die Tätigkeiten und Entscheidungen eines Amtsträgers im Mittelpunkt. Dem Amtsträger, der für die Vergabe von Eintrittskarten für die Fußballweltmeisterschaft 2006 zuständig war, wurde vorgeworfen, Eintrittskarten an Dritte weitergegeben zu haben, die ihm im Gegenzug geldwerte Vorteile verschafft hätten. Das Gericht hatte zu entscheiden, ob die Weitergabe der Tickets und die daraus resultierenden Vorteile als Bestechung und Amtsmissbrauch zu werten sind. Es stellte sich heraus, dass die Vorteile, die der Amtsträger erhalten hatte, ausreichend waren, um seine Entscheidungen zu beeinflussen und seine Pflichten zu verletzen. Er wurde daher wegen Bestechlichkeit verurteilt.

Dieser Fall diente als anschauliches Beispiel für die Art von Korruption, die im Zusammenhang mit der Ausübung öffentlicher Ämter auftreten kann. Es wurde betont, dass materielle Vorteile, die einen direkten Einfluss auf die Entscheidungen eines Amtsträgers haben, als Bestechung angesehen werden können und dass solche Handlungen strafbar sind. Das Urteil unterstreicht die Bedeutung der Wahrung der Integrität in öffentlichen Ämtern und zeigt die Konsequenzen auf, die sich aus einer Verletzung dieser Pflichten ergeben können. Es dient als Mahnung, dass die Unabhängigkeit und Unparteilichkeit von Amtsträgern für das Vertrauen der Öffentlichkeit in die öffentliche Verwaltung von entscheidender Bedeutung sind.

In seiner Urteilsbegründung hat der Bundesgerichtshof (BGH) die Indizien, die zur Entscheidungsfindung beigetragen haben, explizit dargelegt. Zunächst wurden die dienstlichen Berührungspunkte hervorgehoben. Damit sind die Interaktionen gemeint, die zwischen dem Amtsträger und dem Dritten, der den Vorteil gewährt hat, stattgefunden haben. Dabei wurde berücksichtigt, inwieweit diese Interaktionen im Zusammenhang mit den Aufgaben des Amtsträgers standen.

Ein weiterer entscheidender Faktor war das Verhalten des Amtsträgers. Die Art und Weise, wie er die Tickets an Dritte weitergab, wurde genau analysiert. Das Gericht bewertete, ob der Amtsträger seine Position bewusst ausnutzte, um sich Vorteile zu verschaffen.

Auch die Heimlichkeit des Handelns wurde berücksichtigt. Das Gericht bewertete, ob der Amtsträger versucht hat, seine Handlungen zu verbergen oder ob er offen über sie kommuniziert hat.

Schließlich spielten die Art, der Wert und die Anzahl der erhaltenen Vorteile eine entscheidende Rolle. Das Gericht prüfte, ob diese Vorteile einen ausreichenden Anreiz darstellen konnten, um die Entscheidungen des Amtsträgers zu beeinflussen. Je höher der Wert und die Anzahl der Vorteile, desto größer ist die Wahrscheinlichkeit, dass sie die Entscheidung des Amtsträgers beeinflusst haben. Insgesamt stellte der BGH fest, dass die Kombination dieser Indizien ausreiche, um den Amtsträger der Bestechlichkeit schuldig zu sprechen.

Eine wichtige Rolle spielt dabei die Frage, ob durch die Interaktion ein nicht sozialadäquater Vorteil entstanden ist. Ein nicht sozialadäquater Vorteil ist ein Vorteil, der nicht im Einklang mit gesellschaftlichen Normen und Werten steht. Dies kann zum Beispiel ein unangemessener materieller Vorteil sein, der einem Amtsträger als Gegenleistung für eine bevorzugte Behandlung oder Entscheidung angeboten wird. Die soziale Adäquanz eines Vorteils hängt von verschiedenen Faktoren ab, einschließlich des Umfangs des Vorteils, der Art und Weise, wie er gewährt wird, und der Umstände, unter denen er angeboten wird. Ein nicht sozialadäquater Vorteil könnte dazu führen, dass ein Amtsträger seine Pflichten verletzt und das Vertrauen der Öffentlichkeit in die Integrität der öffentlichen Verwaltung untergräbt.

Ein weiteres anschauliches Beispiel könnte der Fall eines für die Erteilung von Baugenehmigungen zuständigen Beamten einer Gemeinde sein. Angenommen, ein Bauunternehmer bietet diesem Amtsträger einen Luxusurlaub an einem exotischen Ort an, wenn er die Baugenehmigung für ein umstrittenes Projekt beschleunigt. Einen solchen Urlaub könnte sich der Amtsträger niemals leisten, und er stünde auch in keinem Verhältnis zur Beziehung der beiden Akteure. Dies würde als nicht sozialadäquater Vorteil gelten, da er in klarem Widerspruch zu den ethischen Standards und der Integrität der öffentlichen Verwaltung steht. Obwohl der Urlaub an sich legal sein mag, kann der Kontext, in dem er angeboten wird, ihn zu einem

Fall von Korruption machen. Es ist offensichtlich, dass der Vorteil dazu dienen soll, die Entscheidung des Amtsträgers zu beeinflussen und das ordnungsgemäße Verfahren zu umgehen. Dieses Beispiel veranschaulicht, wie materielle Vorteile die Integrität des öffentlichen Dienstes untergraben können und warum solche Handlungen strafbar sind.

Amtsträgerkorruption ist oft schwer zu fassen. Ein anderes Szenario könnte wie folgt aussehen: Ein Amtsträger, der lokalen Verkehrsaufsicht erhält von einem Geschäftsinhaber regelmäßig hochwertige Weinflaschen. Im Gegenzug sorgt der Amtsträger dafür, dass die Parkraumbewirtschaftung vor dem Geschäft des Inhabers gelockert wird, was zu einer erhöhten Kundenfrequenz führt. Diese Form der Korruption ist zwar subtil, verletzt aber dennoch die Integrität des öffentlichen Dienstes.

Ein weiteres Beispiel könnte sich auf nationaler Ebene abspielen. Ein Politiker erhält von einem Industriemagnaten eine Einladung zu einem Luxusurlaub am Mittelmeer mit Privatjet und Luxusvilla. Als Gegenleistung erwartet der Industriemagnat, dass der Politiker seine politischen Entscheidungen zugunsten der Interessen der Industrie beeinflusst. Dieses Szenario stellt eine schwerwiegende Verletzung der öffentlichen Integrität dar und kann erhebliche Auswirkungen auf die Glaubwürdigkeit des Politikers und das Vertrauen der Öffentlichkeit in die Regierung haben.

Ein letztes Beispiel könnte auf internationaler Ebene beobachtet werden, wenn ein hoher Regierungsbeamter von einem ausländischen Staatsoberhaupt in ein exklusives Restaurant eingeladen wird. Diese Einladung könnte mit der Erwartung verbunden sein, dass der Regierungsbeamte zugunsten des ausländischen Staatsoberhaupts handelt, wenn es um internationale Abkommen oder Verhandlungen geht. Auch wenn diese Art von Interaktion auf den ersten Blick harmlos erscheinen mag, kann sie die internationalen Beziehungen und die Weltpolitik beeinträchtigen, wenn sie die Entscheidungen und Handlungen des Amtsträgers beeinflusst.

In allen vorgenannten Beispielen könnten verschiedene Bestimmungen des deutschen Strafgesetzbuches (StGB) zur Anwendung kommen. Relevant sind vor allem die Vorschriften zur Korruption im öffentlichen Dienst. Im Falle eines Amtsträgers, der für die Beschleunigung einer Baugenehmigung einen Vorteil erhält, könnte § 331 StGB (Vorteilsannahme) einschlägig sein. Danach ist es strafbar, wenn ein Amtsträger oder ein für den öffentlichen Dienst besonders Verpflichteter einen Vorteil für sich oder einen Dritten als Gegenleistung dafür fordert, annimmt oder sich versprechen lässt, dass er eine Diensthandlung vorgenommen hat oder künftig vornehme.

Im Fall des Amtsträgers, der für Lockerung von Parkvorschriften Geschenke erhält, könnte ebenfalls § 331 StGB zur Anwendung kommen. Im Falle des Politikers, der als Gegenleistung für einen Luxusurlaub politische Entscheidungen zugunsten eines Wirtschaftsführers beeinflusst, könnte die strengere Regelunge des § 332 StGB (Bestechlichkeit) einschlägig sein. Diese Vorschrift sieht eine höhere Strafandrohung vor, wenn der Amtsträger bei der Vergabe von Aufträgen im Wettbewerb, bei der dienstlichen Beurteilung von Leistungen, bei einer Amtshandlung, die einen unmittelbaren wirtschaftlichen Vorteil bringen kann, oder bei einer rechtswidrigen Tat zum Nachteil eines Dritten im Wettbewerb einen Vorteil als Gegenleistung dafür fordert, annimmt oder sich versprechen lässt, dass er eine Diensthandlung vorgenommen hat oder künftig vornehme.

Im letzten Beispiel des hochrangigen Beamten, der im Austausch für eine luxuriöse Einladung zu Gunsten eines ausländischen Staatsoberhauptes handelt, könnten auch die Vorschriften über Bestechung und Bestechlichkeit im internationalen Geschäftsverkehr (§§ 334 bis 335b StGB) einschlägig sein.

4.7 Angestelltenbestechung

Wenden wir uns nun den strafrechtlichen Grundlagen in der Privatwirtschaft zu und beginnen wir mit einer Klärung der Begriffe: Das Unternehmen bezeichnet juristisch eine auf Dauer angelegte Organisation von materiellen und immateriellen Mitteln, die unter einheitlicher Leitung eigenwirtschaftliche Zwecke verfolgt, unabhängig davon, ob sie auf Gewinnerzielung ausgerichtet ist oder nicht.

Ein **Angestellter** ist jemand, der aufgrund eines Arbeitsvertrages weisungsgebundene, fremdbestimmte Arbeit in persönlicher Abhängigkeit leistet. Er wird regelmäßig vergütet, und seine Tätigkeit wird in die betriebliche Organisation des Arbeitgebers eingegliedert.

Ein **Beauftragter** ist eine Person, die im Auftrag und im Interesse einer anderen Person handelt. Sie ist berechtigt, in rechtlichen oder geschäftlichen Angelegenheiten eigenverantwortlich Entscheidungen zu treffen und Maßnahmen zu ergreifen.

Handeln im geschäftlichen Verkehr ist jeder geschäftliche Vorgang, der auf einen wirtschaftlichen Zweck gerichtet ist und mit einer gewissen Öffentlichkeit verbunden ist. Dazu gehören nicht nur Geschäftsabschlüsse, sondern auch Werbung, Angebote oder Vertragsverhandlungen.

Die Angestelltenbestechung ist eine Form der Korruption, bei der ein Angestellter, der keine offizielle Regierungsposition innehat, einen unrechtmäßigen Vorteil dafür erhält, dass er seine beruflichen Pflichten in einer Weise erfüllt, die der Person oder Organisation, die den Vorteil gewährt, zugutekommt. Sie tritt häufig in Sektoren mit hohem Wettbewerbsdruck auf und stellt einen schwerwiegenden Verstoß gegen die Berufsethik und das Recht dar.

Ein Beispiel für Angestelltenbestechung könnte ein Einkaufsleiter sein, der teure Geschenke von einem Lieferanten erhält und im Gegenzug dafür sorgt, dass der Lieferant bevorzugt behandelt wird. Dies kann bedeuten, dass der Lieferant größere Aufträge erhält oder dass er bei Ausschreibungen unangemessen bevorzugt wird. Ein weiteres Beispiel wäre ein Bankangestellter, der Bestechungsgelder von Kunden annimmt, um diese bei der Vergabe von Krediten oder anderen Finanzdienstleistungen bevorzugt zu behandeln. In beiden Fällen dient die Bestechung dazu, die objektive und faire Entscheidungsfindung des Angestellten zu untergraben, was sowohl rechtlich als auch ethisch unzulässig ist.

4.8 Die Unrechtsvereinbarung als Schlüsselelement

Im Zentrum der Korruption steht der Begriff der Unrechtsvereinbarung. Die Unrechtsvereinbarung ist ein Schlüsselelement in vielen Straftaten im Zusammenhang mit Korruption. Sie beinhaltet eine Absprache zwischen mindestens zwei Parteien, die vorsätzlich eine rechtswidrige Handlung begehen wollen.

Im Zusammenhang mit Korruption wird eine Unrechtsvereinbarung in der Regel zwischen einem Beamten oder einem Mitarbeiter einer öffentlichen Einrichtung und einem Dritten (häufig einem Geschäftspartner) getroffen.

Folgende Voraussetzungen müssen erfüllt sein, damit eine Unrechtsvereinbarung vorliegt:

- Es müssen mindestens zwei Parteien beteiligt sein.
- Es muss die Absicht bestehen, eine rechtswidrige Handlung zu begehen.
- Es muss eine Vereinbarung oder Absprache zwischen den Parteien geben, gegen das Gesetz zu verstoßen.

Der Nachweis einer Unrechtsvereinbarung kann schwierig sein, da solche Vereinbarungen oft im Geheimen und mündlich getroffen werden. Beweise können aus einer Vielzahl von Quellen stammen, zum Beispiel Zeugenaussagen, Aufzeichnungen der Kommunikation zwischen den beteiligten Parteien, finanzielle Aufzeichnungen oder andere dokumentarische Beweise, die auf eine unrechtmäßige Vorteilsnahme hindeuten.

Die Rechtsfolgen einer Unrechtsvereinbarung können je nach Schwere der Tat unterschiedlich sein. Die Strafen können Geldbußen, Freiheitsstrafen oder andere gerichtliche Sanktionen umfassen. Darüber hinaus kann eine verurteilte Person von ihrem Arbeitgeber disziplinarisch belangt werden, einschließlich Entlassung oder Suspendierung. In einigen Fällen kann die Person auch verpflichtet werden, den unrechtmäßig erlangten Vorteil zurückzugeben. Im Falle von Korruption im öffentlichen Dienst können auch strafrechtliche Sanktionen gegen die betreffende Behörde oder Institution verhängt werden.

Die Justiz verfolgt Unrechtsvereinbarungen gründlich und systematisch. Zunächst werden alle verfügbaren Beweise – einschließlich Zeugenaussagen, Kommunikationsaufzeichnungen und Finanzdaten – gesammelt und analysiert, um das Vorliegen einer Unrechtsvereinbarung nachzuweisen. Bei der Bewertung einer potenziellen Unrechtsvereinbarung werden verschiedene Aspekte berücksichtigt. Ein wichtiger Faktor ist die Plausibilität harmloserer Ziele der Vereinbarung. Wenn es plausible, legale Gründe für die Vereinbarung gibt, kann dies die Beweislast erhöhen. Erhöhte Beweislast bedeutet in diesem Zusammenhang, dass die Ermittlungsbehörden und die Justiz stärkere und umfangreichere Beweise benötigen, um eine Unrechtsvereinbarung nachzuweisen. Dies kann der Fall sein, wenn es plausible und legitime Gründe für die Absprachen oder Transaktionen gibt, die im Mittelpunkt der Untersuchung stehen. Ein bloßer Verdacht oder indirekte Beweise reichen in solchen Fällen nicht aus, es müssen solide und überzeugende Beweise vorliegen, die eindeutig auf eine rechtswidrige Absicht hinweisen. Dies kann die Sammlung und Analyse größerer Datenmengen, umfassenderer Zeugenaussagen und detaillierterer Finanzunterlagen beinhalten. Die erhöhte Beweislast stellt sicher, dass nur Personen verurteilt werden, denen eine Beteiligung an einer Unrechtsvereinbarung hinreichend nachgewiesen werden kann. Wie überall gilt auch hier die Unschuldsvermutung.

Die Justiz berücksichtigt auch das Ausmaß des Vorteils, der durch die Absprache erlangt wurde. Ist der Vorteil erheblich, kann dies als starkes Indiz auf das Vorliegen einer Unrechtsvereinbarung gewertet werden. Auch die Stellung des Vorteilsnehmers und seine Aufgaben werden berücksichtigt. Hat der Vorteilsnehmer eine gehobene Stellung inne und/oder ist er in der Lage, Entscheidungen zu treffen, die den Vereinbarungspartner begünstigen können, so erhöht dies ebenfalls den Verdacht auf das Vorliegen einer Unrechtsvereinbarung. Schließlich wird die Vorgehensweise der Parteien berücksichtigt. Bei geheimen Treffen, verdeckten Zahlungen oder anderen Anzeichen für eine geheime Absprache ist eher von einer Unrechtsvereinbarung auszugehen. Unter Berücksichtigung all dieser Faktoren ist die Justiz bestrebt, Unrechtsvereinbarungen aufzudecken und entsprechend zu bestrafen, um die Integrität und das Vertrauen in die öffentlichen Institutionen zu gewährleisten.

Eine Unrechtsvereinbarung im Zusammenhang mit einer Beförderung oder einer Auftragsvergabe liegt vor, wenn zwei oder mehr Parteien eine geheime Absprache treffen, um eine unethische oder rechtswidrige Handlung zur Erreichung eines ungerechtfertigten Vorteils durchzuführen. Dies kann zum Beispiel der Fall sein, wenn ein Mitarbeiter in einer leitenden Position einen weniger qualifizierten Kandidaten bei einer Beförderung bevorzugt, weil dieser ihm persönliche Vorteile verspricht. Im Zusammenhang mit der Auftragsvergabe kann eine Unrechtsvereinbarung beispielsweise vorliegen, wenn ein Unternehmen einem Entscheidungsträger Bestechungsgelder anbietet, um einen Auftrag zu erhalten. Solche Absprachen untergraben die Fairness, Transparenz und Integrität von Beförderungs- und Vergabeverfahren und verstoßen gegen relevante rechtliche und ethische Standards. Juristisch spricht man hier von der **Wettbewerbsvariante der Unrechtsvereinbarung.**

Die **Geschäftsherrenvariante** der Unrechtsvereinbarung bezieht sich auf Situationen, in denen zwei oder mehr Geschäftsführer oder leitende Angestellte eine geheime Vereinbarung treffen, um unethisches oder rechtswidriges Verhalten zu begehen, das ihrem Unternehmen oder ihnen persönlich einen ungerechtfertigten Vorteil verschafft, ohne dass eine sogenannte subjektivierte Wettbewerbslage vorliegt. Die subjektivierte Wettbewerbslage ist ein Rechtsbegriff, der sich auf eine Situation bezieht, in der ein potenzieller Wettbewerb aufgrund subjektiver Erwartungen der Beteiligtenentsteht. Es handelt sich nicht um einen tatsächlichen Wettbewerb, sondern nur um einen potenziellen Wettbewerb, der durch die subjektiven Annahmen und Erwartungen der Beteiligten hervorgerufen wird. Eine solche Situation kann zum Beispiel entstehen, wenn ein Geschäftspartner davon ausgeht, dass er bei fairem Wettbewerb einen Auftrag hätte erhalten können, jedoch aufgrund einer Unrechtsvereinbarung ausgeschlossen wurde. In solchen Fällen kann eine subjektivierte Wettbewerbslage vorliegen, die rechtlich relevant sein kann.

Ein klassisches Beispiel für die Unrechtsvereinbarung der Geschäftsherrenvariante wäre der Fall, in dem zwei CEOs konkurrierender Unternehmen heimlich vereinbaren, ihre Preise gleichzeitig zu erhöhen, um den Markt zu manipulieren und höhere Gewinne zu erzielen. Dies wäre ein klarer Verstoß gegen das Wettbewerbsrecht. Ein weiteres Beispiel könnte die Situation sein, in der ein Geschäftsführer vertrauliche Informationen über anstehende Geschäftsentscheidungen an einen externen Geschäftspartner weitergibt, um im Gegenzug persönliche Vorteile zu erhalten. Solche Praktiken verstoßen gegen Datenschutzbestimmungen und können schwerwiegende rechtliche Konsequenzen nach sich ziehen. Sie untergraben nicht nur das Vertrauen in das betroffene Unternehmen, sondern können auch das gesamte Wirtschaftssystem destabilisieren.

4.9 Begleitdelikte der Korruption

Von den Tätern häufig übersehen werden die zahlreichen Begleitdelikte der Korruption und deren Auswirkungen auf das Strafmaß.

Als Begleitdelikte der Korruption kommen häufig Betrug (§ 263 StGB), Untreue (§ 266 StGB) und Urkundsdelikte (§ 267 StGB) in Betracht. Betrug liegt vor, wenn jemand einen anderen durch Täuschung dazu veranlsst, einen Vermögensschaden zu erleiden. Ein typisches Beispiel wäre ein Geschäftsführer, der den Jahresabschluss manipuliert, um den Gewinn seines Unternehmens künstlich zu erhöhen. Dadurch täuscht er sowohl die Anteilseigner als auch andere Geschäftspartner über die tatsächliche finanzielle Lage des Unternehmens und kann so unrechtmäßige Gewinne erzielen.

Untreue liegt vor, wenn eine Person, die eine Vermögensbetreuungspflicht hat, diese Pflicht verletzt und dadurch dem Betreuten einen Vermögensnachteil zufügt. Ein Beispiel wäre ein Angestellter, der sich von einem Lieferanten bestechen lässt, um einen Vertrag zu überhöhten Konditionen abzuschließen. Damit verletzt er seine Vermögensbetreuungspflicht und fügt dem Arbeitgeber einen Vermögensschaden zu.

Wichtige Begriffe im Zusammenhang mit dem Untreuetatbestand des § 266 StGB sind der Missbrauchstatbestand und der Treubruchtatbestand. Der Missbrauchstatbestand betrifft Fälle, in denen eine Person, zum Beispiel ein Geschäftsführer oder ein Vorstandsmitglied, seine Befugnisse missbraucht, um dem Unternehmen einen Schaden zuzufügen. Dies kann zum Beispiel der Fall sein, wenn ein Geschäftsführer Gelder des Unternehmens für private Zwecke verwendet oder ungerechtfertigte Zahlungen an Dritte leistet.

Der Treubruchtatbestand hingegen betrifft Fälle, in denen jemand seine Pflicht zur Betreuung fremden Vermögens verletzt und dem Betreuten einen Vermögensnachteil zufügt. Dies kann der Fall sein, wenn ein Mitarbeiter eines Unternehmens Bestechungsgelder annimmt und dadurch den Interessen seines Arbeitgebers schadet.

Beide Tatbestände setzen eine Vermögensbetreuungspflicht voraus, also ein besonderes Rechtsverhältnis, in dem eine Person verpflichtet ist, fremdes Vermögen zu schützen. Darüber hinaus muss der Täter vorsätzlich handeln, das heißt, er muss sich bewusst sein, dass er seine Pflichten verletzt und dass dies zu einem Vermögensnachteil führen kann.

Urkundsdelikte beziehen sich auf die Fälschung von Urkunden mit rechtlicher Beweiskraft. Ein Beispiel wäre ein Mitarbeiter, der gefälschte Rechnungen ausstellt, um ungerechtfertigte Vorteile zu erlangen.

Die Rechtsfolgen dieser Delikte können erheblich sein und reichen von Geldstrafen bis hin zu Freiheitsstrafen. Bei Betrug ist eine Freiheitsstrafe von bis zu fünf Jahren oder eine Geldstrafe vorgesehen. In besonders schweren Fällen kann das Strafmaß auf bis zu zehn Jahre Freiheitsstrafe erhöht werden. Bei Untreue ist ebenfalls eine Freiheitsstrafe von bis zu fünf Jahren oder eine Geldstrafe vorgesehen, in besonders schweren Fällen sogar bis zu zehn Jahre Freiheitsstrafe. Urkundsdelikte können mit einer Freiheitsstrafe von bis zu fünf Jahren oder einer Geldstrafe geahndet werden, in schweren Fällen mit bis zu zehn Jahren Freiheitsstrafe. Das Vorliegen von Begleitdelikten erhöht die Schwere des Korruptionsdelikts und die daraus resultierenden Rechtsfolgen erheblich. Daher spielen diese Delikte eine wesentliche Rolle in der Prävention und Bekämpfung von Korruption.

Steuerhinterziehung ist eines der häufigsten Begleitdelikte von Korruption, da Vermögenswerte aus kriminellen Aktivitäten häufig vor dem Fiskus versteckt werden, um einer Strafverfolgung zu entgehen. Durch korrupte Geschäftspraktiken, wie Bestechung oder Betrug, werden oft große Geldsummen verschoben. Nicht selten wird versucht, diese Einkünfte nicht zu melden und so Steuern zu sparen.

Die Rechtsfolgen der Steuerhinterziehung sind schwerwiegend. Dem Täter drohen Geldstrafen oder Freiheitsstrafen bis zu zehn Jahren. In besonders schweren Fällen, zum Beispiel bei organisierter Steuerhinterziehung, kann das Strafmaß auf bis zu zehn Jahre Freiheitsstrafe erhöht werden.

Steuerhinterziehung kann aber auch Folgen für das betroffene Unternehmen haben. Neben den finanziellen Verlusten durch Bußgelder und Nachzahlungen kann der Ruf des Unternehmens schwer beschädigt werden, was zu Vertrauensverlust bei Kunden und Partnern führen kann. Darüber hinaus kann es zu Einschränkungen in der Geschäftsfähigkeit bis hin zum Verlust von Lizenzen oder Zertifizierungen kommen.

Ein Beispiel für Steuerhinterziehung im Zusammenhang mit Korruption könnte ein Unternehmer sein, der einen Beamten besticht, um einen lukrativen Auftrag zu erhalten. Die Bestechungsgelder werden oft als Betriebsausgaben getarnt und in der Buchhaltung des Unternehmens nicht korrekt verbucht, um Steuern zu sparen. Ein anderes Beispiel wäre ein Angestellter, der unter der Hand Zusatzzahlungen erhält und diese nicht in seiner Steuererklärung angibt. In beiden Fällen handelt es sich um Steuerhinterziehung als Begleitdelikt der Korruption.

Irgendwo muss das Geld für die Bestechung ja herkommen und irgendwo taucht es in den Bilanzen immer wieder auf. Hier setzen wir als Ermittler und Strafrechtler an.

Bestechungsgelder werden häufig als abzugsfähige Betriebsausgaben getarnt, um Steuern zu sparen. Dies kann durch verschiedene Methoden erreicht werden. Eine gängige Praxis ist es beispielsweise, die Bestechungsgelder als »Beratungsgebühren« oder »Servicekosten« zu deklarieren. Solche Ausgaben sind für den Fiskus in der Regel schwer nachvollziehbar und daher ein beliebtes Mittel, um Korruptionszahlungen zu verschleiern. Bei der Aufdeckung solcher Betrugsfälle kommt häufig § 370 der Abgabenordnung (AO) zur Anwendung. Dieser Paragraf regelt das Delikt der Steuerhinterziehung und sieht sowohl Geldstrafen als auch Freiheitsstrafen von bis zu zehn Jahren vor. In besonders schweren Fällen oder bei bandenmäßiger Steuerhinterziehung kann die Strafe noch höher ausfallen.

4.10 Individuelle und unternehmerische Haftung

Die Haftungsfrage bei Korruption durch Mitarbeiter ist in der Tat oft komplex und unklar. Dies liegt daran, dass nicht nur die unmittelbaren Täter – also die Mitarbeiter, die korrupte Handlungen begehen – haftbar gemacht werden können, sondern auch Vorgesetzte, Untergebene, Geschäftsführer und Vorstandsmitglieder. Dies ergibt sich zum Beispiel aus der sogenannten Geschäftsherrenhaftung, nach der ein Unternehmen für rechtswidriges Verhalten seiner Mitarbeiter haftbar gemacht werden kann, wenn es seiner Aufsichtspflicht nicht ausreichend nachgekommen ist. Die Haftung kann sowohl zivilrechtliche als auch strafrechtliche Folgen haben.

Darüber hinaus geht der rechtliche Rahmen, der in Korruptionsfällen relevant wird, über das Strafrecht hinaus. So können Unternehmen auch nach dem Ordnungswidrigkeitengesetz belangt werden, etwa wenn sie ihre Aufsichtspflicht verletzen und dadurch die Begehung von Ordnungswidrigkeiten durch ihre Mitarbeiter ermöglichen. Auch zivilrechtliche Ansprüche können eine Rolle spielen, etwa wenn durch korrupte Praktiken Schäden entstehen, für die das Unternehmen haften muss.

Nach geltendem Recht können in Deutschland nur natürliche Personen, nicht aber juristische Personen oder Gesellschaften bestraft werden. Dies beruht auf dem Grundsatz, dass nur Individuen strafrechtlich zur Verantwortung gezogen werden können, da sie willens- und handlungsfähig sind. Es sei daran erinnert, dass ein Unternehmen als solches nicht handlungsfähig ist, sondern auf die handelnden Personen angewiesen ist, die die entsprechenden Entscheidungen treffen. Juristische Personen oder Gesellschaften hingegen, die aus einem Zusammenschluss von Personen bestehen, können nach deutschem Rechtsverständnis mangels eigenen Willens nicht strafrechtlich zur Verantwortung gezogen werden. Sie können jedoch zivil- oder verwaltungsrechtlich belangt werden.

Im Gegensatz zu Deutschland, wo nur natürliche Personen für Korruptionsdelikte strafrechtlich verantwortlich gemacht werden können, können in den USA auch juristische Personen, wie zum Beispiel Unternehmen, direkt zur Verantwortung gezogen werden. Dieser Ansatz basiert auf der Doktrin der »Körperschaftspersönlichkeit«, nach der Unternehmen als eigenständige juristische Personen angesehen werden, die strafrechtlich verfolgt werden können. In Fällen von Korruption oder Betrug können die US-Strafverfolgungsbehörden Strafanzeigen gegen Unternehmen stellen und diese zu hohen Geldstrafen, Sanktionen und sogar zum Entzug von Geschäftslizenzen verurteilen. Diese gegensätzliche Herangehensweise stellt eine zusätzliche Herausforderung für international tätige Unternehmen dar, die beide Rechtssysteme berücksichtigen müssen, um Compliance-Vorschriften einzuhalten.

Unternehmer sollten beachten, dass es Bestrebungen gibt, diese Rechtsnorm zu ändern. Insbesondere auf nationaler Ebene gibt es bereits Gesetzesentwürfe, die eine Ausweitung der strafrechtlichen Verantwortlichkeit auf juristische Personen und Gesellschaften zum Ziel haben. Diese Veränderungen sind darauf ausgerichtet, Unternehmen stärker in die Pflicht zu nehmen und für rechtswidriges Verhalten wie Korruption oder Betrug haftbar zu machen. Sollten diese Gesetzesänderungen in Kraft treten, könnten sie erhebliche Auswirkungen auf die Verantwortung und Haftung von Unternehmen haben.

Die Haftungsfrage bei Angestelltenkorruption hängt von einer Vielzahl von Faktoren ab und ist oft alles andere als eindeutig. Es die Aufgabe der Justiz, in jedem Einzelfall zu prüfen, ob und in welchem Umfang die Haftung des Unternehmens gegeben ist. Dies unterstreicht die Notwendigkeit für Unternehmen, wirksame Compliance-,

Aufklärungs- und Transparenzmechanismen zu implementieren und durchzusetzen, um Korruption zu verhindern und sich vor möglichen Haftungsrisiken zu schützen.

Die strafrechtliche Verantwortlichkeit bei Korruptionsdelikten ist grundsätzlich zunächst in verschiedenen Paragrafen des deutschen Strafgesetzbuches (StGB) geregelt. Dabei ist zu beachten, dass ein Unternehmen grundsätzlich nicht selbst handeln kann, sondern immer durch eine natürliche Person – sei es als Mitarbeiter, Führungskraft oder in anderer Funktion. Diese Person handelt dann entweder für das Unternehmen oder in dessen Auftrag. Die Täterschaft ist in den §§ 25, 26 StGB geregelt. Der Täter handelt aus eigenem Antrieb und im eigenen Interesse, kann aber auch im Interesse des Unternehmens handeln. Anstiftung (§ 26 StGB) liegt vor, wenn jemand vorsätzlich einen anderen zu dessen vorsätzlich begangener rechtswidriger Tat bestimmt. Beihilfe (§ 27 StGB) ist gegeben, wenn jemand vorsätzlich einem anderen zu dessen vorsätzlich begangener rechtswidriger Tat Hilfe leistet. Dabei muss der Gehilfe mit Wissen und Wollen handeln, also die Haupttat kennen und unterstützen wollen.

Das Ordnungswidrigkeitengesetz (OWiG) sieht darüber hinaus vor, dass auch das Unternehmen selbst zu Strafen verurteilt werden kann, wenn eine Person für oder im Auftrag des Unternehmens eine Ordnungswidrigkeit begeht (§§ 30, 130 OWiG). In der Unternehmenspraxis sind Ausführung, Information und Entscheidung häufig auf verschiedene Personen verteilt. Diese Trennung kann dazu führen, dass jeweils nur Teile des Geschehens bekannt sind und die gesamte Tragweite einer Entscheidung oder Handlung nicht erfasst wird. Dadurch kann es passieren, dass strafbare Handlungen vom Unternehmen nicht als solche erkannt werden. Für Unternehmen ist es daher wichtig, interne Kontrollmechanismen und Compliance-Systeme einzurichten, um Regelverstöße frühzeitig zu erkennen und zu verhindern.

Die Frage der Haftung bei Korruption ist alles andere als einfach zu beantworten, da je nach Stellung des Beschuldigten unterschiedliche Rechtsgrundlagen zur Anwendung kommen. Die sogenannte Organhaftung betrifft die Haftung von Mitgliedern des Vorstands, des Aufsichtsrats oder der Geschäftsführung eines Unternehmens für Schäden, die dem Unternehmen durch Pflichtverletzungen entstehen. Die Organhaftung ist in § 93 Aktiengesetz (AktG) geregelt. Im Zusammenhang mit Korruption könnte dies bedeuten, dass ein Vorstandsmitglied, das Korruption im Unternehmen ermöglicht oder nicht verhindert, dem Unternehmen gegenüber haftet.

Die Vertreterhaftung nach § 43 GmbHG macht Geschäftsführer von GmbHs für Schäden verantwortlich, die durch Pflichtverletzungen entstehen. Ein Geschäftsführer, der beispielsweise Bestechungsgelder zulässt oder nicht genug unternimmt, um Korruption zu verhindern, kann gegenüber der Gesellschaft haftbar gemacht werden.

Die Beauftragtenhaftung bezieht sich auf die Haftung von Personen, die im Auftrag eines Unternehmens handeln, zum Beispiel Mitarbeiter oder Vertragspartner. Diese Haftung kann sich aus verschiedenen Paragrafen ergeben, zum Beispiel aus § 831 BGB (Haftung des Verrichtungsgehilfen). Im Zusammenhang von Korruption kann dies bedeuten, dass ein Mitarbeiter, der Bestechungsgelder annimmt oder zahlt, sowohl strafrechtlich als auch zivilrechtlich zur Verantwortung gezogen werden kann. Diese Arten der Haftung unterstreichen die Notwendigkeit für Unternehmen, klare Richtlinien und Kontrollmechanismen zu implementieren, um Korruption zu verhindern und mögliche rechtliche Konsequenzen zu minimieren.

Die sogenannte Geschäftsherrenhaftung ist eine Form der Haftung, die sich auf die rechtliche Verantwortung von Unternehmen für das Fehlverhalten ihrer Mitarbeiter bezieht. Sie ist in den §§ 831, 832 des Bürgerlichen Gesetzbuches (BGB) geregelt. Dabei geht es um die Haftung für unerlaubte Handlungen, die ein Mitarbeiter im Rahmen seiner dienstlichen Tätigkeiten begeht. Im Zusammenhang mit Korruption kann dies beispielsweise bedeuten, dass ein Unternehmen für die Annahme oder Zahlung von Bestechungsgeldern durch einen Mitarbeiter haftet.

Zu beachten ist, dass die Geschäftsherrenhaftung auch durch Unterlassen begangen werden kann. Dies könnte der Fall sein, wenn das Unternehmen keine ausreichenden Maßnahmen zur Verhinderung von Korruption ergriffen hat, obwohl es dazu in der Lage und verpflichtet war. Beispielsweise könnte ein Unternehmen dafür haftbar gemacht werden, dass es kein ausreichendes Compliance-System zur Verhinderung von Korruption eingerichtet hat.

Die Folgen der Geschäftsherrenhaftung können weitreichend sein und sowohl zivilrechtliche als auch strafrechtliche Konsequenzen haben. Zivilrechtlich kann das Unternehmen zum Schadenersatz verpflichtet werden. Strafrechtliche Konsequenzen können Geldstrafen oder in schweren Fällen sogar Freiheitsstrafen sein. Darüber hinaus kann die Geschäftsherrenhaftung erhebliche Auswirkungen auf die Reputation des Unternehmens haben und zu einem Vertrauensverlust bei Kunden, Partnern und Investoren führen. Für Unternehmen ist es daher von größter Bedeutung, geeignete Maßnahmen zu ergreifen, um Korruption und andere Formen von Fehlverhalten zu verhindern.

Mittelbare Täterschaft ist im deutschen Strafrecht ein Begriff, der sich auf Situationen bezieht, in denen eine Person eine andere Person als Werkzeug zur Begehung einer strafbaren Handlung benutzt. Er ist in § 25 Abs. 1 StGB definiert. Der mittelbare Täter ist derjenige, der das »Werkzeug« – das sogenannte Tatmittel – kontrolliert und manipuliert. Mittelbare Täterschaft liegt vor, wenn der mittelbare Täter einen Irrtum oder eine Zwangslage ausnutzt, um den unmittelbaren Täter zu einer Handlung zu veranlassen. In solchen Fällen gilt der mittelbare Täter als der eigentliche Täter, auch wenn er die Tat nicht selbst begangen hat. Ein Beispiel für mittelbare Täterschaft in einem Korruptionsfall könnte folgendermaßen aussehen: Ein Vorstandsmitglied eines Unternehmens (der mittelbare Täter) möchte einen lukrativen Auftrag für sein Unternehmen sichern. Er weiß, dass der Entscheidungsträger (unmittelbar Täter) des auftraggebenden Unternehmens bestechlich ist. Anstatt das Bestechungsgeld selbst zu übergeben, weist er einen Mitarbeiter seines Unternehmens an, dies zu tun, ohne dem Mitarbeiter den wahren Grund für die Geldübergabe zu nennen. Der Mitarbeiter handelt in Unkenntnis der Unrechtsabsicht und wird damit zum »Werkzeug« des Vorstandsmitglieds. In diesem Fall kann das Vorstandsmitglied als mittelbarer Täter der Bestechung angesehen werden, obwohl er das Bestechungsgeld nicht selbst übergeben hat.

Die Rechtsfolgen der mittelbaren Täterschaft sind mit denen der unmittelbaren Täterschaft identisch. Das bedeutet, dass der mittelbare Täter in gleicher Weise für die Tat verantwortlich ist wie der unmittelbare Täter. Der mittelbare Täter kann daher je nach Schwere der Tat mit einer Geld- oder Freiheitsstrafe belegt werden. Wichtig ist, dass auch der unmittelbare Täter strafrechtlich verfolgt werden kann, allerdings nur, wenn er wusste, dass er zur Begehung einer Straftat benutzt wurde.

Der § 130 des Ordnungswidrigkeitengesetzes (OWiG) behandelt das Thema der Aufsichtspflicht in Betrieben und Unternehmen. Danach können Unternehmen und Betriebe mit einer Geldbuße belegt werden, wenn sie ihre Aufsichtspflicht verletzen und dadurch eine Ordnungswidrigkeit ermöglichen. Diese Aufsichtspflicht kann sowohl die Aufsicht über die Tätigkeiten der Mitarbeiter als auch die Schaffung und Durchsetzung von Regeln und Maßnahmen zur Verhinderung von rechtswidrigem Verhalten umfassen. So können beispielsweise Unternehmen, die keine angemessenen Maßnahmen zur Verhinderung von Korruption ergreifen, gemäß § 130 OWiG für die dadurch begangenen Ordnungswidrigkeiten verantwortlich gemacht werden.

Die Verletzung der betrieblichen Aufsichtspflichtbezieht sich somit auf die gesetzliche Verpflichtung der Unternehmen, dafür zu sorgen, dass die Mitarbeiter im Unternehmen keine rechtswidrigen Handlungen begehen. Dies erfordert unter anderem die Einrichtung geeigneter Kontroll- und Überwachungsmechanismen. Im Zusammenhand mit Korruption ist eine Verletzung der betrieblichen Aufsichtspflicht für Unternehmen besonders gefährlich. Wenn ein Unternehmen keine ausreichenden Maßnahmen zur Verhinderung von Korruption ergreift, kann es für die rechtswidrigen Handlungen seiner Mitarbeiter haftbar gemacht werden. Dies kann schwerwiegende rechtliche Konsequenzen nach sich ziehen, einschließlich strafrechtlicher Verfolgung und zivilrechtlicher Schadenersatzforderungen. Darüber hinaus kann eine Verletzung der betrieblichen Aufsichtspflicht den Ruf des Unternehmens erheblich schädigen und das Vertrauen von Kunden, Investoren und der Öffentlichkeit untergraben.

Für Unternehmen ist es daher unerlässlich, eine effektive Compliance-Struktur zu etablieren und strikt einzuhalten, um sich vor den Risiken und Folgen von Verstößen gegen betriebliche Aufsichtspflichten zu schützen.

Ein Unternehmen kann auch aufgrund von Unterlassung zur Rechenschaft gezogen werden, wenn es Korruption unter seinen Mitarbeitern ignoriert und dadurch minderwertige Produkte auf den Markt gelangen. Nach juristischer Auffassung macht es sich damit zum Mittäter.

Nehmen wir als Beispiel an, dass ein Produktmanager eines großen Elektronikunternehmen Schmiergelder von einem Zulieferer erhält, um minderwertige Komponenten in die Produktion einzubringen. Diese Bauteile führen dazu, dass das Endprodukt, zum Beispiel ein Mobiltelefon, erhebliche Mängel aufweist.

Wenn das Unternehmen Kenntnis von der Situation erhält und sich trotzdem dagegen entscheidet, die fehlerhaften Produkte zurückzurufen, kann es wegen Unterlassung zur Verantwortung gezogen werden. Indem das Unternehmen den Rückruf unterlässt, um die Korruption nicht öffentlich zu machen, kann es sich noch größeren Schaden zufügen. Denn Kunden, die fehlerhafte Produkte erhalten haben, können sowohl zivil- als auch strafrechtlich vorgehen. Zivilrechtlich könnten sie das Unternehmen auf Schadenersatz verklagen. Strafrechtlich könnte das Unternehmen wegen Betrugs zur Verantwortung gezogen werden, insbesondere wenn es bewusst minderwertige Produkte verkauft hat.

Darüber hinaus können die Aufsichtsbehörden Geldstrafen gegen das Unternehmen verhängen oder sogar strafrechtliche Ermittlungen einleiten, wenn das Unternehmen seiner gesetzlichen Pflicht zur Offenlegung von Korruptionsfällen nicht nachkommt. Dieses Beispiel macht deutlich, wie wichtig es für Unternehmen ist, sowohl Korruption als auch die Folgen von Unterlassung ernst zu nehmen. Es ist unerlässlich, eine starke Compliance-Kultur zu etablieren und aktiv gegen jede Form von Korruption vorzugehen. Denn letztlich kann ein Scheitern schwerwiegende rechtliche und finanzielle Folgen haben.

Die Geschäftsleitung trägt eine fundamentale Verantwortung für die Verhinderung von Korruption und der Verletzung betrieblicher Aufsichtspflichten. Ihre Aufgaben umfassen sowohl Handlungs- als auch Überwachungspflichten. Bei den Handlungspflichten geht es vor allem darum, geeignete Maßnahmen zur Verhinderung von Korruption zu ergreifen, wie zum Beispiel die Implementierung von Compliance-Regeln und Ethikrichtlinien. Die Überwachungspflicht bezieht sich dagegen auf die regelmäßige Kontrolle und Durchsetzung dieser Maßnahmen sowie die Überprüfung der Tätigkeiten der Mitarbeiter auf rechtswidriges Verhalten. Das Fehlen klarer Handlungs- und Überwachungspflichten kann zu einer Haftung der Geschäftsleitung führen. Wird beispielsweise festgestellt, dass die Geschäftsleitung nicht aktiv gegen Korruption in ihrem Unternehmen vorgegangen ist, kann sie für das rechtswidrige Verhalten ihrer Mitarbeiter verantwortlich gemacht werden. Dies kann sowohl zivilrechtliche als auch strafrechtliche Konsequenzen haben, einschließlich Geldstrafen und möglicher Freiheitsstrafen. Darüber hinaus kann ein solches Versäumnis erhebliche Auswirkungen auf die Reputation der Geschäftsleitung und des gesamten Unternehmens haben und das Vertrauen von Kunden, Investoren und der Öffentlichkeit untergraben. Es liegt daher im Interesse der Geschäftsleitung, eine starke Antikorruptionspolitik zu implementieren und durchzusetzen, und dabei sowohl ihren Handlungs- als auch ihren Überwachungspflichten nachzukommen.

4.11 Strafrechtliche Sanktionen

Im Zusammenhang mit Korruption kann es jedoch sowohl für Einzelpersonen als auch für Unternehmen zu schwerwiegenden rechtlichen Konsequenzen kommen. Strafrechtliche Sanktionen können Geldstrafen und in schweren Fällen sogar Freiheitsstrafen umfassen. Bei Unternehmen kann es zu Verfalls- und Einziehungsentscheidungen kommen, was bedeutet, dass finanzielle Gewinne aus korrupten Handlungen vom Staat eingezogen werden können. Neben strafrechtlichen Sanktionen können auch Ordnungswidrigkeiten verhängt werden, die ebenfalls erhebliche Geldbußen nach sich ziehen können. Darüber hinaus kann eine Verbandsgeldbuße verhängt werden, die sich gegen ein Unternehmen als Ganzes richtet. Auch hier kann es zu Verfallsanordnungen und Einziehungen kommen. Auch die öffentlich-rechtlichen Konsequenzen können erheblich sein. Sie können den Verlust von Lizenzen oder Genehmigungen, den Ausschluss von öffentlichen Aufträgen und in manchen Fällen sogar die Auflösung des Unternehmens bedeuten. Öffentlich-rechtliche Konsequenzen können auch langfristige Auswirkungen haben, wie zum Beispiel Imageschäden und des Vertrauensverlust bei Kunden, Investoren und in der Öffentlichkeit. Unternehmen können von öffentlichen Aufträge und Subventionen ausgeschlossen und in das Korruptionsregister eingetragen werden.

Diese Sanktionen und Konsequenzen können sowohl für die Personen gelten, die korrupte Handlungen begehen, als auch für die Führungskräfte und das Unternehmen als Ganzes, wenn sie ihre Aufsichts- und Compliance-Pflichten verletzen. Aus diesem Grund ist es für Unternehmen von größter Bedeutung, robuste Antikorruptionspolitiken zu implementieren und durchzusetzen, um Korruption zu verhindern und das Risiko solcher Konsequenzen zu minimieren.

4.12 Zivilrechtliche Haftung und Schadenersatz

Das Strafgesetzbuch (StGB) und das Bürgerliche Gesetzbuch (BGB) sind zwei zentrale Elemente des deutschen Rechtssystems mit unterschiedlichen Anwendungsbereichen und Konsequenzen. Das StGB befasst sich mit strafbaren Handlungen, also mit Verhaltensweisen, die die Gesellschaft als besonders verwerflich ansieht und deshalb unter Strafe stellt. Beispiele sind Mord, Raub, Betrug oder eben Korruption. Macht sich ein Unternehmen, vertreten durch seine Geschäftsführer oder Angestellte, der Korruption schuldig, kann dies strafrechtliche Konsequenzen wie Geldstrafen oder sogar Freiheitsstrafen für die verantwortlichen Personen nach sich ziehen.

Das BGB hingegen regelt die Rechtsbeziehungen zwischen Privatpersonen und Unternehmen. Es enthält beispielsweise Regelungen zum Vertragsrecht, Schuldrecht oder Erbrecht. Im Bereich der Korruption kann im BGB das Deliktsrecht eine Rolle spielen. Schädigt ein Unternehmen durch korrupte Handlungen einen anderen Wirtschaftsteilnehmer, so kann dieser aufgrund des deliktischen Schadenersatzes nach dem BGB einen Ausgleich für seinen Schaden verlangen.

Damit kommen wir zum Unterschied zwischen Strafe und Haftung. Eine Strafe ist eine Sanktion, die aufgrund einer strafbaren Handlung verhängt wird und sowohl als Vergeltung für das begangene Unrecht als auch als Abschreckung für mögliche nachfolgende Straftaten dienen soll. Haftung hingegen bedeutet, dass jemand für einen verursachten Schaden aufkommen muss. Im Zusammenhang mit Unternehmen bedeutet dies, dass sie für die durch ihre Handlungen verursachten Schäden finanziell aufkommen müssen, beispielsweise durch Zahlung von Schadenersatz.

Nehmen wir ein einfaches Beispiel: Herr Müller, der Geschäftsführer von BauCo, gibt einem korrupten Beamten Geld, um einen lukrativen Auftrag zu erhalten. Wenn dies entdeckt wird, kann Herr Müller nach dem Strafgesetzbuch belangt werden. Er kann beispielsweise zu einer Geld- oder einer Freiheitsstrafe verurteilt werden. Gleichzeitig kann das andere Unternehmen, das ohne die Bestechung den Auftrag bekommen hätte, von BauCo Schadenersatz verlangen. Hier kommt das BGB ins Spiel: BauCo haftet für den durch die Korruption verursachten Schaden und muss diesen ersetzen. Dies zeigt, dass Unternehmen in Korruptionsfällen von Korruption sowohl strafrechtlichen als auch zivilrechtlichen Konsequenzen ausgesetzt sein können.

Im Zivilrecht, das im Bürgerlichen Gesetzbuch (BGB) geregelt ist, kann ein Unternehmen zur Zahlung von Schadenersatz verurteilt werden, wenn ein Dritter durch korrupte Handlungen eines Mitarbeiters oder einer Führungskraft einen materiellen Schaden erlitten hat. Beispielsweise könnte ein Konkurrent einen finanziellen Verlust erleiden, wenn ein Unternehmen einen Auftrag aufgrund von Bestechung und nicht aufgrund von Leistung erhält. In diesem Fall könnte der Wettbewerber das Unternehmen auf Schadenersatz verklagen. Nach dem Ordnungswidrigkeitengesetz können auch Unternehmen zu Geldbußen verurteilt werden. Dies geschieht, wenn ein Unternehmen oder seine Mitarbeiter eine Handlung begehen, die das Gesetz als Ordnungswidrigkeit definiert, wie beispielsweise die Begehung von Korruption. Ein konkretes Beispiel wäre, wenn ein Unternehmen einen Beamten besticht, um einen lukrativen Auftrag zu erhalten. Das Unternehmen könnte dann mit einer Geldbuße belegt werden, die oft wesentlich höher ist als der durch die korrupte Handlung erzielte Gewinn. In beiden Fällen zielen die Strafen darauf ab, von korrupten Aktivitäten abzuschrecken und die Kosten für ungesetzliches Verhalten zu erhöhen.

Das deutsche Bürgerliche Gesetzbuch (BGB) unterscheidet beim deliktischen Schadenersatz zwischen Täter, Mittäter, Gehilfe und Anstifter, um eine differenzierte Haftung sicherzustellen, die auf den individuellen Beitrag zur deliktischen Handlung abgestimmt ist. Der Täter haftet nach § 823 Abs. 1 BGB grundsätzlich in vollem Umfang, da er die rechtswidrige und schuldhafte Handlung selbst begangen hat. Die Haftung des Täters umfasst sowohl den materiellen als auch den immateriellen Schaden, der durch seine Handlungen entstanden ist. Auch Mittäter haften nach § 830 BGB in vollem Umfang, da sie an der gemeinschaftlichen Begehung einer unerlaubten Handlung beteiligt sind. Sie haften als Gesamtschuldner, das heißt jeder Mittäter haftet unabhängig von seinem individuellen Tatbeitrag für den gesamten Schaden.

Dagegen haften Gehilfen, die nach § 830 Abs. 1 Satz 2 BGB Handlungen begehen, die zwar zur Schadensverursachung beitragen, aber nicht den Hauptteil der Handlung ausmachen, nur für den Schaden, der durch ihre konkrete Unterstützungshandlung verursacht wurde. Eine Sonderrolle kommt den Anstiftern nach § 830 Abs. 2 BGB zu. Sie haften als Anstifter, wenn sie einen anderen vorsätzlich zu einer vorsätzlich begangenen Handlung veranlasst haben. Die Haftung als Anstifter umfasst den gesamten durch die angestiftete Handlung verursachten Schaden.

Die Unterscheidung zwischen diesen verschiedenen Rollen ermöglicht es, die Haftung je nach Grad der Beteiligung und des Verschuldens individuell zuzuordnen und trägt zu einem gerechten Schadensausgleich bei.

Angenommen, es gäbe ein großes Bauunternehmen namens BauCo. Der CEO des Unternehmens, Herr Müller, vereinbart mit einem korrupten Beamten der Kommunalverwaltung, diesem eine Zahlung zu leisten, wenn er dafür sorgt, dass BauCo einen lukrativen Auftrag erhält. In diesem Fall wäre Herr Müller der Täter nach § 823 Abs. 1 BGB, da er die unerlaubte Handlung selbst begangen hat. Die Finanzdirektorin der BauCo, Frau Schmidt, weiß von der Absprache und überweist das Geld an den korrupten Beamten. Sie ist Mittäter nach 830 BGB, weil sie an der Begehung der unerlaubten Handlung mitgewirkt hat.

Der Buchhalter der BauCo, Herr Meier, ist sich der Korruption nicht bewusst, hilft aber Frau Schmidt beim Transfer des Geldes. Er wäre als Gehilfe nach § 830 Abs. 1 Satz 2 BGB anzusehen, da er bei der Ausführung der Tat geholfen hat, ohne den Hauptteil der Handlung auszumachen.

Schließlich ist da noch der Vertriebsleiter der BauCo, Herr Fischer, der Herrn Müller zu dem Bestechungsversuch überredet hat. Er wäre als Anstifter nach § 830 Abs. 2 BGB anzusehen, da er Herrn Müller zu der vorsätzlich unerlaubten Handlung angestiftet hat.

Darüber hinaus sind die Begriffe der Widerrechtlichkeit, der haftungsbegründeten Kausalität und des Verschuldens wesentliche Elemente des deutschen Haftungsrechts.

Widerrechtlichkeit bezieht sich auf Handlungen, die gegen geltendes Recht verstoßen. Eine Handlung ist widerrechtlich, wenn sie rechtswidrig ist und die Rechte einer anderen Person verletzt. Im Fall von Herrn Müller wäre die Bestechung des Beamten ein klarer Akt der Widerrechtlichkeit.

Die haftungsbegründete Kausalität ist das kausale Verhältnis zwischen einem rechtswidrigen und schuldhaften Verhalten und einem eingetretenen Schaden. Es muss ein direkter Zusammenhang zwischen der Handlung (zum Beispiel Bestechung) und dem daraus resultierenden Schaden (zum Beispiel finanzieller Verlust für andere Unternehmen) bestehen. Im Fall von BauCo wäre die haftungsbegründete Kausalität gegeben, wenn die Bestechung dazu führt, dass das Unternehmen einen Auftrag erhält, den es sonst nicht bekommen hätte, was wiederum anderen Unternehmen schadet.

Verschulden bezieht sich auf die Schuld oder das Fehlverhalten einer Person. Verschulden liegt vor, wenn eine Person rechtswidrig und schuldhaft handelt, also wenn sie vorsätzlich oder fahrlässig gegen ihr vom Gesetz auferlegte Pflichten verstößt. Im Fall von BauCo wäre das Verschulden gegeben, wenn klar ist, dass Herr Müller und Frau Schmidt wussten, dass ihr Handeln rechtswidrig war und es trotzdem getan haben. Herr Meiers Verhalten hingegen könnte als fahrlässig betrachtet werden, wenn er hätte wissen müssen, dass seine Tätigkeiten zur Durchführung einer rechtswidrigen Handlung beitragen.

Im Zusammenhang mit deliktischem Schadenersatz bezeichnet Schaden die Beeinträchtigung eines rechtlich geschützten Gutes oder Interesses durch die rechtswidrige Handlung eines anderen. Dabei kann es sich sowohl materielle Schäden (wie Sach- und Vermögensschäden) als auch um immaterielle Schäden (wie Schmerzensgeld bei Körperverletzungen oder Rufschädigung) handeln.

Bei der Berechnung des Schadenersatzes spielt die Differenzhypothese oder Differenztheorie eine zentrale Rolle. Nach dieser Theorie ist der Schaden die Differenz zwischen dem tatsächlichen Zustand des Geschädigten nach Eintritt des schädigenden Ereignisses und dem hypothetischen Zustand, in dem sich der Geschädigte ohne das schädigende Ereignis befunden hätte. Mit anderen Worten, die Differenzhypothese versucht, den Geschädigten so zu stellen, als wäre das schädigende Ereignis nicht eingetreten. Diese Hypothese wird verwendet, um die Entschädigung, die der Geschädigte erhalten sollte, so genau wie möglich zu berechnen.

Um die Haftungsbestimmungen und die Differenzhypothese zu verdeutlichen, betrachten wir ein einfaches und alltägliches Beispiel: Stellen Sie sich vor, Herr Müller fährt mit seinem Auto und ist abgelenkt, weil er auf sein Handy schaut. Durch seine Unachtsamkeit übersieht er eine rote Ampel und verursacht einen Verkehrsunfall mit Frau Schmidt, die korrekt bei Grün in die Kreuzung eingefahren ist. In diesem Fall wäre Herr Müller der Täter, da er die unerlaubte

Handlung (Überfahren der roten Ampel) begangen hat. Da ein unmittelbarer Zusammenhang zwischen seiner Handlung und dem entstandenen Schaden (Beschädigung des Fahrzeugs von Frau Schmidt) besteht, liegt eine haftungsbegründete Kausalität vor. Darüber hinaus ist das Verschulden gegeben, da Herr Müller unachtsam gehandelt hat, indem er während der Fahrt sein Mobiltelefon benutzte und eine rote Ampel übersah. Frau Schmidt hat nun einen materiellen Schaden erlitten, da ihr Auto repariert oder ersetzt werden muss. Zur Berechnung des Schadenersatzes wird die Differenzhypothese angewandt: Man vergleicht den aktuellen Zustand von Frau Schmidt (beschädigtes Auto) mit dem hypothetischen Zustand, in dem sie sich befinden würde, wenn das schädigende Ereignis (der Unfall) nicht eingetreten wäre (unbeschädigtes Auto). Der von Herrn Müller zu leistende Schadenersatz sollte daher den finanziellen Verlust abdecken, den Frau Schmidt durch die Reparatur oder den Ersatz ihres Autos erleidet.

Ein weiterer wichtiger Aspekt im juristischen Kontext ist die Verjährung. Unter Verjährung versteht man die rechtliche Regelung, nach der Ansprüche nach Ablauf einer bestimmten Zeit nicht mehr geltend gemacht werden können. Sie dient der Rechtssicherheit und dem Rechtsfrieden. Im deutschen Zivilrecht beträgt die reguläre Verjährungsfrist gemäß § 195 BGB drei Jahre. Sie beginnt mit dem Schluss des Jahres, in dem der Anspruch entstanden ist und in dem der Gläubiger von den Umständen, die den Anspruch begründen, und der Person des Schuldners Kenntnis erlangt oder ohne grobe Fahrlässigkeit erlangen haben müsste. In bestimmten Fällen kann die Verjährungsfrist jedoch abweichen. Im Strafrecht gelten je nach Schwere der Straftat unterschiedliche Verjährungsfristen. Korrupte Handlungen können nicht nur zivilrechtliche Haftungsansprüche auslösen, die verjähren können, sondern auch strafrechtliche Konsequenzen nach sich ziehen, für die ebenfalls spezifische Verjährungsfristen gelten.

Im Zusammenhang mit Korruption kann der vertragliche Schadenersatz nach dem Bürgerlichen Gesetzbuch (BGB) eine wichtige Rolle spielen. Angenommen, ein Unternehmen A besticht einen Entscheidungsträger, um einen lukrativen Auftrag zu erhalten, der sonst an ein Konkurrenzunternehmen B gegangen wäre. In diesem Fall kann das Unternehmen B einen vertraglichen Schadenersatzanspruch gegen das Unternehmen A geltend machen.

Gemäß § 280 Abs. 1 BGB kann ein Schadenersatzanspruch entstehen, wenn eine Pflicht aus dem Vertrag verletzt wird. In unserem Beispiel wäre die verletzte Pflicht die faire und rechtmäßige Konkurrenz um den Auftrag. Der zu ersetzende Schaden ist der entgangene Gewinn, den Unternehmen B aus dem Vertrag hätte erzielen können.

Darüber hinaus könnte auch § 823 BGB relevant sein, der besagt, dass eine Person, die vorsätzlich oder fahrlässig das Eigentum eines anderen widerrechtlich verletzt, dem anderen zum Ersatz des daraus entstehenden Schadens verpflichtet ist. In Bezug auf Korruption könnte dies bedeuten, dass ein Unternehmen, das durch Bestechung einen Auftrag erhält, schadenersatzpflichtig ist, wenn dadurch einem anderen Unternehmen ein Auftrag und damit ein Gewinn entgeht.

Es ist jedoch wichtig zu beachten, dass der Nachweis solcher Ansprüche oft komplex und schwierig sein kann. Es muss ein direkter Zusammenhang zwischen der korrupten Handlung und dem entstandenen Schaden nachgewiesen werden, was in der Praxis oft eine Herausforderung darstellt. Darüber hinaus muss auch das Verschulden des schädigenden Unternehmens nachgewiesen werden. Aus diesem Grund ist eine qualifizierte Rechtsberatung in solchen Fällen unerlässlich.

Schadenersatzansprüche zwischen Vertragspartnern in Korruptionsfällen können ein wichtiger Punkt in der juristischen Auseinandersetzung sein. Wie bereits erwähnt, kann gemäß § 280 Abs. 1 BGB ein Schadenersatzanspruch entstehen, wenn eine Pflicht aus dem Vertrag verletzt wird. In Korruptionsfällen kann diese Pflichtverletzung in unlauterem Wettbewerb, beispielsweise durch Bestechung, liegen. Der betroffene Vertragspartner kann dann den entgangenen Gewinn als Schaden geltend machen, der ihm dadurch entstanden ist, dass er aufgrund der korrupten Handlungen den VertragAuftrag nicht erhalten hat.

Dabei ist jedoch zu beachten, dass der Geschädigte nicht nur den Schaden, sondern auch die Kausalität zwischen der Pflichtverletzung und dem Schaden beweisen muss. Dies kann in der Praxis oft als schwierig erweisen, da es Beweise erfordert, die oft schwer zu beschaffen sind.

Darüber hinaus kann der Geschädigte seinen Schadenersatzanspruch nur dann durchsetzen, wenn er auch das Verschulden des anderen Vertragspartners nachweisen kann. Er muss also nachweisen, dass der andere Vertragspartner die Pflichtverletzung vorsätzlich oder fahrlässig begangen hat.

Des Weiteren können Schadenersatzansprüche in Korruptionsfällen auch unter dem Gesichtspunkt der sogenannten positiven Vertragsverletzung relevant sein. Die positive Vertragsverletzung bezeichnet die Verletzung von Nebenpflichten aus einem bestehenden Vertrag. Im Korruptionsfall kann dies beispielsweise die Pflicht zur Einhaltung gesetzlicher Bestimmungen sein.

Auch hier gilt: Die Durchsetzung solcher Ansprüche kann in der Praxis komplex und schwierig sein, und es empfiehlt sich, in solchen Fällen einen erfahrenen Rechtsanwalt zu konsultieren.

Als Geschäftsführer ist man nicht nur für die Führung des Unternehmens verantwortlich, sondern kann auch persönlich haftbar gemacht werden, insbesondere bei Korruption. Hier unterscheidet man grundsätzlich zwischen der Innenhaftung und der Außenhaftung.

Die Innenhaftung betrifft die Haftung des Geschäftsführers gegenüber der Gesellschaft. Verletzt der Geschäftsführer seine Pflichten, die sich aus dem Gesellschaftsvertrag oder dem GmbHG ergeben, kann er gegenüber der Gesellschaft schadenersatzpflichtig werden. Beispiele für Pflichtverletzungen können neben der Verletzung von Geschäftsführungspflichten auch Bestechung oder Korruption sein. Die Innenhaftung führt in der Regel zu Schadenersatzansprüchen der Gesellschaft gegen den Geschäftsführer.

Die Außenhaftung betrifft dagegen die persönliche Haftung des Geschäftsführers gegenüber Dritten. Hier kommt es auf die Rechtswidrigkeit und das Verschulden des Geschäftsführers an. Schädigt der Geschäftsführer beispielsweise durch korrupte Handlungen Dritte, kann er hierfür auch persönlich haften. Darüber hinaus kann er auch strafrechtlich zur Verantwortung gezogen werden.

Wichtig ist, dass sowohl bei der Innenhaftung als auch bei der Außenhaftung die Beweislast bei demjenigen liegt, der den Schadenersatzanspruch geltend macht. Dies bedeutet, dass sowohl die Gesellschaft als auch der Dritte das Fehlverhalten und den daraus resultierenden Schaden nachweisen müssen.

Im Zusammenhang mit Korruption kann die Haftung des Geschäftsführers weitreichende Folgen haben. Neben der zivilrechtlichen Haftung können auch strafrechtliche Konsequenzen drohen. Für Geschäftsführer ist es daher unerlässlich, sich umfassend über ihre Pflichten und die damit verbundenen Haftungsrisiken zu informieren und entsprechend zu handeln.

4.13 Korruptionsregister

In Deutschland gibt es in mehreren Bundesländern, darunter Berlin, Bremen, Hessen und Nordrhein-Westfalen, Korruptionsregister. Diese Register wurden eingeführt, um öffentliche Auftraggeber zu unterstützen und zu verhindern, dass Unternehmen, die wegen Korruption, Betrug oder anderer illegaler Handlungen verurteilt wurden, öffentliche Aufträge erhalten.

Das Korruptionsregister in Berlin wurde beispielsweise im Jahr 2017 eingeführt, während Nordrhein-Westfalen bereits seit 2009 ein solches Register führt. Ein Eintrag in das Korruptionsregister erfolgt in der Regel, wenn ein Unternehmen bzw. dessen Mitarbeiter als Handelnde des Unternehmens wegen Korruption oder ähnlichen Straftaten gerichtlich verurteilt wurde.

Die Korruptionsregister sind wertvolle Instrumente zur Förderung von Transparenz und zur Bekämpfung von Korruption auf Unternehmensebene. In ihnen werden Unternehmen erfasst, die wegen Korruption oder ähnlicher rechtswidriger Handlungen verurteilt wurden. Die Offenlegung dieser Informationen soll öffentlichen Auftraggebern helfen, fundierte Entscheidungen zu treffen und Geschäftsbeziehungen mit Unternehmen zu vermeiden, die sich eines Fehlverhaltens schuldig gemacht haben. Darüber hinaus können die Register eine abschreckende Wirkung auf Unternehmen haben, indem sie das Risiko einer öffentlichen Bekanntmachung und der damit verbundenen negativen Auswirkungen auf das Geschäft und den Ruf der Unternehmen erhöhen. Der Druck auf Unternehmen, Korruption zu verhindern, soll steigen. Insgesamt tragen sie dazu bei, ein Umfeld der Rechenschaftspflicht und Integrität in der Geschäftswelt zu fördern.

Die Folgen eines solchen Eintrags können weitreichend sein. Unternehmen, die im Korruptionsregister eingetragen sind, können von der Teilnahme an öffentlichen Ausschreibungen ausgeschlossen werden. Dies kann zu einem erheblichen Verlust von Geschäftsmöglichkeiten führen und die wirtschaftliche Lage des betroffenen Unternehmens stark beeinträchtigen. Darüber hinaus kann die Eintragung in das Korruptionsregister erhebliche Auswirkungen auf die Reputation eines Unternehmens haben und das Vertrauen von Kunden und Geschäftspartnern untergraben. Für Unternehmen ist es daher von größter Bedeutung, alle notwendigen Maßnahmen zu ergreifen, um ein hohes Maß an Compliance zu gewährleisten und Korruption zu verhindern.

4.14 Dunkelfeld, Meldepflicht und Strafverfahren

Nach allem, was wir derzeit über Korruption und den Umgang damit in Deutschland wissen, müssen wir von einem großen Dunkelfeld ausgehen.

Im Dunkelfeld der Korruption finden sich oft Handlungen, die auf den ersten Blick nicht sofort als kriminell erkannt werden. Es handelt sich dabei um Korruptionsfälle, die stets im Verborgenen und daher häufig unentdeckt bleiben. In Deutschland können Korruptionsdelikte auf unterschiedliche Weisen ans Licht kommen und zu einem Strafverfahren führen.

Korruptionsdelikte können beispielsweise durch unternehmensinterne Ermittlungen, durch Whistleblower oder durch Ermittlungen der Strafverfolgungsbehörden aufgedeckt werden. Oftmals werden Korruptionsfälle auch zufällig aufgedeckt, beispielsweise im Rahmen einer steuerlichen Betriebsprüfung oder bei der Prüfung von Geschäftsunterlagen durch externe Wirtschaftsprüfer.

Sobald ein Korruptionsverdacht besteht, muss dieser den Strafverfolgungsbehörden gemeldet werden. Diese leiten ein Ermittlungsverfahren ein, um den Sachverhalt aufzuklären. Im Rahmen dieses Ermittlungsverfahrens werden Beweise gesammelt, Zeugen befragt und Experten hinzugezogen. Bestätigt sich der Verdacht, folgt die Anklageerhebung und die Einleitung eines Gerichtsverfahrens.

In Deutschland besteht grundsätzlich eine Meldepflicht für Korruptionsdelikte. Diese gilt nicht nur für Mitarbeiter, die Korruption im eigenen Unternehmen feststellen, sondern auch für Mitwisser. Die Meldepflicht beruht auf dem Strafgesetzbuch (StGB), das in § 258a die Strafvereitelung im Amt und in § 258 die Strafvereitelung regelt. Wer also Kenntnis von korrupten Handlungen erlangt und diese nicht meldet, kann unter Umständen selbst strafrechtlich zur Verantwortung gezogen werden. Es ist daher von entscheidender Bedeutung, dass Mitarbeiter und Mitwisser ihre Kenntnis von Korruptionsdelikten den zuständigen Behörden melden, um sich nicht selbst strafbar zu machen.

Es ist ein weit verbreiteter Irrglaube unter Arbeitnehmern, dass sie aufgrund ihres abhängigen Beschäftigungsverhältnisses nicht verpflichtet sind, sich an die Strafverfolgungsbehörden zu wenden, wenn sie von Korruptionsdelikten Kenntnis erlangen. Dieser Irrglaube beruht häufig auf der Annahme, dass die Loyalität gegenüber dem Arbeitgeber oder die Angst vor negativen Konsequenzen wie Arbeitsplatzverlust oder Mobbing eine solche Meldung verhindern würde. Es ist jedoch wichtig zu betonen, dass das Strafgesetzbuch (StGB) keine Ausnahmen für abhängige Beschäftigungsverhältnisse vorsieht. Die Meldepflicht gilt generell und unabhängig von der Position oder dem Status des Mitarbeiters. Wer also Kenntnis von korrupten Handlungen erlangt und diese nicht meldet, kann unter Umständen selbst strafrechtlich zur Verantwortung gezogen werden. Daher sollten sowohl Arbeitnehmer als auch Arbeitgeber ein klares Verständnis der gesetzlichen Verpflichtungen und der möglichen Konsequenzen bei Nichtbeachtung haben.

Es ist wichtig klarzustellen, dass die Meldepflicht bei Kenntnis von Korruptionsdelikten nicht mit dem Verrat von Geschäftsgeheimnissen gleichzusetzen ist. Geschäftsgeheimnisse sind Informationen, die für das Unternehmen von wirtschaftlichem Wert sind und deren Geheimhaltung vom Unternehmen gewollt ist. Dies können technische Prozesse, Marketingstrategien, Kundenlisten oder andere vertrauliche Informationen sein. Mitarbeiter sind verpflichtet, solche Informationen geheim zu halten. Die Meldung von Korruptionsdelikten fällt hingegen nicht unter den Bereich der Geschäftsgeheimnisse. Sie betrifft rechtswidrige Handlungen, die dem Unternehmen, seinen Mitarbeitern oder Partnern schaden können. Die Meldung solcher Handlungen an die zuständigen Behörden trägt dazu bei, die Integrität und Rechtmäßigkeit der Geschäftstätigkeit zu wahren. Die Wahrung von Geschäftsgeheimnissen und die Meldung von Korruptionsdelikten sind daher zwei unterschiedliche Themen und sollten nicht miteinander verwechselt werden.

Ein Strafverfahren wegen Korruption endet in Deutschland entweder mit einer Verurteilung oder einem Freispruch. Eine Verurteilung kann zu einer Geld- oder Freiheitsstrafe führen. Darüber hinaus kann eine Verurteilung zu einem erheblichen Reputationsverlust für das betroffene Unternehmen führen. Ein Freispruch bedeutet, dass die beschuldigte Person oder das Unternehmen als unschuldig gilt und das Verfahren ohne Strafe endet.

5. Wie Korruption entsteht: Strukturelle, institutionelle und individuelle Auslöser

Korruption resultiert aus einem vielschichtigen Zusammenspiel verschiedener Faktoren, angefangen bei individuellen Persönlichkeitsmerkmalen bis hin zu unternehmensweiten kulturellen und strukturellen Problemen.

Die psychologische Analyse der Ursachen von Korruption beginnt mit der Betrachtung individueller Merkmale. Die Hemmschwellen für korruptes Verhalten kann durch Faktoren wie persönliche Not, den Wunsch nach sozialem Status oder auch die Versuchung, sich durch Korruption persönliche Vorteile zu verschaffen, gesenkt werden. Aber auch Enthemmung und Gelegenheit spielen eine bedeutende Rolle. Ein Umfeld, in dem korruptes Verhalten toleriert oder sogar gefördert wird, kann diese Schwelle weiter senken.

Die Unternehmenskultur trägt maßgeblich dazu bei, ob Korruption entsteht oder nicht. Lockere Sprüche und subtile Andeutungen können dazu beitragen, dass Mitarbeiter die Grenzen des akzeptablen Verhaltens überschreiten und korruptes Verhalten zu normalisieren beginnen. Es ist wichtig zu erkennen, dass Korruption nicht nur auf individueller Ebene stattfindet, sondern auch auf organisationaler Ebene gefördert oder verhindert werden kann.

Schlüsselpositionen wie Vertrieb und Einkauf sind besonders anfällig für Korruption. Die Erfolgsorientierung vieler Vertriebsseminare kann dazu führen, dass Mitarbeiter glauben, jedes Mittel sei recht, um ihre Ziele zu erreichen. Korruption ist jedoch nicht auf diese Bereiche beschränkt. Sie kann in jedem Bereich eines Unternehmens auftreten, in dem Mitarbeiter Zugang zu Ressourcen haben, die sie für persönliche Vorteile nutzen können. Es ist von entscheidender Bedeutung, potenzielle Risikobereiche zu identifizieren und geeignete Kontrollmechanismen einzuführen, um Korruption vorzubeugen.

5.1 Korruption verstehen – im Kopf des Täters

In der Welt der Korruption kommunizieren die Beteiligten oft in einer eigenen, verborgenen Sprache. Dieses versteckte Vokabular, eine Art Code, ermöglicht es den korrupten Personen, sich gegenseitig zu identifizieren und ihre Aktivitäten zu verbergen. So kann zum Beispiel ein »spezieller Kaffee« tatsächlich als Code für eine Bestechungsforderung dienen. Die Fähigkeit, diese versteckten Botschaften zu erkennen und zu interpretieren, ist unerlässlich, um in einem korrupten System zu funktionieren.

Die Anbahnung korrupter Geschäfte erfolgt oft schleichend und unbemerkt. Nehmen wir zum Beispiel einen Bauunternehmer, der einen städtischen Auftrag erhalten möchte. Anstatt direkt ein Bestechungsgeld anzubieten, könnte er zunächst eine Einladung zu einem luxuriösen Essen oder einer exklusiven Veranstaltung aussprechen. Solche subtilen Gesten können den Boden für spätere, explizitere Korruptionsakte bereiten.

Ein zentraler Aspekt der Korruption ist das hohe Maß an Vertrauen, das zwischen den Beteiligten besteht. Dieses Vertrauen ist jedoch fragil und kann leicht erschüttert werden. Angenommen, ein Mitglied der korrupten Gruppe sieht sich einem unverhältnismäßig hohen Risiko ausgesetzt – zum Beispiel durch eine bevorstehende Untersuchung. In einem solchen Fall könnte der Einzelne versucht sein, aus dem korrupten System auszusteigen oder, schlimmer noch, andere Mitglieder zu verraten.

Auch Ungleichheiten innerhalb der Gruppe können das Vertrauen untergraben. Wenn ein Mitglied das Gefühl hat, gegenüber den anderen benachteiligt zu sein – sei es bei der Verteilung der Risiken oder den Vorteilen aus der Korruption – kann dies zu Spannungen und Konflikten führen. Angenommen, ein korrupter Beamter trägt das größte Risiko, erhält aber nur einen Bruchteil der Bestechungsgelder. Dieses Ungleichgewicht kann dazu führen, dass er sich benachteiligt fühlt, was das Vertrauen in die Gruppe erschüttern kann.

Schließlich können auch persönliche Konflikte das fragile Vertrauensverhältnis in korrupten Netzwerken stören. Man stelle sich zwei korrupte Beamte vor, die sich in einer unwichtigen Angelegenheit uneinig sind. Solch ein Streit könnte ihre berufliche Beziehung trüben und das gesamte korrupte System gefährden.

Die Navigation in einem korrupten System erfordert sowohl List als auch Vorsicht. Es ist eine Welt, die ihre eigene Sprache spricht und durch ein empfindliches Gleichgewicht zwischen Risiko und Vertrauen definiert ist. Jede Störung dieses Gleichgewichts kann das gesamte System ins Wanken bringen. Die Bekämpfung der Korruption ist daher keine einfache Aufgabe, sondern erfordert ein umfassendes Verständnis ihrer komplexen Dynamik.

Gleichzeitig wird damit auch verständlich, warum korrupte Systeme teilweise über Jahre stabil bleiben. Ist das Vertrauen zwischen den Akteuren intakt und der Gewinn aus korrupten Handlungen hoch genug, schotten sich die Akteure nach außen ab und sorgen dafür, dass das System nicht gefährdet wird. Die Fragilität eines solchen Systems entsteht weniger durch die Gefahr der Aufdeckung als durch persönliche Bindungen und emotionale Reaktionen. Die meisten Korruptionsfälle, mit denen ich zu tun hatte, flogen auf, weil sich Einzelne benachteiligt fühlten oder – auch das ein Klassiker – eine verschmähte Geliebte ausplauderte, was sie wusste.

Die Anbahnung von Korruption erfolgt oft in unauffälliger und subtiler Weise. Ein gemeinsames Merkmal ist die Nutzung des sogenannten »Foot-in-the-Door«-Effekts: Es wird eine kleine Gefälligkeit oder Bitte ausgesprochen, die leicht zu erfüllen ist. Das kann zum Beispiel eine Einladung in ein teures Restaurant, Karten für ein begehrtes Konzert oder Sportereignis oder gar eine Urlaubseinladung sein. Diese scheinbar harmlosen Handlungen können dazu dienen, spätere korrupten Handlungen zu legitimieren und den Boden dafür zu bereiten.

Angenommen, ein Beamter wird von einem Unternehmer zu einem exklusiven Golfturnier eingeladen. Der Beamte nimmt die Einladung an, da er sie für eine harmlose Geste der Freundschaft hält. Nach der Veranstaltung bedankt sich der Unternehmer und erwähnt beiläufig, dass er hofft, demnächst einen Auftrag von der Behörde des Beamten zu erhalten. Der Beamte, der sich nun in einem moralischen

Dilemma befindet, hat seine Grenzen verschoben und ist eher bereit, den Unternehmer zu bevorzugen.

In einem anderen Fall könnte ein Lieferant einen Einkaufsleiter mit einem teuren Geschenk »überraschen«. Es könnte sich um eine hochwertige Flasche Wein handeln, die er mit den Worten überreicht: »Ich dachte, diese Marke würde Ihnen gefallen.« Unabhängig davon, ob der Einkaufsleiter ein Weinliebhaber ist oder nicht, ist die Absicht klar: Er soll in eine Position gebracht werden, in der er sich verpflichtet fühlt, den Lieferanten zu bevorzugen.

Solche Taktiken verschieben langsam und schleichend die moralischen Grenzen der Beteiligten. Mit jeder Annahme eines Geschenks oder einer Einladung wird die Person tiefer in das Netz der Korruption gezogen. Und mit jeder Entscheidung, die aufgrund dieser »Gefälligkeiten« getroffen wird, wird korruptes Verhalten normalisiert und damit das Fundament für größere korrupte Handlungen gelegt.

5.2 Korruption als Symptom einer fehlgeleiteten oder fehlenden Unternehmenskultur

Wenn wir verstehen wollen, wie Korruption entsteht, müssen wir uns intensiv mit den individuellen, strukturellen und institutionellen Zusammenhängen beschäftigen, in denen Korruption wurzelt. Denn Korruption ist häufig nur das Symptom einer viel tiefer liegenden Ursache. Wir können das mit Krankheiten vergleichen. Wenn uns beispielsweise Vitamin C oder ganz allgemein die Abwehrkräfte fehlen, haben Erkältungsviren leichtes Spiel, unseren Körper zu infizieren und uns mit einer Erkältung ans Bett zu fesseln.

Korruption kann in vielerlei Hinsicht mit einer Infektionskrankheit verglichen werden. Beide breiten sich in einem günstigen Umfeld aus und können schwerwiegende Folgen haben, wenn sie nicht rechtzeitig behandelt werden. Wie ein Virus nutzt Korruption Schwachstellen in einem System, um sich weiter auszubreiten. Hat sie sich erst einmal eingenistet, kann sie sich rasch auf andere Teile des Systems ausbreiten, ähnlich eineer Infektion, die sich im Körper ausbreitet. In beiden Fällen spielt die Prävention eine entscheidende Rolle. So wie

Impfungen und Hygienemaßnahmen die Ausbreitung von Krankheiten verhindern können, können strenge Compliance-Maßnahmen und Transparenz die Ausbreitung von Korruption verhindern. Schließlich ist auch die Behandlung ähnlich: Beide erfordern eine gezielte Intervention, um die Ursachen zu bekämpfen und eine weitere Ausbreitung zu verhindern. Analog zu einem wirksamen Immunsystem, das Krankheiten abwehrt, benötigt ein Unternehmen ein robustes Antikorruptionssystem, um Korruption zu bekämpfen. Wenn das Immunsystem stark ist, kann der Körper viele Krankheiten abwehren und sich schnell erholen. Das Gleiche gilt für Unternehmen: Ein starkes Antikorruptionssystem hilft, korrupte Praktiken zu erkennen und zu beseitigen, bevor sie ernsthaften Schaden anrichten. Aber wie ein Körper, der trotz eines starken Immunsystems erkranken kann, ist auch ein Unternehmen mit einem starken Compliance-System nicht völlig immun gegen Korruption. In solchen Fällen ist es wichtig, schnell zu reagieren, wie man es bei einer Krankheit tun würde: die Symptome behandeln, nach der Ursache forschen und die Lebensweise anpassen, um zukünftige Erkrankungen zu vermeiden. Für ein Unternehmen bedeutet dies, korrupte Praktiken zu identifizieren und zu korrigieren, die zugrundeliegenden Ursachen zu untersuchen und die Compliance-Strategien anzupassen, um zukünftige Vorfälle zu verhindern. So wie ein gesunder Lebensstil und ein starkes Immunsystem dazu beitragen, die Gesundheit zu erhalten, kann eine starke Compliance-Kultur dazu beitragen, die Integrität eines Unternehmens langfristig zu bewahren.

Das Wort »defizitär« beschreibt einen Mangel oder etwas, das fehlt, sowohl in unseren Körpern als auch in unseren Unternehmen: Abwehrkräfte. Es stammt aus dem lateinischen Wort »deficere«, was »fehlen« bedeutet. In der Geschäftswelt wird der Begriff »defizitär« häufig verwendet, um Unternehmen oder Projekte zu beschreiben, die Verluste machen oder nicht in der Lage sind, ihre Kosten zu decken. Wenn ein Unternehmen defizitär ist, bedeutet dies, dass es mehr Ausgaben als Einnahmen hat. Dies kann verschiedene Ursachen haben, wie beispielsweise ineffiziente Geschäftspraktiken, Fehlentscheidungen oder externe Faktoren wie Marktveränderungen. Dieses Ungleichgewicht zwischen Ausgaben und Einnahmen kann zu finanziellen Schwierigkeiten führen und letztlich das Überleben des Unternehmens gefährden. Es ist daher wichtig, solche defizitären Situationen frühzeitig zu erkennen und geeignete Gegenmaßnahmen zu ergreifen, um die finanzielle Gesundheit und Stabilität des Unternehmens zu gewährleisten.

In der Wirtschaft wird ein defizitäres Unternehmen als ein Unternehmen definiert, das in mindestens einem wichtigen Aspekt nicht erfolgreich ist. Dies kann finanzielle Aspekte betreffen, wie beispielsweise das Fehlen ausreichender Gewinne, aber auch andere Bereiche, wie zum Beispiel die Unternehmensstruktur, die Unternehmenskultur oder die Unternehmensführung. In solchen defizitären Unternehmen gedeiht oft Korruption, weil sie Schwachstellen und Lücken ausnutzt, die durch diese Defizite entstehen.

Der Begriff »defizitär« bezieht sich jedoch nicht ausschließlich auf finanzielle Aspekte. Er kann auch auf eine Reihe von Merkmalen in einem Unternehmen hinweisen, die es anfällig für Korruption machen. Beispielsweise können Hierarchien und ein starkes Machtgefälle innerhalb des Unternehmens dazu beitragen, dass korrupte Praktiken leichter verborgen und durchgeführt werden können. Mitarbeiter in untergeordneten Positionen können zögern, Unregelmäßigkeiten zu melden, weil sie Vergeltungsmaßnahmen befürchten oder sie nicht sicher sind, ob ihre Bedenken ernst genommen werden. Ein Beispiel hierfür wäre ein Unternehmen, in dem die Geschäftsführung alle Entscheidungen trifft und die Mitarbeiter wenig oder gar keine Möglichkeit haben, diese Entscheidungen in Frage zu stellen oder zu beeinflussen.

Generell gilt: Unmoralisches Verhalten ist ansteckend. Wir kennen das vielleicht aus unserem Alltag. Wenn wir beobachten, wie andere ein unmoralisches Verhalten an den Tag legen, zum Beispiel sich im Stau vordrängeln oder ähnliches, fällt es uns viel leichter, die Stimme unseres Gewissens leiser zu stellen.

Warum ist unmoralisches Verhalten ansteckend? Man könnte meinen, wir Menschen würden uns stets bemühen, das Richtige zu tun.

Aber die Wahrheit ist: Wenn wir sehen, dass andere sich in einer Weise verhalten, die wir für unmoralisch halten, fällt es uns oft leichter, unsere moralischen Bedenken beiseitezuschieben und uns dem Strom anzuschließen.

Der Begriff »moralischer Relativismus« beschreibt das Phänomen, dass moralische Normen und Werte von Kultur zu Kultur und von Individuum zu Individuum unterschiedlich sind. Ich muss nicht unbedingt die gleichen Werte und Normen haben, wie mein Nachbar oder mein Partner.

Wenn unmoralisches Verhalten in unserer Umgebung vorherrscht, könnten wir es als »normal« oder »akzeptabel« interpretieren, einfach weil es von anderen praktiziert wird. Aus psychologischer Sicht lässt sich diese Tendenz mit Begriffen wie »Gruppendenken« und » Autoritätsgehorsam« erklären. Es ist viel einfacher, sich der Mehrheit anzuschließen und das zu tun, was alle tun, als einen eigenen Standpunkt zu beziehen und gegen den Strom zu schwimmen. Und wenn diese Mehrheit oder Autorität sich unmoralisch verhält, neigen wir dazu, es ihr gleich zu tun.

Es ist ein bisschen so, als wären wir in einem Boot ohne Ruder auf einem reißenden Fluss. Anstatt verzweifelt gegen die Strömung anzukämpfen, lassen wir uns einfach treiben und hoffen, dass wir am Ende heil ans Ufer kommen. Doch die Hoffnung ist bekanntlich kein guter Steuermann. Deshalb ist es wichtig, unseren moralischen Kompass regelmäßig zu überprüfen und sicherzustellen, dass wir nicht einfach mit der Strömung treiben, sondern unseren eigenen Kurs steuern. Denn wie ein berühmter Philosoph einmal sagte: »Das Leben ist kein Problem, das gelöst, sondern eine Realität, die erfahren werden muss.« Lassen Sie uns also dieses Erlebnis zu einem moralisch integren machen, auch wenn die anderen beschlossen haben, ihre Ruder über Bord zu werfen.

Ein Beispiel dafür, wie unmoralisches Verhalten zur Korruption beitragen kann, ist folgendes Szenario: Angenommen, in einem Unternehmen herrscht eine Kultur, in der Bestechung und Bestechlichkeit toleriert oder sogar belohnt werden. Ein Mitarbeiter, der sich um eine Beförderung oder einen Vertragsabschluss bemüht, könnte versucht sein, einem potenziellen Geschäftspartner oder Kunden Schmiergelder anzubieten, um seine eigenen Ziele zu erreichen. Wenn das Unternehmen ein solches Verhalten duldet, wird es als akzeptabel angesehen und andere Mitarbeiter fühlen sich möglicherweise zu ähnlichen unethischen Handlungen ermutigt. Dies schafft ein Klima, in dem Korruption als normal angesehen wird und Hemmungen gegenüber unethischem Verhalten abgebaut werden.

Auch zu starkes Abteilungsdenken ohne Blick über den Tellerrand und unklaren Zuständigkeiten können Korruption begünstigen. Ein Beispiel hierfür ist ein Vertriebsteam, das sich hauptsächlich auf den Verkauf konzentriert und dabei die Kapazitäten des Produktions- oder Kundendienstteams außer Acht lässt. Dies kann zu einem unausgewogenen Wachstum führen und die Gesamtleistung des Unternehmens beeinträchtigen.

Ein Beispiel für unklare Zuständigkeit könnte ein Unternehmen sein, das verschiedene Unterfirmen hat, und die Verantwortung für bestimmte Geschäftspraktiken auf diese Unterfirmen abwälzt. Auf diese Weise kann das Hauptunternehmen behaupten, nichts von möglichen unethischen oder illegalen Praktiken gewusst zu haben, da diese Entscheidungen angeblich von einer unabhängigen Einheit getroffen wurden. Diese Taktik kann verwendet werden, um Korruption und andere unethische Handlungen zu verschleiern und gleichzeitig die rechtliche und ethische Verantwortung des Hauptunternehmens zu minimieren.

Wenn einzelne Abteilungen oder Teams isoliert voneinander arbeiten und keine Verantwortung für ihre Handlungen übernehmen müssen, ist es leichter, korrupte Praktiken zu verbergen und durchzuführen. In solchen Umgebungen mangelt es häufig an effektivem Informationsaustausch und an einer Zusammenarbeit zwischen den Abteilungen.

In den meisten Unternehmen sind Bonuszahlungen und andere Belohnungssysteme längst üblich. Sie sollen Anreize dafür schaffen, dass sich Mitarbeiter besonders engagieren oder Vorgaben einhalten. Diese können ebenfalls zur Korruption beitragen. Gemeint ist damit konkret eine Form von Leistungsmanagement in Unternehmen, das sich auf einen einzelnen Aspekt oder Indikator konzentriert. Beispielsweise kann ein Unternehmen seine Mitarbeiter ausschließlich nach der Anzahl der verkauften Produkte bewerten und belohnen, ohne die Qualität der Produkte oder den Kundendienst zu berücksichtigen. In solchen Systemen wird Leistung oft auf Kosten von Integrität und Ethik gefördert, was korrupte Handlungen begünstigt.

Wenn Mitarbeiter ausschließlich auf der Grundlage von Verkaufszahlen oder Gewinnen beurteilt werden, könnten sie versucht sein, unethische Maßnahmen zu ergreifen, um diese Zahlen zu steigern. Ein Beispiel hierfür könnte ein Vertriebsteam sein, das ausschließlich nach der Anzahl der abgeschlossenen Verträge bewertet wird, ohne dabei zu berücksichtigen, wie diese Verträge zustande gekommen sind.

Schließlich sind schwache Kontrollstrukturen und ein geringes Entdeckungsrisiko weitere Faktoren, die Korruption in defizitären Unternehmen begünstigen können. Wenn es keine effektiven Kontrollmechanismen gibt und die Wahrscheinlichkeit, entdeckt zu werden, gering ist, können Mitarbeiter eher zu korrupten Handlungen neigen. Ein Beispiel für ein solches Umfeld wäre ein Unternehmen mit einer nachlässigen Buchführung und nur seltenen internen Kontrollen.

Unzureichende Kontrollstrukturen und geringe Entdeckungsrisiken in Unternehmen zeigen sich in unterschiedlicher Form. Ein Beispiel für fehlende Kontrollmechanismen ist das Fehlen klar definierter Richtlinien und Verfahren, die regeln, wie Entscheidungen zu treffen und Prozesse durchzuführen sind. Dies kann zur Folge haben, dass Mitarbeiter ihre Verantwortlichkeiten nicht vollständig verstehen und daher unethische oder korrupte Handlungen durchführen, ohne sich der Konsequenzen bewusst zu sein. Ein weiteres Beispiel könnte das Fehlen eines sogenannten »Checks and Balances«-Systems sein, wie wir es aus der Politik kennen, das sicherstellt, dass keine einzelne Person oder Gruppe innerhalb des Unternehmens zu viel Macht hat. »Checks and Balances« ist ein Ausdruck, der ursprünglich aus der Politik stammt und ein System bezeichnet, in dem die Macht zwischen verschiedenen Institutionen aufgeteilt wird, um ein Gleichgewicht zu schaffen und sicherzustellen, dass keine Einheit zu viel Macht erlangt. Dieses Prinzip kann auch auf Unternehmen angewendet werden. In einem Unternehmenskontext bedeutet »Checks and Balances«, dass Entscheidungen, Verantwortlichkeiten und Autoritäten so verteilt sind, dass keine einzelne Person oder Gruppe allumfassende Kontrolle hat. Durch verschiedene interne Kontrollmechanismen und Überwachungsprozesse wird sichergestellt, dass jede Handlung, Entscheidung oder Politik durch eine andere Person oder Gruppe überprüft, ausbalanciert oder gegebenenfalls korrigiert wird. Dieses System dient dazu, Korruption, Missbrauch und Machtmissbrauch innerhalb der Organisation zu verhindern.

Ein geringes Entdeckungsrisiko kann sich in einem Unternehmen auch aus einer unzureichenden Überwachung und Überprüfung der Geschäftspraktiken ergeben. Wenn beispielsweise keine regelmäßigen internen Audits stattfinden oder diese nicht gründlich und umfassend durchgeführt werden, können korrupte Praktiken unentdeckt bleiben. Ein weiteres Beispiel ist das Fehlen eines wirksamen Berichtssystems, das es den Mitarbeitern ermöglicht, Bedenken oder Unregelmäßigkeiten zu melden. Ohne ein solches System können sich Mitarbeiter, die Korruption bemerken, unsicher fühlen, diese zu melden, was das Risiko einer Aufdeckung weiter verringert.

Bleiben wir zunächst bei der Makroperspektive, bevor wir uns den individuellen Gründen zuwenden. Jedes Unternehmen verfügt über eine Organisationskultur. Der Begriff Organisationskultur bezeichnet das kollektive Verhalten der Mitarbeiter eines Unternehmens sowie die Werte, Visionen, Normen und Symbole, die alle Aspekte des Arbeitsumfeldes beeinflussen. Die Organisationskultur umfasst die Grundsätze und Glaubenssysteme, die die Art und Weise bestimmen, wie ein Unternehmen arbeitet und wie seine Mitarbeiter untereinander und mit den Kunden interagieren. Eine starke Organisationskultur fördert oft ein positives Arbeitsumfeld, erhöht die Mitarbeiterzufriedenheit und kann die Leistung und Produktivität des Unternehmens verbessern. Ein wesentlicher Aspekt der Organisationskultur ist, dass sie von den Mitarbeitern sowohl bewusst als auch unbewusst verstanden und gelebt wird.

Die Organisationskultur kann man sich wie ein unsichtbares Klebeband vorstellen, das die Mitarbeiter eines Unternehmens zusammenhält. Sie ist Ausdruck der kollektiven Identität des Unternehmens, die durch gemeinsame Werte, Überzeugungen und Normen geprägt wird. Beispielsweise könnte ein Unternehmen eine Kultur der Innovation und Kreativität fördern, in der die Mitarbeiter ermutigt werden, neue Ideen zu entwickeln und kreative Lösungen für komplexe Probleme vorzuschlagen. Eine solche Kultur könnte wöchentliche Brainstorming-Sitzungen und regelmäßige Schulungen zu den neuesten Technologien und Methoden umfassen. Im Gegensatz dazu könnte ein anderes Unternehmen eine eher hierarchische und regelorientierte Kultur pflegen, in der klare Richtlinien und Verfahren befolgt werden müssen. Hier werden möglicherweise regelmäßige Leistungsbeurteilungen durchgeführt und strenge Kontrollmechanismen eingesetzt. Die beiden Beispiele zeigen unterschiedliche Formen der Organisationskultur, die das Arbeitsverhalten und die Leistung der Mitarbeiter stark beeinflussen können.

Trotz aller Vorteile einer starken Organisationskultur gibt es auch Schattenseiten. Eine negative Unternehmenskultur kann beispielsweise entstehen, wenn Führungskräfte eine Kultur der Angst und des Misstrauens fördern. In einem solchen Umfeld fühlen sich Mitarbeiter möglicherweise nicht sicher, Ideen vorzuschlagen oder Feedback zu geben, da sie befürchten, kritisiert oder bestraft zu werden. Darüber hinaus kann eine toxische Unternehmensphilosophie zu einem hohen Maß an Stress und Burn-out unter den Mitarbeitern führen, was sich wiederum negativ auf die Produktivität und Mitarbeiterzufriedenheit auswirkt. Eine weitere Schattenseite kann die Ausgrenzung sein: Wenn bestimmte Werte oder Normen überbetont werden, können sich diejenigen, die nicht in dieses Bild passen, ausgegrenzt oder diskriminiert fühlen. Solche negativen Aspekte der Unternehmenskultur können letztlich zu einem schlechten Betriebsklima und einem geringen Engagement der Mitarbeiter führen. Daher ist es von entscheidender Bedeutung, dass Unternehmen eine integrative und respektvolle Unternehmenskultur aufbauen, die Werte wie Fairness, Offenheit und Zusammenarbeit fördert.

Eine ungerechte Entscheidungsfindung auf Führungsebene begünstiget das Gefühl der Mitarbeiter, ungerecht behandelt zu werden. Dies kann dazu führen, dass sie bereit sind, ihre eigenen moralischen Grenzen zu verschieben oder sich »nur das zu nehmen, was ihnen zusteht«, was bis hin zu korrupten Handlungen führen kann. Ein klassisches Beispiel ist die Vergabe von Beförderungen. Wenn Mitarbeiter das Gefühl haben, dass Beförderungen nicht auf Leistung, sondern auf Beziehungen oder Sympathie basieren, könnten sie sich verleitet fühlen, selbst unlautere Mittel einzusetzen, um ihre Ziele zu erreichen. Sie können beispielsweise versuchen, Führungskräfte zu bestechen oder andere Mitarbeiter zu mobben, um ihre eigene Position zu stärken. Ein weiteres Beispiel ist die Verteilung von Gehältern und Boni. Wenn diese Entscheidungen intransparent sind oder als ungerecht empfunden werden, könnten Mitarbeiter dazu neigen, sich selbst zu »belohnen«, indem sie Firmeneigentum missbrauchen oder betrügerische Praktiken anwenden. Daher ist es wichtig, dass Unternehmen für Transparenz und Fairness sorgen, um solche Situationen zu vermeiden.

Der Kommunikationsstil der Führungsebene hat einen großen Einfluss auf das Verhalten der Mitarbeiter, einschließlich ihrer Bereitschaft, sich an korrupten Praktiken zu beteiligen. Ein offener und transparenter Kommunikationsstil fördert Vertrauen und Respekt, während ein verschlossener oder herablassender Stil Misstrauen und Unsicherheit erzeugen kann. Wenn Führungskräfte wichtige Entscheidungen treffen, ohne die Mitarbeiter einzubeziehen oder ihnen die Hintergründe zu erläutern, können Mitarbeiter das Gefühl haben, dass ihnen Informationen vorenthalten werden. Dies kann zu Spekulationen und Misstrauen zur Folge haben, was wiederum ein Umfeld schafft, in dem korruptes Verhalten wahrscheinlicher wird. Im Gegensatz dazu können Führungskräfte, die regelmäßig und transparent kommunizieren, eine Kultur der Offenheit schaffen, in der sich die Mitarbeiter sicher und respektiert fühlen. Dies kann dazu beitragen, das Korruptionsrisiko zu verringern, da die Mitarbeiter eher bereit sind, Bedenken zu äußern und unethisches Verhalten zu melden.

Der Begriff »kriminogen« bezieht sich auf Bedingungen oder Umstände, die kriminelles oder unethisches Verhalten begünstigen oder fördern. In Bezug auf Unternehmenskulturen kann eine kriminogene Kultur als ein Umfeld beschrieben werden, in dem Normen, Werte oder Praktiken dazu führen, dass Mitarbeiter eher zu kriminellem Verhalten neigen.

Sozialisation bezeichnet den Prozess, in dem Individuen die Werte, Normen und Verhaltensweisen einer Gruppe oder Gesellschaft erlernen und internalisieren. Dies ist ein lebenslanger Prozess, der uns hilft, uns in verschiedenen Kontexten zurechtzufinden und erfolgreich zu interagieren. Im Unternehmenskontext ist Sozialisierung unerlässlich, da sie hilft, die Organisationskultur zu verstehen und sich in sie einzufügen. Sie erleichtert die Anpassung an neue Arbeitsumgebungen, unterstützt die Teamarbeit und fördert eine positive Arbeitsatmosphäre. Ein Beispiel für Sozialisierung am Arbeitsplatz ist die Einarbeitungsphase in einen neuen Job. Während dieser Zeit lernen die Mitarbeiter die Regeln des Unternehmens, die Erwartungen und die Unternehmenskultur kennen. Sie beobachten ihre Kollegen und Vorgesetzten, um zu verstehen, wie sie sich verhalten sollen. Ein weiteres Beispiel sind regelmäßige Teamsitzungen, bei denen die Mitarbeiter zusammenkommen, um Ideen auszutauschen, Probleme zu diskutieren und Lösungsansätze zu erarbeiten. Diese Treffen dienen nicht nur als Plattform für die Zusammenarbeit, sondern auch als soziale Einheiten, in denen die Mitarbeiter die Werte und Normen des Unternehmens besser verstehen und verinnerlichen. Eine bestimmte Form der Sozialisierung innerhalb eines Unternehmens kann zur Entstehung kriminogener Unternehmenskulturen beitragen. Mitarbeiter lernen und übernehmen Verhaltensweisen und die Einstellungen, die in ihrem Arbeitsumfeld als akzeptabel oder erwünscht gelten. Wenn diese Normen und Werte unethisches oder illegales Verhalten fördern, kann dies dazu führen, dass Mitarbeiter ein solches Verhalten als normal oder gerechtfertigt ansehen.

In einer kriminogenen Unternehmenskultur können Mitarbeiter dazu neigen, ihr unethisches Verhalten damit zu rechtfertigen, dass »alle es tun« oder dass es für den Erfolg des Unternehmens notwendig ist.

Darüber hinaus können bestimmte Praktiken oder Verhaltensweisen so tief in der Kultur eines Unternehmens verwurzelt sind, dass sie als Teil seiner Identität angesehen werden. Wenn unethische oder illegale Praktiken institutionalisiert werden, können sie zu einem festen Bestandteil der Unternehmenskultur werden und es für die Mitarbeiter schwierig machen, diese Praktiken in Frage zu stellen oder sich dagegen zu wehren. Unternehmenskulturen, die Korruption begünstigen, entstehen häufig in einem Umfeld, in dem unethisches Verhalten als normal angesehen und durch das Verhalten und die Einstellung der Führungskräfte gefördert wird. Wenn Führungskräfte unethisches Verhalten tolerieren oder sogar fördern, senden sie die Botschaft an ihre Mitarbeiter, dass solches Verhalten akzeptabel und sogar erwünscht ist. Dies kann zu einem schleichenden Prozess der Normalisierung von Korruption führen, in dem unethisches Verhalten alltäglich und akzeptiert wird.

Einmal etabliert, kann eine korruptionsbegünstigende Unternehmenskultur schwer zu ändern sein. Sie kann sich dauerhaft etablieren, indem sie sich in den Strukturen, Prozessen und Werten des Unternehmens verankert. Beispielsweise können unethische Praktiken in die Standardbetriebsverfahren aufgenommen oder durch ungerechte Vergütungssysteme gefördert werden. Darüber hinaus kann die Sozialisierung neuer Mitarbeiter dazu beitragen, diese Kultur aufrechtzuerhalten, indem sie lernen, dass unethisches Verhalten notwendig ist, um in der Organisation erfolgreich zu sein. Die Bekämpfung korruptionsbegünstigender Unternehmenskulturen erfordert daher häufig tiefgreifende organisatorische Veränderungen auf allen Ebenen des Unternehmens.

Das Zusammengehörigkeitsgefühl einer Gruppe kann einen erheblichen Einfluss auf das Verhalten der Gruppenmitglieder haben, einschließlich ihrer Beteiligung an korrupten Praktiken. In Gruppen mit einem starken Zusammengehörigkeitsgefühl kann es zu einem Phänomen kommen, das als »Gruppendenken« bezeichnet wird. Dies ist eine Situation, in der der Wunsch nach Einigkeit und Harmonie in der Gruppe die Fähigkeit der Mitglieder, kritisch zu denken und alternative Handlungsweisen zu erwägen, übersteigt. Gruppendenken kann dazu führen, dass Gruppenmitglieder berechtigte Bedenken oder Einwände gegen eine Entscheidung oder Handlung unterdrücken, aus Angst, die Gruppenharmonie zu stören oder aus der Gruppe ausgeschlossen zu werden. Kommt es in einem solchen Umfeld zu korrupten Praktiken, könnten sie aufgrund des Gruppendenkens unangefochten bleiben und sich verfestigen. Die Förderung einer Unternehmenskultur, die Offenheit und kritisches Denken unterstützt, ist daher von entscheidender Bedeutung, um Korruption und unethisches Verhalten wirksam zu bekämpfen.

5.3 Die Psychologie der Korruption

Persönliche Faktoren spielen bei der Entstehung von Korruption eine entscheidende Rolle. Die Verhaltenspsychologie weist auf Aspekte wie Gier, Machtstreben und den Wunsch nach sozialem Aufstieg hin, die Menschen zu korruptem Verhalten verleiten können. Beispielsweise könnte ein Manager, der sich unter Druck gesetzt fühlt, seine finanzielle Leistung zu steigern, versucht sein, unlautere Praktiken anzuwenden, um seine Ziele zu erreichen. Die Soziologie bietet eine ergänzende Perspektive und betont den Einfluss sozialer Faktoren. In einer Gesellschaft, in der Korruption als normal oder akzeptabel angesehen wird, kann sozialer Anpassungsdruck dazu führen, dass Einzelne korrupte Praktiken akzeptieren oder sich sogar daran beteiligen. Nehmen wir als Beispiel ein lokales Regierungsamt in einer Region, in der Korruption an der Tagesordnung ist. Ein neuer Beamter, der mit guten Absichten diese Rolle übernimmt, könnte feststellen, dass Regelverstöße nicht nur toleriert, sondern sogar erwartet werden. Der soziale Druck, sich anzupassen und Teil des »Systems« zu sein, könnte so stark sein, dass er seine anfänglichen Absichten überdenkt und letztendlich in die korrupten Praktiken einsteigt. Diese Beispiele unterstreichen die Komplexität der Korruptionsproblematik und die Notwendigkeit, sowohl individuelle als auch kollektive Faktoren zu berücksichtigen, um wirksame Strategien zur Korruptionsbekämpfung zu entwickeln.

In einer 2011 durchgeführten Studie[5] wurden die persönlichen Auslöser für korruptes Verhalten in verschiedenen Unternehmen betrachtet. Relevante Faktoren, die überprüft wurden, waren der Zusammenhang von Intelligenz, Psychopathie und dem sogenannten organisationalen Zynismus.

Intelligenz bezieht sich auf die Fähigkeit einer Person, Informationen zu erlernen, zu verstehen und anzuwenden, Probleme zu lösen und neue Fähigkeiten zu erwerben. Dies kann sowohl akademisches Wissen als auch soziale, emotionale und kreative Fähigkeiten umfassen.

Psychopathie ist ein Persönlichkeitsmerkmal, das durch emotionale Defizite (wie geringe Empathie und Reue) und Verhaltensauffälligkeiten (wie Impulsivität und rücksichtsloses Verhalten) gekennzeichnet ist. Obwohl einige Psychopathen in der Gesellschaft erfolgreich sein können, neigen sie dazu, manipulativ zu sein und soziale Regeln und Normen zu missachten, was in einigen Fällen zu kriminellem Verhalten führen kann.

Organisationaler Zynismus ist ein Zustand, in dem Mitarbeiter eine negative Einstellung gegenüber ihrer Organisation haben, oft aufgrund von wahrgenommenem Fehlverhalten, Ungerechtigkeit oder Führungsversagen. Dies kann zu einem Rückgang der Arbeitsmoral und Produktivität führen und ein Klima der Negativität und des Misstrauens schaffen.

Neben diesen sogenannten personenbezogenen Faktoren spielen nach dieser Studie auch situative Faktoren eine Rolle[6], wie Rational Choice und kognitive Dissonanz. Rational Choice, auch als rationale Wahl bekannt, ist ein Konzept aus der Wirtschaftstheorie, das davon ausgeht, dass Individuen Entscheidungen treffen, die ihren persönlichen Zielen und Interessen am besten dienen. In Bezug auf korruptes Verhalten könnte dies bedeuten, dass eine Person Korruption als vorteilhaftes Mittel ansieht, um persönliche Ziele wie finanziellen Gewinn oder sozialen Aufstieg zu erreichen.

[5] Litzcke, Sven et al. (2012): Korruption: Risikofaktor Mensch. Wahrnehmung, Rechtfertigung, Meldeverhalten. Springer VS, S. 16-20.

[6] Ebda., S. 22-33

Kognitive Dissonanz bezieht sich auf den psychologischen Zustand des Unbehagens, der entsteht, wenn eine Person zwei oder mehr sich widersprechende Überzeugungen, Werte oder Einstellungen gleichzeitig hat oder wenn eine Person ein Verhalten zeigt, das ihren Überzeugungen, Werten oder Einstellungen widerspricht.

In Bezug auf Korruption könnte ein Individuum beispielsweise glauben, dass Korruption falsch ist, aber dennoch korrupte Handlungen ausführen, um persönliche Vorteile zu erlangen. Dies kann zu kognitiver Dissonanz führen, und das Individuum kann versuchen, diese Dissonanz zu reduzieren, indem es seine Überzeugungen oder Einstellungen ändert oder sein Verhalten rechtfertigt.

Die Studie konnte auch zeigen, dass Mitarbeiter den Korruptionsgeber und seine Motive weniger verurteilen als den Korruptionsempfänger, und dass gleichzeitig die Wahrscheinlichkeit, dass jemand zum Korruptionsgeber wird, höher eingeschätzt wird als die Wahrscheinlichkeit, dass jemand zum Korruptionsempfänger wird.[7]

Dieser Überblick zeigt: Unternehmen, die wirksame Maßnahmen gegen Korruption ergreifen wollen, dürfen daher nicht nur Einzelpersonen ins Visier nehmen, sondern müssen auch bereit sein, ihre gesamte Unternehmensstruktur und -kultur kritisch zu hinterfragen und gegebenenfalls anzupassen, um Korruption effektiv zu bekämpfen.

Letztendlich sind es oft hervorragende Menschenkenner, die korrupt werden. Sie sind in der Lage, Schwachstellen in den Kontrollsystemen zu finden und ihre Kollegen dazu zu bringen, ihre Handlungen zu billigen oder zu ignorieren. Sie wissen, wie sie ihre Taten verschleiern und ihre Spuren verwischen können. Sie kennen die Sprache der Korrupten und wissen, wie sie ihre wahren Absichten hinter harmlos erscheinenden Handlungen verbergen können. Es ist wichtig, die Taktiken und Methoden der Korrupten zu verstehen, um effektive Gegenmaßnahmen ergreifen zu können.

Korruption entsteht nicht von heute auf morgen. Es ist ein schleichender Prozess, der oft mit kleinen, kaum wahrnehmbaren Fehl-

[7] Ebda., S. 73ff.

tritten beginnt. Im Laufe der Zeit können diese Fehltritte jedoch zu immer größeren Verstößen führen, wenn sie nicht rechtzeitig erkannt und bekämpft werden. Daher ist es von entscheidender Bedeutung, Korruption frühzeitig zu erkennen und effektive Maßnahmen gegen ihre Ausbreitung zu ergreifen. Eine Kombination aus Prävention, Aufklärung und Sanktionen kann dazu beitragen, Korruption einzudämmen und eine integre Unternehmenskultur zu fördern. Nur so kann eine gerechtere und transparentere Gesellschaft geschaffen und erhalten werden.

Nach der Forschung im Bereich »Organizational Behaviour« ist Korruption auf mehrere Faktoren zurückzuführen, die sowohl auf individueller als auch auf organisatorischer Ebene liegen. Auf individueller Ebene kann Korruption durch persönliche Eigenschaften wie Gier, mangelnde Integrität und niedrige moralische Standards begünstigt werden. Zu den organisationalen Faktoren gehören beispielsweise eine Kultur der Geheimhaltung, mangelnde Kontrollmechanismen und Toleranz gegenüber unethischem Verhalten.

Ein Beispiel ist der VW-Abgasskandal, bei dem Manager und Ingenieure Betrugssoftware in Dieselfahrzeuge eingebaut haben, um Abgastests zu manipulieren. Dies geschah in einer Kultur, in der Erfolg vor Ethik ging und Mitarbeiter Angst hatten, Bedenken zu äußern. Ein weiteres Beispiel ist der Enron-Skandal, bei dem das Topmanagement Finanzinformationen manipulierte und eine Kultur der Geheimhaltung und Einschüchterung pflegte.

Diese Beispiele unterstreichen die Notwendigkeit für Organisationen, eine Kultur der Transparenz und Integrität zu fördern, strenge Kontrollmechanismen einzuführen und unethisches Verhalten nicht zu tolerieren. Darüber hinaus ist es wichtig, dass Mitarbeiter ermutigt und geschützt werden, wenn sie Fehlverhalten melden, um Korruption zu verhindern und aufzudecken.

5.4 Die Rolle von Moral und Ethik

Oft aber haben wir es bei der Korruption mit einem Mangel an Übereinstimmung zwischen moralischen Werten und Interessen zu tun. Es gibt eine Theorie, die besagt, dass Menschen grundsätzlich aus zwei Hauptmotiven handeln: der Aussicht auf Belohnung oder der Angst vor Strafe bzw. Verlust. Diese Theorie, die auch als Belohnungs- und Bestrafungstheorie bekannt ist, basiert auf dem Prinzip der operanten Konditionierung. Menschen streben danach, positive Konsequenzen oder Belohnungen für ihr Verhalten zu erhalten und negative Konsequenzen oder Bestrafungen zu vermeiden. Beispielsweise könnte eine Person hart arbeiten und Überstunden machen, weil sie auf eine Beförderung oder eine Gehaltserhöhung hofft (Belohnung). Andererseits könnte sie auch hart arbeiten, weil sie Angst hat, ihren Arbeitsplatz zu verlieren oder von ihren Vorgesetzten kritisiert zu werden (Strafe). In beiden Fällen ist ihr Verhalten durch die Erwartung einer bestimmten positiven oder negativen Konsequenz motiviert.

Wir alle haben Interessen – wir wollen Macht, Geld, Anerkennung, wir wollen ein sicheres und gutes Leben führen und so weiter. Damit diese Interessen innerhalb einer Gesellschaft nicht kollidieren, gibt es einerseits den rechtlichen Rahmen, andererseits aber auch moralische Regeln, die jeder von uns verinnerlicht hat. Diese Regeln können sich von Kultur zu Kultur unterscheiden. Einige von ihnen aber sind universell.

Diese Regeln sind nicht starr und verändern sich im Laufe der Zeit. Sie regeln das Miteinander und sorgen dafür, dass wir uns im öffentlichen Raum sicher fühlen, weil das Verhalten der anderen berechenbar ist. Wir gehen davon aus, dass sie grundsätzlich die gleichen moralischen Werte teilen wie wir, zum Beispiel niemand mutwillig zu verletzen, Rücksicht zu nehmen, Verlässlichkeit zu zeigen, Verantwortung zu übernehmen.

Aber zwischen den postulierten moralischen Werten und dem individuellen Handeln klafft eine Lücke. Wir wissen zum Beispiel, dass wir den Kaugummi nicht auf den Boden spucken sollen, tun es aber trotzdem, wenn wir uns unbeobachtet fühlen.

Grundsätzlich teilen wir die moralische Überzeugung, dass es nicht gut ist, die Straßen mit Kaugummis zu verschmutzen, aber das unmittelbare Bedürfnis oder Interesse ist in diesem Moment wichtiger. Die moralische Überzeugung wird außer Kraft gesetzt, wir folgen einem interessengeleiteten Impuls. Seit jeher versucht die Moral sicherzustellen, dass wir unsere Interessen stets auf ihre moralischen Konsequenzen hin prüfen und entsprechend handeln. Das ist die Grundlage des kategorischen Imperativs von Immanuel Kant: »Handle nur nach derjenigen Maxime, durch die du zugleich wollen kannst, dass sie ein allgemeines Gesetz werde.«

Das ist ein hoher Anspruch, dem kaum jemand immer gerecht wird. Moralisches Handeln verlangt uns viel ab – oftmals Verzicht und andere Nachteile. Diese Nachteile lassen sich nur ausgleichen, wenn ich davon überzeugt bin, dass sich moralisches Handeln letztlich für mich auszahlt.

In der Religion ist das relativ einfach – nur wenn ich mich an die Regeln halte, kann ich damit rechnen, in den Himmel zu kommen oder nicht bestraft zu werden. Kein Wunder, dass die Moral als philosophische Überlegung erst mit der Aufklärung immer mehr an Bedeutung gewann.

Wie kann der Einzelne davon überzeugt werden, dass sich moralisches Handeln ohne einen strafenden Gott lohnt, der alles sieht?

Entscheidend dafür ist die Vorstellung, ein guter oder böser Mensch zu sein. Wir alle wollen »gut« sein.

Aus psychologischer Sicht gibt es mehrere Gründe, warum Menschen intrinsisch motiviert sind, »gut« zu sein. Einer davon ist das Konzept der Selbstwirksamkeit, das von dem Psychologen Albert Bandura entwickelt wurde. Selbstwirksamkeit bezeichnet das Vertrauen einer Person in ihre Fähigkeit, bestimmte Aufgaben zu bewältigen oder Ziele zu erreichen. Wenn wir uns als »gute« Menschen sehen, glauben wir, dass wir in der Lage sind, positive Handlungen auszuführen und moralische Entscheidungen zu treffen. Dies stärkt unser Selbstvertrauen und fördert unsere psychische Widerstandsfähigkeit.

Ein weiterer Faktor ist das Bedürfnis nach sozialer Zugehörigkeit. Wir Menschen sind soziale Wesen und streben danach, Beziehungen zu anderen aufzubauen und zu pflegen. Indem wir »gut« handeln und uns an gesellschaftliche Normen und Erwartungen halten, können wir Akzeptanz und Anerkennung von anderen gewinnen.

Schließlich spielt auch der Wunsch nach einem sinnvollen Leben eine Rolle. Viele Menschen streben danach, einen positiven Einfluss auf die Welt um sie herum zu haben und dazu beizutragen, sie zu einem besseren Ort zu machen. Wenn wir Gutes tun, können wir das Gefühl haben, dass unser Leben einen Sinn und ein Ziel hat.

Es ist jedoch wichtig zu beachten, dass das Streben nach »Gutsein« auch durch extrinsische Faktoren wie die Erwartungen anderer, sozialen Druck oder die Angst vor Bestrafung beeinflusst werden kann. Darüber hinaus können individuelle Unterschiede, wie Persönlichkeit, Werte und Glaubenssysteme, die Art und Weise beeinflussen, wie wir »gut sein« definieren und danach streben.

Manchmal gelingt es uns nicht, »gut« zu sein, obwohl wir uns darum bemühen. Dies kann auf eine Reihe von Faktoren zurückzuführen sein, zum Beispiel impulsives Verhaltens, mangelnde Selbstkontrolle oder das Vorhandensein stressiger oder herausfordernder Umständen. Hinzu kommt, dass wir unsere Handlungen oft im Nachhinein rechtfertigen oder umdeuten, um unser Selbstbild als »gute« Person aufrechtzuerhalten.

Eine solche Umdeutung kann auf verschiedenen psychologischen Mechanismen beruhen. Ein Mechanismus ist die kognitive Dissonanz, ein Spannungszustand, der entsteht, wenn unsere Handlungen nicht mit unseren Überzeugungen oder Werten übereinstimmen. Um diese Dissonanz zu reduzieren, können wir unsere Handlungen uminterpredtieren oder unsere Überzeugungen und Werte ändern, um sie mit unseren Handlungen in Einklang zu bringen.

Darüber hinaus können wir auch Mechanismen der Selbsttäuschung anwenden. Zum Beispiel können wir unsere negativen Handlungen verharmlosen oder rationalisieren, indem wir sie als notwendig oder gerechtfertigt darstellen. Oder wir schieben die Schuld auf andere oder stellen uns als Opfer dar.

Schuld, Scham und Reue sind Gefühle, die oft auftreten, wenn wir erkennen, dass unsere Handlungen nicht »gut« waren. Während Schuld und Reue sich auf bestimmte Handlungen beziehen, die wir als falsch oder schädlich erkannt haben, bezieht sich Scham eher auf uns als Person. Sie kann uns das Gefühl geben, dass wir als Ganzes fehlerhaft oder unwürdig sind. Diese Gefühle können dazu führen, dass wir unsere Handlungen überdenken und versuchen, uns in Zukunft besser zu verhalten.

Zusätzlich zu den bereits erwähnten Mechanismen können Menschen weitere negative Bewältigungsstrategien anwenden, um mit Gefühlen von Schuld, Scham und Reue umzugehen. Eine solche Strategie ist die Flucht, sei es auf der physischen Ebene, indem Personen oder Situationen, die diese Gefühle hervorrufen, gemieden werden oder auf der emotionalen Ebene, indem diese Gefühle verdrängt oder ignoriert werden. Auch die Verleugnung kann als Bewältigungsmechanismus dienen; in diesem Fall wird die Realität oder das Ausmaß der begangenen Tat geleugnet, um den schmerzhaften Gefühlen zu entgehen. Eine weitere Form der Vermeidung ist die Projektion, bei der eigene Gefühle oder Schuld auf andere übertragen werden. Im Extremfall kann es auch zu selbstschädigendem Verhalten wie übermäßigem Alkohol- oder Drogenkonsum kommen, um die mit Schuld, Scham und Reue verbundenen Gefühle zu betäuben.

Bei Korruption ist die Aussicht auf Belohnung so groß, dass die Angst vor Strafe vernachlässigt wird.

Gleichzeitig versagen die moralischen Werte, die uns von Kindesbeinen an beigebracht werden: Ehrlichkeit, Fairness, Verantwortung, Verlässigkeit. Individuelle Werte wirken wie Leitplanken, innerhalb derer sich unser Verhalten bewegt. Sie bilden die Grundlage für unsere Entscheidungen und Handlungen und machen uns für andere berechenbar. Wir wissen, dass es Dinge gibt, die wir niemals tun würden, und unser soziales Umfeld bestätigt diese Wahrnehmung. In diesem Sinne sprechen wir von moralischer Integrität. Diese Integrität kann jedoch ins Wanken geraten, wenn Menschen den Eindruck gewinnen, dass moralisches Handeln nicht mehr belohnt wird. Dies kann insbesondere dann der Fall sein, wenn sie Zeuge von ungerechtem und unmoralischem Verhalten in den Führungsetagen oder in der Politik werden. Die Rolle von Führungskräften und Unternehmenseigentümern ist dabei von größter Bedeutung. Ihnen kommt eine entscheidende Vorbildfunktion zu. Ihr Handeln setzt den moralischen Maßstab und prägt maßgeblich das Verhalten ihrer Mitarbeiter oder Bürger. Schon der geringste Zweifel an ihrer Integrität kann dazu führen, dass Untergebene oder Bürger keinen Sinn mehr darin sehen, sich ihrerseits moralisch zu verhalten. Es ist daher von größter Bedeutung, dass Führungskräfte stets integer handeln und die moralischen Werte, die sie von anderen erwarten, selbst vorleben und keinen Zweifel daran aufkommen lassen. Die Bedeutung moralisch integren Handelns von Menschen in Führungspositionen oder mit politischer Verantwortung kann nicht hoch genug eingeschätzt werden, weshalb politische Korruption eine so destruktive Wirkung hat, die weit über die unmittelbar Betroffenen hinausgeht. Moral beschreibt das System von Grundsätzen oder Regeln, die bestimmen, was Menschen für richtig oder falsch halten. Sie ist eine persönliche oder gesellschaftliche Orientierung, die unser Handeln leitet und beeinflusst. Diese Werte und Normen können sich von Mensch zu Mensch unterscheiden, sind aber oft von der Kultur, Erziehung oder Religion geprägt.

Der historische Ursprung des Begriffs »Moral« liegt in der lateinischen Sprache und zwar in dem dem Wort »mores«, das Sitten oder Gebräuche bedeutet. Ursprünglich wurde das Wort verwendet, um die Verhaltensnormen und Gewohnheiten einer bestimmten Gemeinschaft oder Gesellschaft zu beschreiben. Im Laufe der Zeit hat sich die Bedeutung des Begriffs jedoch gewandelt und bezieht sich nun auf ein System von Grundsätzen oder Regeln, die als Richtschnur für richtiges und falsches Handeln dienen.

Ein historisches Beispiel für die Entwicklung der Moral findet sich in den Lehren der antiken griechischen Philosophen wie Sokrates, Platon und Aristoteles. Sokrates glaubte, dass Moral durch Vernunft und Selbstreflexion erreicht werden kann, während Platon die Idee einer objektiven moralischen Wahrheit vertrat, die unabhängig von individuellen Meinungen existiert. Aristoteles hingegen konzentrierte sich auf das Konzept der »eudaimonia« oder des guten Lebens und argumentierte, dass moralische Tugenden ein Weg seien, um dieses Ziel zu erreichen.

Ein weiteres Beispiel ist die Einführung der Zehn Gebote im Alten Testament, die als moralische Richtschnur für das Verhalten im Judentum und später im Christentum dienten. Ähnliche moralische Richtlinien finden sich auch in anderen religiösen Traditionen wie dem Islam, dem Buddhismus oder dem Hinduismus. Diese Beispiele zeigen, dass Moralvorstellungen historisch oft eng mit Religion und Philosophie verbunden waren.

Moral und Wertesystem stehen in enger Beziehung zueinander, sie prägen und beeinflussen sich gegenseitig. Während Moral eher die universell anerkannten Prinzipien und Regeln beschreibt, die bestimmen, was allgemein als richtig oder falsch angesehen werden, umfasst das Wertesystem eher persönliche oder individuelle Vorstellungen darüber, was wichtig und wertvoll ist. Diese Werte können auf persönlichen Erfahrungen, dem sozialen Umfeld, kulturellen oder religiösen Überzeugungen beruhen. Ethik ist ein weiterer zentraler Begriff in der Diskussion um Moral und Werte. Ethik ist die philosophische Disziplin, die sich mit den Konzepten des richtigen und falschen Verhaltens befasst. Sie hinterfragt und analysiert die moralischen Prinzipien und Werte, die unsere Entscheidungen und Handlungen bestimmen. Ethik hilft uns zu verstehen, warum wir bestimmte Dinge für richtig oder falsch halten und wie wir zu diesen Urteile kommen. Es gibt verschiedene ethische Theorien, die unterschiedliche Antworten auf diese Fragen geben. Einige Ethiker legen den Schwerpunkt auf die Folgen der Handlungen (Konsequentialismus), andere auf die Handlungen selbst und ihre Übereinstimmung mit bestimmten moralischen Regeln (Deontologie) und wieder andere auf den moralischen Charakter und die Tugenden des Handelnden (Tugendethik). Ethik ist nicht nur eine theoretische Disziplin, sondern hat auch praktische Anwendungen in verschiedenen Bereichen des Lebens, wie beispielsweise in der Medizin (Medizinethik), im Geschäftsleben (Wirtschaftsethik) oder in der Politik (politische Ethik). In all diesen Bereichen hilft die Ethik, Leitlinien für angemessenes Verhalten zu entwickeln und schwierige moralische Dilemmata zu lösen. Es ist wichtig zu betonen, dass Ethik nicht mit persönlichen Gefühlen oder gesetzlichen Normen gleichzusetzen ist. Sie befasst sich mit moralischen Prinzipien und Werten, die universell und objektiv gelten sollten, unabhängig von persönlichen Vorlieben oder gesetzlichen Vorschriften. Ethik fordert uns auf, über unsere moralischen Überzeugungen nachzudenken und sie kritisch zu hinterfragen, um zu einem tieferen Verständnis dessen zu gelangen, was wir für gut und richtig halten.

Korruption kann oft aus einem ethischen Dilemma entstehen, mit dem sich Einzelpersonen konfrontiert sehen. Ein ethisches Dilemma entsteht, wenn eine Person zwischen zwei oder mehreren Handlungen wählen muss, die auf unterschiedlichen moralischen oder ethischen Grundsätzen beruhen, wobei jede Wahl ihre eigenen spezifischen Konsequenzen hat. Ein solches Dilemma kann beispielsweise entstehen, wenn ein Mitarbeiter vor der Entscheidung steht, ob er eine unethische Praxis in der Organisation, in der er arbeitet, melden soll – eine Handlung, die das Risiko von Vergeltungsmaßnahmen mit sich bringt – oder ob er schweigen soll, um seinen Arbeitsplatz und seine Sicherheit zu erhalten. In ähnlicher Weise kann ein Manager vor der Entscheidung stehen, ein lukratives, aber unethisches Geschäft abzuschließen, das der Organisation kurzfristig Gewinne sichert, aber langfristig ihren Ruf und ihre Integrität gefährdet. In beiden Fällen kann das Versäumnis, das richtige ethische Urteil zu fällen, zur Entstehung oder Förderung von Korruption beitragen.

Nach der Forschung im Bereich Organizational Behavior ist Korruption auf mehrere Faktoren zurückzuführen, die sowohl auf individueller als auch auf organisatorischer Ebene liegen. Auf individueller Ebene kann Korruption durch persönliche Eigenschaften wie Gier, mangelnde Integrität und niedrige moralische Standards begünstigt werden. Zu den organisatorischen Faktoren gehören beispielsweise eine Kultur der Geheimhaltung, mangelnde Kontrollmechanismen und Toleranz gegenüber unethischem Verhalten.

Ein Beispiel ist der VW-Abgasskandal, bei dem Führungskräfte und Ingenieure Betrugssoftware in Dieselfahrzeuge eingebaut haben, um Abgasemissionstests zu manipulieren. Dies geschah in einer Kultur, in der Erfolg vor Ethik ging und Mitarbeiter Angst hatten, Bedenken zu äußern. Ein weiteres Beispiel ist der Enron-Skandal, bei dem das Topmanagement Finanzinformationen manipulierte und eine Kultur der Geheimhaltung und Einschüchterung pflegte.

Die vier rationalen Modelle der Psychologie von Entscheidungen oder moralischen Dilemmata bieten unterschiedliche Perspektiven auf die Prozesse, die zu einer Entscheidungsfindung führen.

Das Vier-Komponenten-Modell postuliert, dass moralisches Verhalten das Ergebnis von vier Komponenten ist: moralische Sensibilität, moralisches Urteilsvermögen, moralische Motivation und moralischer Charakter.

Moralische Sensibilität bezieht sich auf die Fähigkeit, moralische Dilemmata oder ethische Fragen in einer gegebenen Situation zu erkennen. Ein Beispiel wäre ein Mitarbeiter, der bemerkt, dass ein Kollege Kundendaten manipuliert.

Moralisches Urteilsvermögen ist die Fähigkeit, zu entscheiden, welche Handlung in einer moralischen Situation die richtige ist. Zum Beispiel kann ein Manager, der feststellt, dass ein Produktfehler Kunden gefährden könnte, entscheiden, das Produkt trotz der finanziellen Kosten für das Unternehmen zurückzurufen.

Moralische Motivation bezieht sich auf die Priorisierung ethischer Werte über andere Werte wie Gewinn oder Bequemlichkeit. Ein Beispiel hierfür wäre ein CEO, der beschließt, in umweltfreundliche Praktiken zu investieren, auch wenn dies kurzfristig zu einer Verringerung des Unternehmensgewinns führt.

Moralischer Charakter ist die Entschlossenheit und der Mut, ethische Entscheidungen durchzusetzen, auch wenn dies zu Widerstand oder Rückschläge führt. Ein Beispiel wäre ein Mitarbeiter, der einen Fall von Belästigung am Arbeitsplatz meldet, obwohl er Vergeltungsmaßnahmen befürchtet.

Die Werte eines Individuums oder einer Gemeinschaft haben oft einen Einfluss auf moralische Überzeugungen. Beispielsweise neigen Menschen, die Freiheit und Autonomie als hohe Werte betrachten, eher dazu, moralische Entscheidungen zu treffen, die diese Werte fördern und schützen. Gleichzeitig formt und reflektiert Moral oft auch die Werte einer Gesellschaft. Eine Gesellschaft, die zum Beispiel Ehrlichkeit und Fairness als moralische Prinzipien hochhält, könnte diese Werte auch in ihrem Wertesystem verankern. Es ist jedoch wichtig zu betonen, dass Moral und Werte nicht immer eindeutig übereinstimmen. Konflikte können entstehen, wenn persönliche Werte mit den allgemein akzeptierten moralischen Normen einer Gesellschaft kollidieren. Daher ist es entscheidend, ständig über Moral und Werte zu reflektieren und zu diskutieren, um ein ausgewogenes und gerechtes Zusammenleben zu gewährleisten. So muss zum Beispiel der moralische Wert der individuellen Freiheit und Redefreiheit immer wieder gegen den Schutz der Benachteiligten und Schwächeren abgewogen werden.

Moralische Entscheidungen sind oft schwierig zu treffen, da sie in der Regel eine Abwägung zwischen verschiedenen Werten und Prinzipien erfordern. Jede Entscheidung kann unterschiedliche Auswirkungen auf verschiedene Personen oder Gruppen haben, und es kann schwierig sein, den »richtigen« Weg zu bestimmen. Darüber hinaus müssen solche Entscheidungen oft in komplexen oder unsicheren Situationen getroffen werden, in denen nicht alle relevanten Informationen verfügbar oder klar sind.

In diesem Prozess spielt das Gewissen eine entscheidende Rolle. Das Gewissen ist eine innere Instanz, die uns hilft, zwischen richtig und falsch zu unterscheiden. Es ist eine Art moralischer Kompass, der uns leitet und uns hilft, Entscheidungen zu treffen, die unseren moralischen Überzeugungen und Werten entsprechen. Das Gewissen wird sowohl durch unsere persönlichen Erfahrungen und Überzeugungen als auch durch die Normen und Werte der Gesellschaft, in der wir leben, geprägt.

Indem wir unsere Entscheidungen und Handlungen vor unserem Gewissens prüfen, können wir sicherstellen, dass sie mit unseren moralischen Grundsätzen übereinstimmen und wir so handeln, wie wir es für richtig und gut halten. Dabei kann das Gewissen sowohl als warnende als auch als bestätigende Instanz wirken: Es kann uns vor einer möglicherweise falschen Entscheidung warnen oder uns in unserer Entscheidung bestärken, wenn diese mit unseren moralischen Überzeugungen übereinstimmt. In diesem Sinne kann das Gewissen uns dabei helfen, moralisch richtige Entscheidungen zu treffen und ein ethisches Leben zu führen.

Menschen werden aus verschiedenen Gründen zu moralischem Verhalten motiviert. Ein wichtiger Faktor ist die innere Motivation. Viele Menschen fühlen sich durch ihre eigenen Werte und Überzeugungen zu moralischem Verhalten gedrängt. Sie wollen nach ihren eigenen moralischen Maßstäben leben und das tun, was sie für richtig halten. Zum Beispiel könnte jemand, der Ehrlichkeit schätzt, sich dafür entscheiden, eine gefundenen Brieftasche zurückzugeben, anstatt das Geld zu behalten.

Soziale Erwartungen und sozialer Druck können ebenfalls eine Rolle spielen. Menschen leben in sozialen Gemeinschaften und streben oft danach, sozial akzeptiert zu werden und dazuzugehören. Um dies zu erreichen, halten sie sich häufig an die moralischen Normen und Werte ihrer Gemeinschaft. Ein Beispiel dafür wäre, dass jemand eine andere Person nicht beleidigt, obwohl er wütend ist, weil er weiß, dass dies in seiner Gemeinschaft als unangemessen angesehen wird.

Darüber hinaus kann das Streben nach einem positiven Selbstbild Menschen zu moralischem Handeln motivieren. Menschen haben in der Regel das Bedürfnis, sich selbst positiv zu sehen und Selbstachtung zu empfinden. Moralisch richtiges Handeln kann dieses Selbstbild stärken. Ein Beispiel dafür könnte sein, dass jemand einen Teil seines Gehalts an eine wohltätige Organisation spendet, weil er das Gefühl hat, dass dies ihn zu einem guten Menschen macht.

Ein weiterer Faktor könnte die Angst vor Strafe sein. Viele moralische Normen sind auch gesetzlich verankert, und die Nichteinhaltung dieser Normen kann rechtliche Konsequenzen haben. Aber auch soziale Sanktionen wie Missbilligung oder Ausgrenzung können als Strafe wirken. Ein Beispiel dafür könnte sein, dass jemand aus Angst vor rechtlichen Konsequenzen oder der Missbilligung seiner Gemeinschaft nicht stielt.

Letztlich sind die Motive für moralisches Handeln vielfältig und können von Person zu Person sehr unterschiedlich sein. Sie können von tief verwurzelten persönlichen Überzeugungen bis hin zu äußerem sozialen und rechtlichen Druck reichen. Es ist wichtig, diese Vielfalt der Motivationen anzuerkennen und zu respektieren, um ein vollständiges Bild von menschlichem moralischen Verhalten zu erhalten.

Ein Wertesystem hingegen ist ein Bündel abstrakter Prinzipien und Überzeugungen, die als Orientierung für das Handeln und Entscheiden dienen. Ein individuelles Wertesystem besteht aus persönlichen Überzeugungen und Werten, die durch individuelle Erfahrungen und Perspektiven geformt werden. Ein individuelles Wertesystem entsteht durch eine Kombination aus persönlichen Erfahrungen, kulturellem Hintergrund, sozialem Umfeld und Bildung. Jeder dieser Einflüsse trägt auf seine Weise zur Entwicklung und Prägung eines individuellen Wertesystems bei.

Persönliche Erfahrungen, einschließlich Beziehungen, Erfolge und Misserfolge, spielen eine entscheidende Rolle bei der Herausbildung unserer Werte. Zum Beispiel kann eine Person, die eine schwierige Kindheit hatte, Werte wie Widerstandsfähigkeit und Entschlossenheit entwickeln, während eine Person, die in einem liebevollen und unterstützenden Umfeld aufgewachsen ist, Werte wie Empathie und Freundlichkeit entwickeln kann.

Der kulturelle Hintergrund und die Traditionen, in die ein Mensch hineingeboren wird, prägen auch das Wertesystem. Zum Beispiel betont die japanische Kultur Werte wie Harmonie, Respekt und Bescheidenheit, während der amerikanische »American Dream« Werte wie Ehrgeiz, Individualismus und Freiheit suggeriert.

Auch das soziale Umfeld, einschließlich Freunde, die Gemeinschaft und die Medien, beeinflusst unsere Werte. Diese Einflüsse können sowohl positiv als auch negativ sein. Zum Beispiel kann eine Gemeinschaft, die Vielfalt und Inklusion fördert, diese Werte bei ihren Mitgliedern stärken, während Medien, die Konsum und Materialismus fördern, diese Werte bei ihren Zuschauern verstärken können.

Einen weiteren wichtigen Einfluss auf unser Wertesystem hat die formale und informale Bildung. Schulen und Universitäten vermitteln nicht nur akademische Fähigkeiten, sondern auch Werte wie kritisches Denken, Zusammenarbeit und soziale Verantwortung. Gleichzeitig können informelle Bildungserfahrungen, wie Reisen oder das

Lesen von Büchern, unser Verständnis und unsere Wertschätzung für eine Vielzahl von Werten erweitern.

Ein kollektives Wertesystem wird von einer Gruppe geteilt und leitet kollektives Verhalten und Entscheidungen. Ein institutionelles Wertesystem ist in Organisationen oder Institutionen verankert und bestimmt das Handeln und Entscheiden auf dieser Ebene.

Die Funktion der Moral besteht darin, soziale Interaktionen zu regulieren und zu helfen, Konflikte zu vermeiden oder zu lösen. Sie fungiert als eine Art »sozialer Klebstoff«, der die Gesellschaft zusammenhält, indem sie Standards für akzeptables Verhalten setzt. Moral fördert auch das Wohlergehen der Gesellschaft, indem sie Fairness, Zusammenarbeit und gegenseitigen Respekt fördert.

Ein Beispiel für das Zusammenspiel aller Komponenten könnte ein Mitarbeiter sein, der über unethisches Verhalten seines Vorgesetzten Bescheid weiß (moralische Sensibilität), die ethischen Konsequenzen dieser Handlungen versteht (moralisches Urteilsvermögen), motiviert ist, das Richtige zu tun (moralische Motivation) und den Mut hat, seine Bedenken zu äußern (moralischer Charakter).

Das Person-Situation-Interaktionsmodell betont, dass moralisches Verhalten aus der Wechselwirkung zwischen individuellen Eigenschaften (wie Integrität) und der aktuellen Situation (wie Druck am Arbeitsplatz) resultiert. Ein Manager könnte zum Beispiel unter Druck stehen, ein unethisches Geschäft abzuschließen, um kurzfristige Gewinne zu sichern, aber seine persönliche Integrität führt ihn dazu, das Geschäft abzulehnen.

Das problemabhängige Modell vertritt die Auffassung, dass Entscheidungen auf einer Bewertung der spezifischen Merkmale des zu lösenden Problems beruhen. Beispielsweise könnte ein Mitarbeiter, der sich der negativen Folgen einer Fehlentscheidung bewusst ist, mehr Zeit und Mühe in die Suche nach einer ethischen Lösung investieren.

Das kognitive Entwicklungsmodell basiert auf der Annahme, dass moralisches Verhalten mit der kognitiven Entwicklung des Individuums zunimmt. Ein junger Mitarbeiter könnte beispielsweise anfangs Schwierigkeiten haben, zwischen ethischen und unethischen Entscheidungen zu unterscheiden, aber mit zunehmender Erfahrung und Reife könnte er besser in der Lage sein, ethische Dilemmata zu bewältigen.[8]

Das sozial-intuitive Modell nach Haidt ist ein psychologisches Modell, das davon ausgeht, dass moralische Entscheidungen hauptsächlich auf intuitiven Prozessen und weniger auf bewussten, vernunftgeleiteten Prozessen beruhen. Haidt argumentiert, dass Menschen in der Regel zunächst emotional auf eine Situation reagieren und erst im Nachhinein nach rationalen Gründen für ihre Reaktion suchen. Dementsprechend wird unsere Moral mehr von unseren Gefühlen und Intuitionen als von rationalen Überlegungen bestimmt. Ein gutes Beispiel für dieses Modell ist eine Situation, in der jemand einen Diebstahl beobachtet. Die erste Reaktion könnte ein starkes Gefühl der Ungerechtigkeit sein, gefolgt von einem intuitiven Urteil, dass die Handlung falsch ist. Erst danach würde die Person wahrscheinlich versuchen, ihre Gefühle und Urteile rational zu erklären, zum Beispiel mit dem Argument, dass Eigentumsrechte verletzt wurden.

Das Sensemaking-Modell ist ein Ansatz zur Erklärung, wie Individuen und Organisationen komplexe Situationen interpretieren und verstehen. Es geht davon aus, dass Menschen ständig versuchen, Sinn in ihrer Umwelt zu finden, insbesondere in Situationen, die unklar oder mehrdeutig sind. Dieser Prozess umfasst das Sammeln von Informationen, das Aufstellen von Hypothesen und das Testen dieser Hypothesen an der Realität. Sensemaking ist ein zyklischer Prozess, der oft durch plötzliche Veränderungen oder unerwartete Ereignisse ausgelöst wird und es dem Einzelnen ermöglicht, seine Wahrnehmung der Realität kontinuierlich anzupassen.

Ein anschauliches Beispiel für das Sensemaking-Modell ist ein Manager, der mit einer unerwarteten Absatzkrise konfrontiert ist. Der Manager würde zunächst versuchen, Informationen zu sammeln,

[8] Rabl, Tanja (2019): Korruption aus der Perspektive der Psychologie, in: Was ist Korruption? Begriffe, Grundlagen und Perspektiven gesellschaftswissenschaftlicher Korruptionsforschung. Hrsg. von Peter Graeff und Tanja Rabl. Nomos, S. 77-101, S. 78-80.

um zu verstehen, warum der Absatz zurückgegangen ist – ob es zum Beispiel auf interne Faktoren wie Qualitätsproblemen oder externe Faktoren wie die Einführung eines neuen Konkurrenzprodukts zurückzuführen ist. Auf der Grundlage dieser Informationen stellt der Manager Hypothesen auf und entwickelt Maßnahmen, um das Problem zu lösen. Durch die Umsetzung dieser Maßnahmen und die Beobachtung der Ergebnisse würde der Manager sein Verständnis der Situation weiter verfeinern und anpassen. Dieses kontinuierliche Sensemaking ermöglicht es dem Manager, effektiv auf die Krise zu reagieren und die Leistung des Unternehmens zu verbessern.

Das kognitiv-affektive Modell ist ein weiterer Ansatz zur Untersuchung menschlichen Verhaltens, einschließlich korrupter Handlungen. Es verbindet kognitive Prozesse wie Denken und Entscheiden mit affektiven Prozessen wie Emotionen und Gefühlen. Nach diesem Modell wird unser Verhalten durch eine dynamische Interaktion zwischen unseren Gedanken und Gefühlen bestimmt. Korruption kann in diesem Modell als Ergebnis einer Kombination von kognitiven Faktoren wie einer verzerrten Wahrnehmung von Risiken und Belohnungen und affektiven Faktoren wie Gier oder Angst verstanden werden. Ein Beispiel hierfür wäre ein Beamter, der Bestechungsgelder annimmt. Kognitiv könnte er das Entdeckungsrisiko als gering und die finanzielle Belohnung als hoch einschätzen. Affektiv könnte er von Gier getrieben sein oder Angst haben, in finanzielle Schwierigkeiten zu geraten, wenn er die Bestechungsgelder ablehnt. Diese kognitiven und affektiven Prozesse wirken zusammen und führen zum korrupten Verhalten.[9]

Grundsätzlich müssen wir uns vor Augen führen, dass bei der Entscheidung für Korruption sowohl rationale als auch emotionale – affektive – Gründe vorliegen. Rationale Gründe können sein, dass sich eine günstige Gelegenheit bietet, das Entdeckungsrisiko gering ist und so weiter. Diese Gründe sind rasch zu durchdringen und den handelnden Personen auch bewusst.

[9] Ebda., S. 80-81.

Bei affektiven Ursachen ist die Sache viel schwieriger, da sich Menschen ihrer Gefühle selten klar bewusst sind. Affekte, also Gefühle, die nicht kontrollieren werden können, sind in den meisten Fällen das Ergebnis unerfüllter Bedürfnisse, zum Beispiel aus der Kindheit. Es kann um Status gehen, um Anerkennung, um Macht, um Rache, weil man sich nicht traut, für sich selbst einzustehen und so weiter.

Im Geschäftsleben legen wir unsere Emotionen und unsere wahren Motive selten offen, aber als Unternehmer bin ich gut beraten, auch meine Mitarbeiter dahingehend zu durchleuchten. Welche Motive treiben sie an? Was suchen sie im zwischenmenschlichen Bereich? Denn genau das ist ein Arbeitsplatz – eine Begegnung mit anderen Menschen, zu denen ich eine Beziehung habe. Diese kann von Konkurrenz, Neid, Ablehnung, Sympathie, sexuellem Interesse, Bewunderung, Angst oder sogar Hass geprägt sein. Es ist das Verhalten eines Menschen, das darüber Aufschluss gibt.

Je stärker dieses unbefriedigte Bedürfnis ist, zum Beispiel nach Statussymbolen, die ich mir mit meinem bisherigen Einkommen nicht leisten kann, nach Luxus, nach Aufmerksamkeit von Frauen, nach Macht, obwohl ich offiziell keine habe, desto eher bin ich bereit, auch moralische und rechtliche Grenzen zu überschreiten, um dieses Bedürfnis zu befriedigen.

In vielen Fällen mangelt es den Empfängern von Korruption an Unrechtsbewusstsein. Dies ist zum Teil auf eine verzerrte Wahrnehmung zurückzuführen, die aus einer Kultur der Akzeptanz und Toleranz gegenüber korrupten Praktiken resultiert. Diese Personen sind nicht in der Lage, die negativen Auswirkungen von Korruption auf das Gemeinwohl und die Gesellschaft als Ganzes vollständig zu erkennen oder zu bewerten, und betrachten ihre Handlungen daher möglicherweise nicht als unrecht oder schädlich. Die Hemmschwelle zur Käuflichkeit ist oft niedrig, insbesondere in einem Umfeld, in dem Korruption an der Tagesordnung ist und als normaler Bestandteil des Geschäftslebens angesehen wird. Das Fehlen konsequenter und wirksamer Durchsetzungsmaßnahmen kann dazu führen, dass Individuen und Organisationen das Risiko einer Beteiligung an korrupten Praktiken als gering einschätzen. Dies kann die Bereitschaft zur Teilnahme an solchen Aktivitäten erhöhen, insbesondere wenn damit erhebliche finanzielle oder sonstige Vorteile verbunden sind. Die Bekämpfung der Korruption erfordert daher nicht nur strenge rechtliche und regulatorische Maßnahmen, sondern auch Anstrengungen zur Sensibilisierung und Erziehung, um das Bewusstsein für das Unrecht der Korruption und ihre negativen Folgen zu schärfen. Darüber hinaus ist es wichtig, eine Kultur der Integrität und Transparenz zu fördern, um Normen und Werte, die korruptes Verhalten begünstigen, herauszufordern und zu verändern.

Eine Korruptionsstudie des Bundeskriminalamts (BKA) konnte zeigen, dass 70 % der Vorteilsgeber kein Unrechtsbewusstsein hatten.[10] Das ist ein dramatisches Zeichen für einen Werteverfall.

5.5 Weitere Analysen zu Korruption

Das Phänomen Korruption ist Gegenstand zahlreicher wissenschaftlicher Untersuchungen, die zum Verständnis des Phänomens in all seinen Dimensionen beitragen können.

Aus ökonomischer Perspektive bedeutet Korruption, dass einzelne Akteure bereit sind, ihren ökonomischen Nutzen über die Grenzen des Erlaubten hinaus zu maximieren. Rechtliche und moralische Regeln werden ignoriert und überschritten. Dabei kommen verschiedene Faktoren zusammen: Der korrupt Handelnde muss in irgendeiner Form einen monopolistischen, also exklusiven Zugriff auf eine Ressource oder eine Geschäftsmöglichkeit haben, gleichzeitig müssen Regeln und Kontrollmechanismen fehlen, das Entdeckungsrisiko muss im Verhältnis zum möglichen Gewinn vernachlässigbar sein und das Verantwortungsgefühl gegenüber Vorgesetzten, Untergebenen oder dem Unternehmen insgesamt muss gering sein.[11]

[10] Bannenberg, Britta; Schaupensteiner, Wolfgang (2013): Korruption in Deutschland. Portrait einer Wachstumsbranche. C. H. Beck, S. 62.

[11] Nagel, Volker; Beck, Lotte (2019): Korruption aus ökonomischer Perspektive, in: Was ist Korruption? Begriffe, Grundlagen und Perspektiven gesellschaftswissenschaftlicher Korruptionsforschung. Hrsg. von Peter Graeff und Tanja Rabl Nomos, S. 41-57, S. 41.

Kosten-Nutzen-Modell

Wirtschaftliches Handeln bedeutet Nutzenmaximierung bei gleichzeitiger Kostenminimierung. Das weiß jeder Unternehmer. Genau dieses Denken liegt auch vielen korrupten Handlungen zugrunde. Korruption vereinfacht oder beschleunigt scheinbar Prozesse und maximiert den Gewinn aus unternehmerischem Handeln.

Ein Vertriebler, der ein gutes Geschäft abschließt, kann sich über eine Provision freuen, ein Einkäufer, der günstig einkauft, erhält Lob und Bonuszahlungen. Beide tragen zunächst einmal zum wirtschaftlichen Erfolg des Unternehmens bei, weshalb das Handeln oft unentdeckt bleibt. Der Schaden ist dennoch da, denn die Telefone, die der Einkäufer einkauft, sind um den Preis des Schmiergeldes erhöht, andere Wettbewerber werden ausgestochen und das Unternehmen nutzt eben nicht das beste Angebot, sondern das korrumpierte.

Dieser Art korrupten Verhaltens kann durch einen institutionellen Rahmen mit strengen Kontrollmechanismen begegnet werden, die solche Formen der Absprache unmöglich machen, zum Beispiel durch stichprobenartige Überprüfung von Geschäftsabschlüssen durch unabhängige Dritte, Mehr-Augen-Prinzip, Rechenschaftspflichten, Rotation in den Verantwortlichkeiten.

Auch kann es hilfreich sein, über die drastischen Folgen von Korruption für die korrupt Handelnden zu informieren, was die Hemmschwelle erhöht, den eigenen Nutzen auch jenseits der Legalität zu maximieren. Hier leistet regelmäßige Aufklärungsarbeit und Information präventiv einen guten Dienst.

Prinzipal-Agenten-Modell

Das Prinzipal-Agenten-Modell ist ein Schlüsselkonzept in der Wirtschaftstheorie, das die Beziehung zwischen einem Prinzipal (Auftraggeber), der eine Aufgabe an einen Agenten (Auftragnehmer) delegiert, und dem Agenten selbst beschreibt. Der Prinzipal beauftragt den Agenten, um einen bestimmten Nutzen zu erzielen, wobei der Agent in der Regel über mehr Informationen verfügt als der Prinzipal.

Dies führt zu einem Problem der Informationsasymmetrie, da der Prinzipal das Verhalten des Agenten nicht immer überwachen oder dessen Entscheidungen vollständig nachvollziehen kann. Diese Informationsasymmetrie kann zu moralischem Hazard und adverser Selektion führen, da der Agent Anreize haben kann, sein Verhalten zu optimieren, um seinen eigenen Nutzen zu maximieren, auch wenn dies den Interessen des Prinzipals zuwiderläuft.

Im Zusammenhang mit Korruption wird das Modell genutzt, um zu verstehen, wie und warum korrupte Praktiken entstehen. Nehmen wir zum Beispiel einen Regierungsbeamten (den Agenten), der von der Regierung (dem Prinzipal) beauftragt wird, öffentliche Gelder zu verwalten. Wenn es dem Beamten gelingt, Informationen über seine tatsächlichen Handlungen vor der Regierung zu verbergen, könnte er in der Lage sein, die Gelder zu unterschlagen oder für persönliche Zwecke zu verwenden, ohne dass die Regierung davon erfährt. Dies kann zum Verlust öffentlicher Gelder führen und das Vertrauen der Bürger in die Regierung untergraben.

Das Prinzipal-Agenten-Modell bietet einen theoretischen Rahmen, um diese Probleme zu analysieren und mögliche Lösungen zu entwickeln, um die Anreize für korruptes Verhalten zu verringern. Durch die Schaffung von Transparenz, Kontrollmechanismen und Anreizstrukturen kann das Modell dazu beitragen, das Korruptionsrisiko zu minimieren und eine effiziente Zusammenarbeit zwischen Prinzipal und Agent zu fördern.[12]

Rent-Seeking-Ansatz

Rent-Seeking ist ein weiterer wichtiger Ansatz zur Erklärung von Korruption. Im Kern ist Rent-Seeking das Streben nach wirtschaftlichem Gewinn durch Manipulation des sozioökonomischen Umfelds und nicht durch Handel und Produktion von Gütern und Dienstleistungen. Betrachtet man Korruption in diesem Kontext, so kann ein korrupter Beamter als Rent-Seeker gesehen werden, der private Ge-

[12] Ebda., S. 44-45.

winne (oder »Rents«) anstrebt, indem er seine Macht und Position missbraucht. Dies kann beispielsweise durch die Erhebung von Bestechungsgeldern für Dienstleistungen geschehen, die eigentlich kostenlos oder billig sein sollten. In solchen Fällen profitiert der korrupte Beamte auf Kosten der Allgemeinheit, indem er unnötig hohe Preis für diese Dienstleistungen verlangt. Dieses Verhalten widerspricht dem Prinzip der wirtschaftlichen Effizienz und kann erhebliche negative Auswirkungen auf die gesellschaftliche Wohlfahrt haben. Aus diesem Grund legt der Rent-Seeking-Ansatz einen besonderen Schwerpunkt auf die Implementierung von Politiken und Regulierungen, die die Möglichkeiten für Rent-Seeking minimieren und damit korruptes Verhalten entmutigen.[13]

Experimentelle Verhaltensökonomik und Spieltheorie

Die experimentelle Verhaltensökonomik und die Spieltheorie bieten zusätzliche Einblicke in die Entstehung von Korruption. In der experimentellen Verhaltensökonomik werden Laborexperimente durchgeführt, um menschliches Verhalten in verschiedenen Kontexten zu beobachten und zu analysieren. Im Kontext der Korruption kann dies dazu beitragen zu verstehen, wie und warum Personen sich für korruptes Verhalten entscheiden. Zum Beispiel können Experimente zeigen, dass Korruption wahrscheinlicher ist, wenn die potenziellen finanziellen Vorteile hoch und die Risiken der Entdeckung und Bestrafung gering sind.

Die Spieltheorie hingegen ist ein mathematischer Ansatz, der verwendet wird, um zu analysieren, wie Individuen oder Gruppen Entscheidungen treffen, insbesondere in Situationen, in denen die Ergebnisse ihrer Entscheidungen von den Entscheidungen anderer abhängen. Im Zusammenhang mit Korruption kann die Spieltheorie helfen, die Interaktionen und Entscheidungen korrupter Akteure zu verstehen und zu erklären. Zum Beispiel kann ein spieltheoretisches Modell zeigen, dass Korruption sich selbst verstärken und zu einem

[13] Ebda., S. 45-46.

stabilen Gleichgewicht führen kann, wenn jeder davon ausgeht, dass alle anderen korrupt sind und ehrliches Verhalten nicht belohnt wird.

Zusammen bieten diese Ansätze ein tieferes Verständnis dafür, wie Korruption entsteht und wie sie bekämpft werden kann. Sie unterstreichen die Notwendigkeit, die Anreize, die korruptes Verhalten fördern, zu verändern und Wege zu finden, die Risiken und Kosten von Korruption zu erhöhen, um sie weniger attraktiv zu machen. Man kann das mit einem Spiel vergleichen, bei dem die Belohnungen für korruptes Verhalten hoch und die Strafen niedrig sind, was dazu führt, dass sich viele Spieler für Korruption entscheiden. Um das Spiel zu ändern, müssen die Belohnungen verringert und die Strafen erhöht werden, um ehrliches Verhalten zu fördern.[14]

Aus soziologischer Sicht lässt sich Korruption durch verschiedene Theorien erklären, darunter die Theorien des sozialen und ökonomischen Tausches. Sozialer Tausch bezieht sich auf den Prozess, in dem Individuen oder Gruppen interagieren, um erwartete Belohnungen zu erhalten und Bestrafungen zu vermeiden. Korruption kann als eine Form des sozialen Austauschs betrachtet werden, bei dem eine Person (der »Korrupte«) einer anderen Person (dem »Bestechenden«) einen unrechtmäßigen Vorteil als Gegenleistung für eine in der Regel monetäre Belohnung gewährt. Dieser Austauschprozess basiert auf einer verständlichen Erwartung des Verhaltens der anderen Partei, einer gegenseitigen Abhängigkeit und einem Gefühl der Verpflichtung.

Ökonomischer Tausch hingegen bezieht sich auf den Austausch von Gütern, Dienstleistungen oder Ressourcen zwischen Parteien, der auf dem Prinzip des Marktwertes beruht. Bei Korruption geht es häufig um den ökonomischen Tausch von Macht, Einfluss oder Informationen gegen finanzielle oder andere materielle Gegenleistungen. Dieser Tausch ist oft asymmetrisch, mit einem klaren Gewinner und Verlierer. Er wird in der Regel durch die bestehende Machtstruktur innerhalb der Organisation oder Gesellschaft bestimmt.

[14] Ebda., S. 46-47.

In beiden Fällen spielen Vertrauen und Reziprozität eine wichtige Rolle. Reziprozität beschreibt das Prinzip der Gegenseitigkeit, die Erwartung, dass ein Gefallen oder eine gute Tat mit einer entsprechenden Gegenleistung belohnt wird. Reziprozität ist ein grundlegendes Element menschlicher Interaktionen und Beziehungen, das soziale Bindungen und Kooperation fördert. Ein Beispiel für Reziprozität könnte sein: Wenn ein Kollege sich die Zeit nimmt, Ihnen bei einer schwierigen Aufgabe zu helfen, könnten Sie im Gegenzug anbieten, ihm bei einer zukünftigen Aufgabe zu helfen. Diese Art der gegenseitigen Unterstützung stärkt nicht nur zwischenmenschliche Beziehungen, sondern fördert auch ein positives Arbeitsklima.

Korruption kann als eine Perversion dieser Konzepte angesehen werden, da sie auf dem Missbrauch von Vertrauen und der Verletzung der Norm der Reziprozität beruht. Sie kann sich negativ auf das soziale Gefüge auswirken, indem sie das Vertrauen in Institutionen untergräbt und Ungleichheiten fördert. Daher ist es wichtig, sowohl die sozialen als auch die ökonomischen Aspekte der Korruption zu verstehen, um wirksame Strategien zu ihrer Bekämpfung zu entwickeln.[15]

[15] Graeff, Peter; Dombois, Rainer: Soziologische Zugänge zur Korruptionsproblematik, in: Was ist Korruption? Begriffe, Grundlagen und Perspektiven gesellschaftswissenschaftlicher Korruptionsforschung. Hrsg. von Peter Graeff und Tanja Rabl. Nomos, S. 124-126.

6. Der Fall Frank Alvarez und IKEA – Korruption, ein tragischer Tod und ein gezeichnetes Leben

Frank Alvarez, ehemaliger Chef einer Baufirma, wurde Teil eines korrupten Systems innerhalb der IKEA-Abteilung. Im Jahr 2001 übernahm er die Baufirma, in der er zuvor tätig war. Bei einem Treffen mit IKEA im Jahr 2002 eröffnete ihm der Strippenzieher Manfred B., dass Alvarez den Auftrag nur bekommen würde, wenn er sich in das korrupte System einfüge. Das Prinzip war simpel: Baufirmen stellten IKEA überhöhte Rechnungen aus und die Beteiligten teilten den Überschuss untereinander auf. Der Mann, ein Abteilungsleiter bei IKEA, kannte alle Details seines Unternehmens und gab ihm nur eine Minute Bedenkzeit. Zu diesem Zeitpunkt hatte sich Frank Alvarez mit den Modernisierungskosten seines Unternehmens hoch verschuldet und trug die Verantwortung für viele Mitarbeiter. So unter Druck gesetzt, willigte er ein und baute in ganz Europa IKEA-Filialen, ein lukratives, aber auch ein korruptes Geschäft. Drei Viertel seiner Aufträge erhielt er von dem Konzern, dessen Führung von den Machenschaften nichts ahnte.

Zu jener Zeit herrschte ein harter Wettbewerb unter den Baufirmen und es war schwierig, Aufträge zu bekommen. Im Großraumbüro wurde offen über das System gesprochen und es funktionierte. Der Schaden für IKEA wird auf einen zweistelligen Millionenbetrag geschätzt. Im Jahr 2004 packte die ehemalige Geliebte und Kollegin des Initiators Manfred B. bei der Staatsanwaltschaft aus.

Alvarez stellte sich der Staatsanwaltschaft als Kronzeuge zur Verfügung, wurde jedoch nicht belohnt. Das Urteil lautete auf drei Jahre Haft. Heute hält er ehrenamtlich Vorträge über Korruption und setzt sich für mehr Transparenz und Aufklärung ein.

6.1 »Der Tag, der mein Leben veränderte«/ Bericht Frank Alvarez

Im Jahr 2001, im Alter von 41 Jahren, übernahm ich die Baufirma, in der ich zuvor gearbeitet hatte. Voller Energie und Tatendrang hatte ich das feste Ziel, das Unternehmen zu modernisieren und zu neuen Höhen zu führen. Nachdem ich die nötige Finanzierung durch einen beträchtlichen Kredit sichergestellt hatte, fühlte ich mich bereit, die Herausforderungen anzunehmen.

Als junger Familienvater spürte ich eine immense Verantwortung, da die Existenz vieler Mitarbeiter von der erfolgreichen Entwicklung des Unternehmens abhing. Ich war fest entschlossen, mein Bestes zu geben und etwas Großes aufzubauen. Doch das Schicksal hatte andere Pläne für mich – Pläne, die mich in eine unvorhergesehene Richtung führten.

Nach dem Tod meines Chefs im Jahr 1999 wurde ein Nachlassverwalter bestellt, um die Angelegenheiten des Unternehmens zu regeln. Während dieser Zeit hatte ich auch engen Kontakt zu einer Person bei einem wichtigen Kunden, IKEA. Genauer gesagt, war es Herr B., der Abteilungsleiter Süd für Bauaufträge bei IKEA, für den wir als Zulieferer und Dienstleister tätig waren. Unsere Beziehung zu IKEA war von großer Bedeutung, da sie unser größter Kunde war und die Konkurrenz in der Branche hart war.

Im Dezember 2001 fasste ich den Entschluss, die Firma zu kaufen, und teilte dies dem Nachlassverwalter mit. Nach einigen Verhandlungen einigten wir uns auf einen Betrag, der für beide Seiten akzeptabel war. Nun stand ich vor der Herausforderung, meinen neuen Status als Inhaber bei IKEA bekannt zu machen.

Bei meinem ersten Besuch nach der Übernahme kam Herr B., ein langjähriger Mitarbeiter von IKEA, auf mich zu und erwähnte ein sogenanntes »Gentleman Agreement«, das zwischen uns bestand. Laut diesem Abkommen sollten wir bei jedem Auftrag, den IKEA bei uns platzierte, einen bestimmten Betrag erhalten. Es war üblich, dass die Aufträge in den Budgetplänen etwas höher angesetzt wurden, als sie tatsächlich waren. Dies bedeutete, dass wir einen Überschuss von den Aufträgen erhielten, den wir dann mit IKEA teilen sollten. Jedoch stellte sich heraus, dass dieser Überschuss nicht einfach geteilt wurde. Es wurde von mir erwartet, dass ich die Hälfte des Überschusses direkt an das Finanzamt abführe und den Rest an Herrn B. überweise. Manchmal wurden auch andere Anliegen an mich herangetragen, wie beispielsweise der Wunsch nach einem neuen Badezimmer oder dass mein Haus gestrichen werden müsse.

Bei jenem ersten Treffen Anfang 2002 erläuterte Herr B. mir mit freundlichen, aber knappen Worten die Vereinbarung, die er schon seit Jahren mit meinem verstorbenen Chef gehabt hatte und beendete seine Ausführungen mit dem Satz: »Ich gehe jetzt raus einen Kaffee trinken, und du hast Zeit, darüber nachzudenken, ob du einsteigen möchtest oder nicht.«

Ich hatte keine fünf Minuten Zeit, um diese Entscheidung zu treffen. Wenn ich IKEA als Kunden verlieren würde, wäre meine Firma in Gefahr. Ich hatte Schulden, eine Familie und die Verantwortung für die Existenz vieler Mitarbeiter.

An das Wort »Korruption« dachte ich nicht, aber ich wusste, dass von mir etwas verlangt wurde, das jenseits der Legalität lag. Dennoch war ich mir bewusst, dass Unternehmertum immer mit Risiken verbunden ist und manchmal unkonventionelle Entscheidungen getroffen werden müssen. All diese Gedanken rasten durch meinen Kopf, als Herr B. schon wieder zurückkehrte und in seiner Kaffeetasse rührte. In Anbetracht meiner kürzlich getätigten Ausgaben für die Firma und meiner Verantwortung für die Familien der Mitarbeiter stimmte ich schließlich zu.

Zunächst schlug mir Herr B. vor, dass wir eine bestimmte Firma, Firma A, ins Auge fassen sollten. Wir durften nicht direkt auf sie zugehen, aber wenn ich mit ihnen sprechen und sie den Auftrag erhalten würde, würden wir eine Zahlung erhalten. Dies wiederholte sich in zwei Fällen, aber um ehrlich zu sein, dachte ich mir nichts dabei. Man muss erwähnen, dass es für die Baubranche Anfang der Nuller Jahre sehr schwierig war. Der Strippenzieher, Herr B., war direkt bei

IKEA angestellt und verantwortlich für die Vergabe von Bauaufträgen als Abteilungsleiter Süd. Es gab auch einen anderen Abteilungsleiter im Norden.

Offensichtlich hatte er dieses Abkommen schon seit vielen Jahren mit meinem Chef gehabt. Im Rückblick ergibt vieles mehr Sinn, was ich damals noch nicht verstand. Das Wort »Korruption« wird nicht in den Mund genommen, das läuft nicht so. Aber der erste Begriff, der verwendet wurde, um diese Praktiken zu umschreiben, war das sogenannte »Gentleman Agreement«. Ein Gentleman war nichts Schlechtes. Ein Gentleman war eine Persönlichkeit, höflich zu Damen, gut erzogen und mit Ansehen. Und genau das wurde ausgenutzt. Wir hatten ein »Gentleman Agreement«, so nannte es Herr B., genauso wie er es schon jahrelang mit meinem Chef hatte. Was war daran verwerflich, ein Gentleman zu sein?

Ich schätzte meinen Chef damals sehr, er war mein Mentor, ein feiner Mann, ein Gentleman. Mein Chef hieß Wolfgang und lebte in einer homosexuellen Beziehung. Diese beiden Herren waren modisch und offen. Wolfgang war ein äußerst erfolgreicher Geschäftsmann, aber in der Berufswelt wurde ihm immer gesagt: »Herr M., Sie sehen aus wie ein Mann mit Frau und zwei Kindern«. Er offenbarte sich nie.

Und immer, wenn die Leute sagten: »Ich würde gerne mal Ihre Frau kennenlernen«, erzählte er irgendeine Ausrede, warum sie nie dabei ist oder warum man sie nicht kennenlernen kann.

Niemand außer Herrn B. wusste, dass er in einer homosexuellen Beziehung lebte. Das hat er jahrzehntelang erfolgreich verheimlicht. Das war sehr anstrengend. Ich sagte ihm immer, dass er sich nicht mehr verstecken müsse. Es waren die 1980er- und 1990er- Jahre. Wenn etwas »in« war, dann war es schwul zu sein. Aber er wollte das nicht. Er wollte nicht, dass in der Berufswelt bekannt wurde, dass er in einer homosexuellen Beziehung war.

Viele Situationen aus meiner Zeit als Wolfgangs Angestellter betrachte ich heute in einem anderen Licht. Damals dachte ich mir nichts dabei. Aber ich erinnere mich daran, dass unser Büro ein Gästezimmer hatte. Dieses Zimmer führte auf den vorderen Parkplatz hinaus. Ich weiß, dass er oft, wenn die Türen offenstanden, von meinem Schreibtisch aus sehen konnte. Er stand hinter der Gardine am Fenster und beobachtete den Parkplatz. Er schaute immer dann auf den Parkplatz, wenn er ein Auto hörte. Besonders nervös wurde er, wenn er das Auto nicht kannte. Es waren seine drei privaten Parkplätze. Wenn sich jemand vom Tennisclub oder so dort hinstellte, dachte er sofort an Polizei oder Steuerfahndung.

Dann sagte er zu mir: »Frank, kannst du mal runtergehen und nachsehen, wer das ist?«

Ich ging hinunter und fragte höflich nach. Aber ich dachte nie weiter darüber nach. Oder wenn Herr B. zu uns ins Büro kam, musste ich Feierabend machen und gehen. Ich dachte immer, sie wollten hier in Ruhe feiern, trinken oder essen, bis ich Jahre später erfuhr, warum.

An seinem Sterbetag dann warnte mich Wolfgang: »Jemand wird sich an dich wenden. Du wirst eine Entscheidung treffen müssen.«

Das klang dramatisch, fast wie in einem Mafiafilm, doch ich hielt es für die überschäumenden Emotionen eines Sterbenden, und diese stellt man nicht in Frage. Die Hintergründe erklärte er mir nicht.

Er sagte zu mir auf dem Sterbebett: »Kümmere dich um meinen Freund Werner und meine Mutter. Die beiden sind nicht alleine lebensfähig. Die beiden lebten aber von der Firma.«

Als jener Herr B. dann mit seinem kriminellen Anliegen an mich herantrat, schoss mir durch den Kopf: »Ich habe das Versprechen gegeben. Ich kann jetzt nicht sagen: Dann ist die Arbeit hier beendet. Dann kann ich auch nicht die Mutter und den Freund weiter unterstützen.« Das ging nicht. Das war einer dieser Gründe, warum ich mich auf den Deal mit Herrn B. einließ, mein Versprechen auf dem Sterbebett.

Wolfgang wirkte traurig, als er mir das mitteilte, als würde er mir eine schwere Bürde auferlegen, doch ich hatte keine Ahnung, wovon er sprach.

Wir beide hatten ein sehr enges, vertrauensvolles Verhältnis, und mir wäre nie in den Sinn gekommen, dass es sich um ein so schweres Erbe handeln würde.

Mir ging es auch darum, sein Vermächtnis weiterzuführen, eine gut laufende Firma, die ich lediglich modernisieren musste, treue Mitarbeiter, keine schlechten Bedingungen trotz der ungewissen Lage der Baubranche in den 2000er Jahren. Letztlich war es ein schweres, vergiftetes Erbe, das ich von ihm empfing, doch das wusste ich zu diesem Zeitpunkt nicht. Ich krempelte die Ärmel hoch und machte mich daran, mein Unternehmen aufzubauen.

Die Jahre vergingen und die Geschäfte liefen gut. Doch mit der Zeit wurde mir klar, dass dieser »Deal« mit IKEA nicht nur ein unschuldiges Arrangement war. Es war ein System, das auf Bestechung und illegalen Machenschaften basierte. Die Beträge, die wir von Firma A erhalten hatten, waren viel höher als erwartet. Ich begann zu ahnen, dass der Überschuss, den wir mit IKEA geteilt hatten, nicht nur aus den überhöhten Budgets stammte, sondern auch aus dunklen Kanälen, die wir nie hätten betreten sollen.

Als mir Herr B. an jenem schicksalhaften Tag das Angebot unterbreitete, verstand ich, wovor mein verstorbener Chef mich gewarnt hatte. Mir war durchaus bewusst, dass das nicht in Ordnung war, doch gleichzeitig hatte ich auch das Gefühl, gar keine andere Wahl zu haben. In dem Moment, in dem jemand sagt: »Du musst dafür bezahlen, wenn ich dir einen Auftrag gebe«, ist es natürlich Korruption. Zunächst denkt man vielleicht nicht unbedingt an Korruption, sondern an eine unfaire Geschäftsbeziehung.

Aber das ist im ersten Moment vielleicht nicht gerade Korruption. Doch sobald man zum ersten Mal Geld weitergibt, oft in einem Umschlag, manchmal sogar in leeren Thermoskannen, wusste ich: »Das hier ist nicht richtig. Jetzt ist es Korruption.«

Ich muss jedoch auch sagen, dass in dem Moment, und das ist wahrscheinlich bei allen korruptiven Geschäften so, man sich wie eine kleine verschworene Gemeinschaft fühlt. Man fühlt sich unverwundbar, weil man in einem geschlossenen Kreis ist. Man fühlt sich unangreifbar, unverwundbar. Man ist ein Kind der Sonne. Man weiß, dass es etwas Unrechtes ist, aber man glaubt, dass uns nichts passieren kann. Jeder, der etwas zu sagen hat, schützt mich ja. Und ich weiß über jeden etwas, der etwas zu sagen hat. Also ist es ein Geben und Nehmen in einer verschworenen Gemeinschaft.

Es gab jedoch später einen bestimmten Punkt, der diese Gemeinschaft aufgebrochen hat, und das war die Liebe und ein gebrochenes Herz. Plötzlich wurde man verletzlich. Ich glaube, das haben viele schon erlebt, nicht unbedingt im Namen der Liebe, aber es gibt immer einen Schwachpunkt in dieser Gemeinschaft. Dass es dann ausgerechnet die Geliebten sind, ist eigentlich der Klassiker.

Zunächst aber nahmen die Dinge ihren Lauf und irgendwann wurde es zu einer Art Normalität. Es lief ja auch schon seit vielen Jahren so und so lange alle mitspielten, war es sicher. Das zumindest versuchte ich mir einzureden. Die Gewissensbisse nagten dennoch an mir, und ich begann, nach einem Ausweg aus dieser Korruptionsspirale zu suchen. Aber ich wusste auch, dass ein plötzlicher Ausstieg gefährlich sein könnte. Herr B. war kein Mann, mit dem man sich anlegen sollte. Er hatte viele Verbindungen und wusste zu viel über mich und meine Firma. Es war ein gefährliches Spiel, in dem ich gefangen war.

Es ist schwierig, zu erklären, in welcher mentalen Verfassung man sich befindet. Es ist ein ständiges Auf und Ab, sehr ambivalent. Die Psyche versucht, diese Situation zu normalisieren, doch die Ängste brechen immer wieder hervor, vor allen in Augenblicken, in denen man zum Nachdenken kommt. In manchen Nächten machte ich mir so große Sorgen, dass ich nicht schlafen konnte. Ich fühlte den Druck auf mir, eine große Last. Das Lügen und Vertuschen wurde zu einer Art zweiter Natur für mich, dabei hatte ich das nie gewollt. Ich hatte mich immer als ehrlichen Geschäftsmann gesehen. Ich konnte mich selbst immer weniger leiden, ich fühlte mich abgeschnitten, entfremdet, ich konnte mich über meinen Erfolg nicht freuen, denn er war auf Sand und kriminellen Machenschaften gebaut. Dennoch sah ich keinen Ausweg. Ich versuchte, andere Kunden an Land zu ziehen, doch die Realität sah so aus, dass ich ohne die Aufträge von IKEA meinen Laden hätte zumachen müssen, vor allem angesichts der hohen Schulden, die ich aufgenommen hatte, bevor ich von dem Deal mit Herrn B. erfuhr. Ich saß in der Falle, eine Zwickmühle.

Dann wieder war es auch ein wenig wie in einem Kegelclub. Man kannte sich seit Jahren, vertraute einander und war aufeinander angewiesen – auf die Verschwiegenheit, die Kameradschaft und all das. Diese Gemeinschaft schweißte auf eine seltsame Weise zusammen, denn sie teilte Geheimnisse und hatte das Gefühl, dass ihnen tatsächlich nichts passieren konnte. Doch wer mit Korruption davonkommt, neigt dazu, größenwahnsinnig zu werden, sich über Regeln und Gesetze zu stellen und unantastbar zu fühlen. So erging es wohl auch Herrn B., und das sollte sich als sein Fehler erweisen. In einem schwachen Moment verriet er seine Geheimnisse seiner Geliebten, ohne zu ahnen, welche Konsequenzen dies nach sich ziehen würde.

Zu den Hintergründen: Es war so, dass ich immer eine spezielle Liste geführt habe. Wenn ich Kosten von einer Million auf meiner Liste hatte, mein Budget jedoch 1,5 Millionen betrug, musste ich mein Angebot auf 1,45 Millionen erhöhen. Dadurch hatte ich überhöhte Preise, und es blieben 450.000 übrig. Dann gab es diese Vorgehensweise, bei der sie sagten, dass das Finanzamt die Hälfte der 450.000 bekommen würde und wir gerne die andere Hälfte hätten. Das restliche Viertel könnte in Ihrem Unternehmen verbleiben, aber den anderen Teil hätten wir gerne bar.

Das bedeutet, dass ich immer ein Gesellschafterdarlehen aufnehmen musste, da ich nicht einfach Geld abheben konnte, um die Barzahlung zu leisten. Natürlich musste ich das nicht tun, wenn sie zu mir sagten, dass sie ihr Badezimmer renoviert haben möchten oder ihr Haus gestrichen haben möchten. Dann wurde ein Maler geschickt und die Kosten für dieses Projekt wurden über den Maler abgerechnet.

Es gab jedoch auch Situationen, in denen ich mehr Details in meine Pläne aufnehmen musste. Zum Beispiel, wenn Kunden spezifische Anforderungen hatten, wie die Renovierung ihres Badezimmers oder das Streichen ihres Hauses. In solchen Fällen wurde ein erfahrener Maler geschickt, um die Arbeiten durchzuführen, und die Kosten für das Projekt wurden über den Maler abgerechnet. Das war eine praktische Lösung, um den Prozess zu vereinfachen und sicherzustellen, dass die Kunden genau das bekamen, was sie wollten.

Es war jedoch nicht immer einfach, die finanziellen Aspekte zu verwalten. Wenn es um Barzahlungen ging, musste ich immer ein Gesellschafterdarlehen aufnehmen, da ich nicht einfach Geld abheben konnte. Das führte manchmal zu zusätzlichen Herausforderungen und der Notwendigkeit, die Finanzen sorgfältig zu planen. Glücklicherweise konnte ich auf diese Weise sicherstellen, dass alle Zahlungen rechtzeitig erfolgten und die Projekte erfolgreich abgeschlossen wurden.

Es erforderte sowohl strategisches Denken als auch Flexibilität, um sicherzustellen, dass alles reibungslos lief, und je reibungsloser es lief, um so weniger fürchteten wir, entdeckt zu werden.

Von meinem heutigen Standpunkt aus betrachtet, glaube ich fest daran, dass dies letztendlich nur eine Frage der Zeit war. Selbst ohne die rachsüchtige Geliebte, deren Zorn die Wahrheit ans Licht brachte, wäre es früher oder später unausweichlich gewesen. Die Enthüllung der Wahrheit war unaufhaltsam, wie ein unaufhaltsamer Fluss, der sich seinen Weg bahnt.

Meine Mitbewerber, all diese anderen Unternehmen, die sich ständig um Aufträge bewerben, werden sich unweigerlich irgendwann die Frage stellen müssen: Warum werde ich immer wieder abgelehnt? Warum erhalte ich nicht die gleichen Chancen? Es geht um die Frage der Ausschreibung und die Vergabe von Aufträgen, die eine große Rolle spielt. Und wenn schließlich jemand nicht nur sich selbst diese Frage stellt, sondern sie auch öffentlich äußert und sagt: »Warum erhält nur die eine Firma aus Düsseldorf immer die Aufträge? Warum nicht ich? Warum werde ich nicht einmal aufgefordert, ein Angebot abzugeben?« Dann wird sich die Diskussion über die Gleichberechtigung und Fairness in der Geschäftswelt nicht länger unterdrücken lassen.

Tatsächlich gab es mehrere Firmen, Mitbewerber, die sich mit dieser Frage an Herrn B. wandten und nach einer Lösung suchten. In einer unerwarteten Wendung erwiderte Herr B. dann lapidar: »Dann müssen

Sie eben so günstig werden wie Herr Alvarez.« Mit dieser knappen Antwort war die Sache vorerst vom Tisch.

Um Korruption zu betreiben, braucht man lediglich zwei Dinge: eine kriminelle Veranlagung und Grundlagenwissen. Es genügt, das eigene Unternehmen zu verstehen und auch die Schwachstellen zu kennen. Nehmen wir an, jemandem wurde ein Angebot für PVC-Arbeiten vorgelegt, das besagt, es koste 50,00 Euro pro Quadratmeter. Da er keine Ahnung hat, glaubt er daran, obwohl der tatsächliche Preis nur 12,00 Euro beträgt. Mit diesem Wissen gibt er sein Angebot ab und sagt: »Ich muss PVC im Haus XY verlegen und es kostet 50 Euro pro Quadratmeter.«

Die andere Partei sagt daraufhin: »Ja, fantastisch, verstehe.«

Nun, da er den Auftrag erhalten hat, beginnt er, seine kriminellen Machenschaften voranzutreiben. Er manipuliert die Rechnungen und fügt zusätzliche Kosten hinzu, um seinen eigenen Gewinn zu maximieren. Er nutzt das Vertrauen der anderen Partei aus und lässt sie in dem Glauben, dass die hohen Kosten gerechtfertigt sind.

Währenddessen hat die andere Partei keine Ahnung von der Korruption und akzeptiert die erhöhten Preise unwissend. Die Täuschung setzt sich fort, und der korrupte Akteur profitiert von seinem betrügerischen Verhalten.

Dieses Beispiel verdeutlicht, wie Korruption durch das Ausnutzen von Unwissenheit und Vertrauen entstehen kann. Es zeigt auch die Bedeutung von Transparenz und einer wachsamen Haltung, um solche Machenschaften zu erkennen und zu bekämpfen. Letztlich war es ein gebrochenes Herz, das alles zu Fall bringen sollte. Das alles ging eine ganze Weile, ja sogar jahrelang gut, doch Herr B. ließ irgendwann alle Vorsicht fahren. Seine Geliebte, Frau L., fühlte sich irgendwann zurückgesetzt, weil sich Herr B. entgegen seiner Beteuerungen weigerte, seine Frau zu verlassen.

Getrieben von Verletzung und Enttäuschung, setzte sie sich an ihre Schreibmaschine und tippte einen langen Brief an die Staatsanwaltschaft. Ironischerweise war Herrn B. Geliebte ausgerechnet die Buchhalterin, die in alle Machenschaften eingeweiht war. Sie wusste

Bescheid über die teuren Reisen, die Gutscheine, und all die anderen dubiosen Transaktionen, die seit Jahren stattgefunden hatten. Doch in ihrer Aussage waren auch einige Unwahrheiten enthalten – warum, blieb ein Rätsel. Vielleicht hatte sie einige Informationen durcheinandergebracht oder sie wollte einfach den größtmöglichen Schaden verursachen. Die Wahrheit blieb im Dunkeln. Es war jedoch bekannt, dass die Geliebte selbst in einer belastenden Lebenssituation steckte und mit privaten Problemen zu kämpfen hatte. Inmitten dieser turbulenten Umstände kam es zu einer unheilvollen Kombination aus Rache und impulsivem, irrationalem Verhalten. Der Drang, Vergeltung zu üben, war zu stark, und dies sollte letztendlich die Ursache für das gesamte Drama sein.

Aufgrund ihrer Aussage veranlasste die Staatsanwaltschaft eine umfassende Überwachung und Abhörung meiner Mitarbeiter und mir. Gleichzeitig übte das BKA enormen Druck auf meine Leute aus, um belastendes Material über mich weiterzugeben, andernfalls würden sie alle ins Gefängnis kommen.

Meine Sekretärin wurde von den Mitarbeitern regelrecht terrorisiert, wie sie mir später unter Tränen berichtete. Sie fühlte sich hilflos und ängstlich angesichts der bedrohlichen Situation, die sie durchlebte. Die ständige Überwachung und der immense Druck setzten ihr und allen anderen Teammitgliedern psychisch zu.

Die Atmosphäre im Büro war geprägt von Angst und Unsicherheit, aber man hatte mein Team so eingeschüchtert, dass mir niemand etwas sagte.

Rückwirkend weiß ich aber, dass ich wohl etwas ahnte. Ich schlief schlecht und da war dieser Knoten in meinem Magen. Meine Arbeit, die Firma, all das machte mir keinen Spaß mehr, aber ich hatte für meine Familie und mich ein Haus gekauft, ich hatte Schulden, Verantwortung, aus meiner Sicht gab es keinen Weg zurück, sondern ich musste immer weiter machen.

Dann kam 2004 der Tag der Verhaftung. Diesen Tag werde ich niemals vergessen und wenn ich darüber nachdenke, dann überwältigen mich die Emotionen immer noch. Ich bin ein zuverlässiger, korrekter Mensch, in meinem Leben habe ich bis auf diese Sache noch nie ein Gesetz gebrochen. Für mich war die Vorstellung, dass man mir eines Tages Handschellen anlegen würde und das auch noch vor den Augen meiner Familie, meiner Kinder, unvorstellbar, doch genau so sollte es kommen. An jenem Tag war ich auf der Baustelle des neuen IKEA-Gebäudes in Erfurt. Morgens rief ich im Büro an und versuchte, jeden einzelnen Nebenanschluss zu erreichen, doch niemand hob ab.

Schließlich rief ich meine Frau an, da sich unser Büro und unser Wohnhaus im gleichen Gebäude befanden. Dann kam der Schock.

Am anderen Ende der Leitung hörte ich ihre weinende Stimme: »Das Haus ist voller Polizei und sie erzählen mir etwas von IKEA, aber ich habe keine Ahnung, worum es geht.«

Dann nahm ein Beamter des Bundeskriminalamts das Telefon und sagte: »Hier ist W. Wir sind in Ihrem Haus. Wo sind Sie?«

Ich antwortete: »In Erfurt.«

Er erwiderte: »Dann bleiben Sie dort, wir kommen Sie abholen.«

Ich entgegnete: »Nein, ich fahre jetzt nach Hause.«

Er wollte wissen, ob er sich darauf verlassen könne. Daraufhin sagte ich: »Ich habe eine Frau und drei Kinder. Wohin soll ich gehen?«

Seltsamerweise empfand ich in diesem Moment eine Welle der Erleichterung. Ich sagte es dem Anwalt, dem Staatsanwalt und den Personen bei der Vernehmung sogar. Für mich war es in diesem Augenblick so, dass ich mich erleichtert fühlte und ein großer Stein von meinem Herzen fiel.

Ich dachte: »Endlich ist es vorbei.« Jetzt war alles vorbei. Ich musste mir keine Sorgen mehr machen, kein Geld mehr besorgen.«

Ich fuhr direkt nach Hause und versuchte unterwegs auch Herrn B. und einige andere Unternehmer anzurufen. Niemand nahm ab. Irgendwann wurde ich bei einem Telefonat mit der IKEA-Zentrale verbunden und fragte nach Herrn B.

Die Antwort lautete: »Er ist heute schwer zu erreichen. Es findet eine außerordentliche Besprechung statt.«

Mehr Informationen erhielt ich nicht. Ich dachte mir nur: »Da steckt bestimmt mehr dahinter.«

Als ich zu Hause ankam, rief ich meinen Anwalt und meinen Steuerberater an. Mein Anwalt war bereits dort, als ich ankam. Anschließend wurde ich in meinen Besprechungsraum gerufen. Meine gesamte Mannschaft saß draußen auf der Terrasse und durfte keinen Kontakt zu mir haben.

Drinnen saßen die Steuerfahndung, das Bundeskriminalamt, der Staatsanwalt und das Kartellamt. Sie zeigten mir eine Rechnung, in der ich Stunden eines Unternehmers für IKEA abgerechnet hatte.

Ich erklärte: »Klar, wenn er irgendwelche kleinen Leistungen erbracht hat, dann habe ich diese Stunden in Rechnung gestellt.« Doch in meinem Kopf dachte ich nur: »Das kann doch jetzt nicht alles sein.«

In diesem Moment drehte der BKA-Beamte jedoch einen roten Zettel um – ein Haftbefehl. Ich fragte, ob ich nochmal nach oben gehen könne, um meine Frau zu sehen, und begab mich in Begleitung eines BKA-Beamten nach oben. Dort saßen meine Frau und mein Anwalt, und ich sah neben dem Sofa eine gepackte Sporttasche stehen. Ich blickte meinen Anwalt an. Meine Frau war völlig gefasst.

Auf jeden Fall war sie auch stärker als ich in dem Augenblick. Mir war das eigentlich völlig egal, aber man machte sich Gedanken. Die Kinder wurden von meiner Schwester abgeholt, sie waren gar nicht zu Hause. Als ich dann nach den zweieinhalb Wochen wieder zu Hause war, waren meine Kinder natürlich auch da. Und das, was heute aus ihnen geworden ist, selbständige, völlig authentische und mit beiden Beinen im Leben stehende Menschen, das ist einzig und alleine ihr Verdienst. Zum Zeitpunkt der Verhaftung war die Kleinste sechs, die anderen neun und zehn, also noch sehr klein. Für sie war das ein Schock und die Beamten gaben sich auch keine Mühe, diese Situation für sie als Unschuldige irgendwie erträglicher zu machen, im Gegenteil. Meine Verhaftung wurde mit aller Härte durchgezogen.

Ich wurde vor der versammelten Mannschaft der Staatsanwaltschaft und der Steuerfahndung wie ein Schwerverbrecher behandelt. Im Flur unten musste ich mich an die Wand stellen und wurde abgetastet, als ob ich eine Waffe versteckt hätte. Dann wurde mir gesagt, ich solle die Hände nach hinten nehmen.

Ich bat darum, stattdessen nach vorne zu gehen und eine Jacke darüber zu legen, wenn ich den Raum verlassen würde. Sie kamen meinem Wunsch nach.

Die erste Nacht verbrachte ich im Düsseldorfer Polizeipräsidium. Es war eine Zelle mit einem gemauerten Bett, einer Matratze, einer Decke und einem Kopfkissen – nichts weiter, keine Toilette. Es wäre hilfreich gewesen, wenn man mich darüber informiert hätte. Die Decke war fünf Meter hoch und oben hing eine riesige LED-Schienenleuchte. Alle halbe Stunde wurde die Klappe geöffnet und das volle Licht ging an, um zu überprüfen, ob ich noch da war. Dabei hätte man auch durch das Fenster sehen können, dass ich noch da war. Es ging aber auch darum, sicherzustellen, dass mir nichts passiert war und ich noch am Leben war. In solchen Situationen geschieht oft ein Kurzschluss und Leute bringen sich um, die Befürchtung war nicht übertrieben, wie sich im weiteren Ermittlungsverfahren noch zeigen sollte.

Am nächsten Morgen holten mich die beiden BKA-Beamten ab. Auch im Auto saß ich von Düsseldorf bis Frankfurt gefesselt. Auf der Raststätte fragten sie mich, ob ich einen Kaffee haben wollte. Ich stand draußen an der Raststätte, den Kaffee in der Hand und die Handschellen angelegt. Ich trank meinen Kaffee mit den BKA-Beamten. Einige Leute, die zu ihren Autos gingen und uns sahen, schauten auch hin und bemerkten natürlich, dass ich Handschellen trug. Während der Fahrt von Düsseldorf nach Frankfurt konnte ich aus dem Fenster sehen und die vorbeiziehende Landschaft bewundern. Die Autobahn war von grünen Feldern und sanften Hügeln gesäumt. Die Sonne strahlte am Himmel und tauchte alles in ein warmes, goldenes Licht. Es war ein malerischer Anblick, der einen Moment der Ruhe und Schönheit inmitten der angespannten Situation bot, ein harter Kontrast. Ich hatte kaum geschlafen und auch wenn ich allmählich begriff, was passiert war, konnte ich es dennoch nicht verarbeiten. Eine solche Situation überfordert einen, emotional, kognitiv.

Als wir an einer Raststätte anhielten, um eine kurze Pause einzulegen, konnte ich frische Luft schnappen und den Duft von frisch gebrühtem Kaffee wahrnehmen. Die BKA-Beamten boten mir an, einen Kaffee zu trinken, und ich nahm dankend an. Ich stand draußen an der Raststätte, den Kaffee in der Hand und die Handschellen angelegt und wurde angestarrt wie ein gefährliches Raubtier. Für mich fühlte sich all das völlig surreal an, wie in einem Traum oder einem Film. Ich konnte nicht wahrhaben, dass das alles wirklich mir passierte, ein Teil von mir hoffte wohl die ganze Zeit, dass ich einfach aufwachte und der Albtraum vorbei war.

Die Fahrt setzte sich fort, und während wir auf der Autobahn fuhren, hatte ich Zeit, über alles nachzudenken, was passiert war. Die Gedanken wirbelten in meinem Kopf herum, während die Landschaft an mir vorbeizog. Ich fragte mich, wie ich in diese Situation geraten war und wie ich damit umgehen sollte. Es war eine Mischung aus Angst, Verwirrung und Unsicherheit, aber auch der Wille, stark zu bleiben und die Herausforderungen zu meistern.

Schließlich erreichten wir Frankfurt, und ich konnte spüren, wie sich die Spannung in der Luft verstärkte. Die Stadt war voller Menschen, die ihre täglichen Aufgaben erledigten, ohne von der ungewöhnlichen Situation um mich herum zu wissen. Ich fühlte mich isoliert und gleichzeitig beobachtet, während wir durch die belebten Straßen fuhren. Es war ein merkwürdiges Gefühl der Ambivalenz, das mich begleitete – ein ständiger Wechsel zwischen Hoffnung und Sorge, zwischen Normalität und Ausnahmezustand.

Meine Verhaftung war der absolute Tiefpunkt in meinem Leben, der mich gezwungen hat, meine Prioritäten neu zu ordnen und mich auf das Wesentliche zu konzentrieren. Die Tage der Verhaftung waren von Unsicherheit und Angst geprägt, aber sie haben mir auch gezeigt, wie stark meine Familie und meine Unterstützer sind. Ich bin heute davon überzeugt, dass der Hauptgrund für meine Verhaftung die Aussage von Frau T., der Geliebten von Herrn B., war. Ich glaubte, dass sie sicherlich auch Kopien von Beweisen hatte. Obwohl ich es nicht wusste, ging ich davon aus. Ich dachte, dass möglicherweise auch der bloße Verdacht ausreichen würde, um zu diesem Zeitpunkt ermitteln zu können.

Allerdings hatten sie, basierend auf den eingereichten Rechnungen von meiner Firma und anderen Firmen, wahrscheinlich auch durch Hinweise von Frau T., genaue Informationen. Ich vermute, dass sie etwas kopiert hat. Ich war immer der Meinung, dass ich der Einzige war, der darin verwickelt war. Ich wusste weder etwas von einer weiteren Firma noch von irgendjemand anderem. Allerdings, als ich morgens dem Haftrichter vorgeführt wurde, wurde ich von Düsseldorf nach Frankfurt gebracht.

In Frankfurt wurde ich in Untersuchungshaft genommen, da die ermittelnde Staatsanwaltschaft in Frankfurt ansässig war. Das war meine erste Nacht dort, und danach wurde ich dem Haftrichter vorgeführt. In diesem Moment kamen wir ins Gespräch, da er meinen Haftbefehl aufgrund von Drogen ausgestellt hatte. Seine Sekretärin hatte vergessen, den Betreff zu ändern.

Ich sagte ihm: »Aber ich bin nicht wegen BTM hier.«

Daraufhin antwortete er: »Oh Scheiße« und nahm den Haftbefehl zurück. Das war wie ein Eisbrecher für unser Gespräch. Wir unterhielten uns, und er zeigte mir eine Liste von Personen, mit denen ich auch nach meiner Entlassung nicht mehr sprechen durfte. Er drehte die Liste um, und dort standen alle Namen von Personen, die ich in meinen 20 Jahren bei IKEA kennengelernt hatte.

Daraufhin fragte ich ihn: »Hatten sie alle etwas damit zu tun?«

Er antwortete: »Alle, die auf der Liste stehen, haben bezahlt.«

Nur Herr B. hatte auch seine Tochter mit hineingezogen. Es wurden dreieinhalb Millionen Euro gefunden. Ein weiterer Beteiligter, Herr F., hatte sein Haus für etwas über 700.000 Euro um- und ausgebaut, inklusive Außenanlage und Fernseher. Ich habe auch für die Küche und das Wohnzimmer mitbezahlt. Es handelt sich hier wirklich um eine Menge Geld, wenn man die Gesamtsumme betrachtet.

Während der U-Haft hatte ich viel Zeit, darüber nachzudenken. Es ist schwierig zu erklären, wie man sich fühlt. Man leugnet es, verhandelt mit einer Art höheren Macht, redet sich ein, dass alles vielleicht doch nicht so schlimm kommt und gleichzeitig weiß man, dass es

»Game Over« ist. Man geht alle Gespräche, alle Handlungen noch einmal durch, versucht zu ermessen, was die Staatsanwaltschaft weiß, schwankt zwischen Hoffnungslosigkeit und Kampfgeist, und natürlich sind da Schock, Entsetzen, Schuldgefühle und auch Scham. Man hatte mich wie einen Schwerverbrecher abgeführt, und das konnte ich nie wieder rückgängig machen, vor allem nicht vor meinen Kindern.

Meine größte Sorge war, dass man nun alles, was ich hatte, beschlagnahmen würde, auch das Haus und dass meine Familie dann auf der Straße säße. Deshalb war ich bereit, zu kooperieren. Ich merkte schnell, dass die Staatsanwaltschaft eigentlich sehr wenig wusste, aber ich wollte deutlich machen, dass ich meinen Fehler bereute, ich gestand alles, war hilfsbereit, doch das sollte mir nichts nutzen. Ich stellte mich als Kronzeuge zur Verfügung. Der Anwalt, ein erfahrener und renommierter Verteidiger, sah mich skeptisch an und sagte: »Überleg dir das gut, es ist ein riskanter Schritt.« Trotz seiner Bedenken entschied ich mich, meine Aussage zu machen und wurde daraufhin unerwartet inhaftiert. Mein Anwalt, der mich von Anfang an unterstützte, begleitete mich während dieser schwierigen Zeit.

In meiner Gefängniszelle, stand mein Entschluss fest, deshalb bat ich noch am ersten Abend den Wärter: »Können Sie mir bitte Papier und einen Stift besorgen?«

Verwundert über meine Bitte, fragten sie: »Warum?«

Ich erklärte ihnen ruhig: »Ich möchte einige wichtige Informationen festhalten, und bitte stellen Sie sicher, dass ich schnellstmöglich vom Staatsanwalt verhört werde.« Der Wärter, der von meiner Entschlossenheit beeindruckt war, kümmerte sich darum und reichte mir das gewünschte Schreibmaterial.

Mit jedem Satz, den ich auf das Papier niederschrieb, fühlte ich eine gewisse Befreiung. Auf dem Zettel hatte ich jedes Haus notiert, in dem kriminelle Machenschaften stattgefunden hatten. Meine Erinnerungen an die verschiedenen Vorfälle waren zwar im Laufe der Jahre verblasst, doch ich konnte immer noch viele wichtige Aspekte in meine Aussagen einfließen lassen.

Nach einigen Tagen wurde ich schließlich zum Verhör in die Staatsanwaltschaft in Frankfurt-Innenstadt gebracht. Dort saßen bereits zwei Staatsanwälte, einer davon vom Bundeskriminalamt. Gemeinsam erklärten sie mir: »Der vorliegende Fall ist der Fall Duisburg. Das war auch das letzte Haus, in dem viel ‚verbuddelt' wurde. Sie waren in diesem Fall Duisburg involviert, der bereits über 500.000, 600.000 Euro umfasste.«

Ich fragte ungläubig: »Darum geht es?« Mehr hatten sie nicht? Das wollte ich nicht glauben.

Die Staatsanwälte antworteten mit einem klaren »Ja.«

Doch dann überraschte ich sie mit meiner nächsten Aussage: »Ist das alles, was Sie haben?«

Die beiden Staatsanwälte sahen sich verwundert an und fragten: »Ja, wieso?«

Daraufhin erwiderte ich: »Ich kann Ihnen 20 weitere Fälle nennen.« Verblüfft über meine Aussage, verlangten sie nach dem Zettel, den ich Ihnen überreichte.

Als sie die Informationen lasen, gestanden sie: »Davon hatten wir gar keine Ahnung.«

In den folgenden drei Tagen saß ich stundenlang in Verhören und erzählte ihnen alles, was ich wusste. Meine Informationen waren so wertvoll, dass die Staatsanwälte sogar bei IKEA anriefen, um sich über die darin enthaltenen Informationen zu vergewissern.

IKEA stimmte zu, dass ich ihnen jeden Abend diese Informationen per Fax zusendete, damit sie intern handeln konnten. Im Gegenzug verzichtete IKEA auf eine strafrechtliche Verfolgung von mir, was andernfalls ein neues Verfahren bedeutet hätte. Natürlich willigte ich sofort ein.

Durch meine Aussagen wurden daraufhin die Hälfte der Bauabteilung entlassen und strafrechtlich verfolgt. Es gab auch ein aufschlussreiches Telefonat zwischen meinem Anwalt und der Staatsanwaltschaft, bei dem die Möglichkeit einer Bewährungsstrafe und der Zahlung von Tagessätzen als Strafe für mich diskutiert wurde.

Es fühlte sich gut an, befreiend, mir alles von der Seele zu reden und natürlich hoffte ich auch, dass sich das strafmildernd auswirken würde, immerhin war ich geständig, zeigte Reue und war kooperativ. Nun, in Fernsehserien aus den USA läuft das so, die Wirklichkeit im deutschen Justizsystem ist eine andere, auch dessen sollte sich jeder bewusst sein, der nur »ein bisschen Schmiergeld« zahlt oder sich Korruption auf andere Weise schönredet, so wie ich es lange getan hatte und wie es mein Chef Wolfgang vor mir lange Zeit getan hatte. Man belügt sich selbst.

Nach den zweieinhalb Wochen der Haft kam ich nach Hause und es fühlte sich an, als ob ich eine zweite Chance bekommen hätte. Meine Kinder waren da, und ihr Lächeln und ihre Umarmungen gaben mir die Kraft, nach vorne zu schauen. Ich wusste, dass ich die Verantwortung hatte, meine Fehler zu akzeptieren und aus ihnen zu lernen, und nun galt es, mich auf die Verhandlung vorzubereiten, die sich über Jahre hinziehen sollte, eine schreckliche Zeit der quälenden Ungewissheit.

Ich hatte weniger Angst vor dem Gefängnis, obwohl das nicht schön ist. Ich wusste über die zweieinhalb Wochen U-Haft, wie miteinander umgegangen wird und welche Gesetze im Knast herrschen. Es ist eine eigene Welt, eine eigene Gesetzeswelt. Damals war ich davon überzeugt, dass ich damit schon fertig werde, außerdem hoffte ich zu diesem Zeitpunkt noch, um eine Gefängnisstrafe herumzukommen.

Viel schlimmer wogen andere Aspekte, denn meine Firma stand nun vor dem Aus. Ich werde nie vergessen, kurz vor Weihnachten 2005, also ungefähr ein halbes Jahr, nachdem alles passiert ist, hatte ich den Anruf vom Insolvenzverwalter.

Er sagte zu mir: »Wenn du die Papiere nicht unterschreibst, mache ich dich und deine Familie fertig.«

Konkret ging es dabei um eine Schuldübernahme für das Geld, das ich als Gesellschafter entnommen hatte. Ich wollte meine Familie schützen und unterschrieb natürlich, heute würde ich anders handeln, aber damals war ich so in die Enge getrieben, dass ich mich darauf einließ, ohne lange darüber nachzudenken und meine Familie und ich alles verloren, ebenso Wolfgangs Partner und seine Mutter und auch meine Mitarbeiter standen auf der Straße.

Von einem Tag auf den anderen waren wir quasi mittellos, mit einem Haufen Schulden an der Backe. Ich konnte weder ein neues Handy kaufen, unser Auto kam weg und aus dem Haus mussten wir auch ausziehen. Diesen Schock, das kann man sich nur schwer vorstellen.

Sechs Jahre sollten bis zu meiner Verhandlung vergehen, so lange benötigte die Staatsanwaltschaft, um sich auf diesen komplexen Fall vorzubereiten.

Letztendlich kam es jedoch kurz vor meiner für 2010 geplanten Verhandlung zu einem Wechsel der Zuständigkeiten. Ich konnte mir schon lange keine Anwälte mehr leisten und bekam stattdessen einen Pflichtverteidiger zugeteilt. Sowohl der Richter als auch der Staatsanwalt wurden ebenfalls ausgetauscht. Nun hatte ich es mit einer Staatsanwältin zu tun und mein Pflichtverteidiger führte vor unserem ersten Treffen Gespräche mit dem neuen Richter, um den Fall zu besprechen und über das Strafmaß zu verhandeln.

Später stellte sich heraus, dass dieser neue Richter an mir ein Exempel statuieren wollte und eine Strafe von acht Jahren beantragte.

Ich war mit meinem Pflichtverteidiger zusammen und sagte: »Acht Jahre? Es hieß doch einmal, Tagessätze etc.«

Er antwortete: »Nein, das kannst du vergessen. Er will an dir ein Exempel statuieren.«

Doch bei der Verhandlung saß der Hauptermittler des BKA im Publikum, zusammen mit zwei Mitarbeitern von IKEA und meiner Frau. Plötzlich erhob sich der BKA-Mann und entschuldigte sich zunächst bei mir und meiner Frau für die lange Verfahrensdauer, da es noch einen großen Skandal am Frankfurter Flughafen gab.

Er sagte aber auch zum Richter: »Ich möchte Sie bitten zu berücksichtigen, dass ohne Herrn Alvarez insgesamt 66 Fälle nicht hätten aufgeklärt werden können und wir dank seiner Aussagen und Mitarbeit viele Erfolge erzielen konnten.«

Es gab eine bestimmte Berechnungsmethode und aus acht Jahren wurden vier, aus vier wurden dreieinhalb. Schließlich wurde ich 2012, anderthalb Jahre nach der Verhandlung in Euskirchen, inhaftiert.

Doch ein neuer und erfahrener Anwalt, der mich pro bono unterstützte, da er den Umgang mit mir als äußerst unfair empfand, erreichte schließlich, dass ich unter der Bedingung, dass ich diese Vorträge ehrenamtlich halte und somit einen Wert für die Gesellschaft darstelle, während meiner Bewährungszeit entlassen wurde.

Und das habe ich auch getan. Für mich war es eine Möglichkeit, etwas von meiner moralischen Schuld abzutragen, für Aufklärung zu sorgen.

Durch die Fernsehinterviews wurde auch die Öffentlichkeit auf mich aufmerksam. Ich konnte nebenbei etwas Geld verdienen und Vorträge halten. In diesen Vorträgen habe ich meine Erfahrungen ausführlich geteilt und den Menschen Einblicke in eine Welt gewährt, die oft im Verborgenen bleibt. Es war mir wichtig, nicht nur über meine eigene Geschichte zu sprechen, sondern auch über die Ungerechtigkeiten und Missstände, denen viele Menschen im Justizsystem ausgesetzt sind. Meine Vorträge werden sehr positiv aufgenommen und ich erhalte zahlreiche Einladungen, um an verschiedenen Veranstaltungen teilzunehmen. Ich gehe sehr offen mit meiner Geschichte um, offenes Visier sozusagen. Ich möchte, dass den Menschen klar ist, was sie ihrer Familie, ihren Mitarbeitern und Kollegen antun, wenn sie die Grenze zur Korruption überschreiten. Dieses vermeintlich schnelle Geld wird teuer bezahlt. Man schläft nie wieder ruhig.

Mein ehrenamtliches Engagement ist für mich auch eine Gelegenheit, mit meiner eigenen Geschichte ins Reine zu kommen, das alles zu verarbeiten.

Aber in den langen Jahren vor meinem Verfahren gab es auch andere Momente. Da saß ich manches Mal am Bahnhof in Benrath und dachte darüber nach, mich vor den nächsten Zug zu werfen. Ich tat es letztlich nicht aus Verantwortungsbewusstsein meiner Familie gegenüber. Ich lernte, das Unfassbare auszuhalten, alles verloren zu haben, ein verurteilter Verbrecher zu sein, nie wieder schuldenfrei zu sein. Immer, wenn ich wieder erleben muss, dass meinen Kindern Möglichkeiten verwehrt werden, weil es uns an den Mitteln fehlt, werde ich von Gewissensbissen überwältigt.

All das ist meine Schuld und mit dieser Schuld zu leben, ist alles andere als einfach.

Meine Firma gab es Ende 2004 nicht mehr, meine ehemaligen Mitarbeiter wurden teilweise aus dem Insolvenzverfahren bedient. Mein gesamtes Leben, alles, was ich mir aufgebaut hatte, lag in Trümmern. Unser Haus war weg, meine Frau musste kämpfen, um mit den Kindern überhaupt über die Runden zu kommen, und natürlich waren da auch die Blicke. Der Mann im Gefängnis, die Zeitungsberichte. Doch wir entschieden gemeinsam, mit »offenem Visier« zu kämpfen, nicht wegzuziehen.

Tragischerweise sah es kurzfristig so aus, als gäbe es für mich und meine Belegschaft noch eine Chance, nachdem ich aus der U-Haft entlassen worden war.

Mein Anwalt sprach mit IKEA und sagte zu mir: »Übrigens, gestern Abend bei dem Gespräch bei IKEA saß ich mit dem Abteilungsleiter und dem Geschäftsführer zusammen. Sie fragten, ob du bei IKEA arbeiten möchtest, im Sinne von: Du schaust dir die Bücher an und suchst, wo die Fehler waren. Wenn einer wusste, wo die Fehler waren, dann du.« Ich antwortete: »Im Leben würde ich da keinen Fuß reinsetzen. Sie können mir die Bücher nach Hause schicken. Das hat sich dann auch erledigt.«

Es gab weltweit keine Firma, die so viel Knowhow über IKEA-Arbeiten und Abläufe hatte wie meine Mitarbeiter. Das wollten aber meine Mitarbeiter nicht. Sie hatten sich mittlerweile auch schon anders orientiert.

Aber ich brauchte einen Job, ich musste meine Familie ernähren, ein Haufen Schulden wartete auf mich.

Ein Bekannter hatte mich im September an ein Unternehmen empfohlen, wo ich dann auch hingefahren bin, nachdem ich aus der U-Haft entlassen wurde. Anfang Oktober hatte ich dieses Gespräch schon.

Ich fragte: »Sie kennen meine Geschichte?«

Er antwortete: »Das ist der Grund, warum ich Sie einstelle. Sie können mir dabei helfen, mein Unternehmen sauber zu halten.«

Ich war dann im Messebau. Ich war vorher eigentlich nur im Innenausbau, dann war ich im Messebau, arbeitete dort zweieinhalb

Jahre als Freelancer und war dafür zuständig, eine Kalkulationsmatrix aufzustellen. Ich war permanent Freelancer und verdiente Geld, allerdings wurden die Rechnungen an die Adresse meiner Frau ausgestellt. Wenn ich das getan hätte, wäre es weg gewesen.

Der Chef eines Unternehmens kam auf mich zu und sagte: »Wir haben ein Team in Köln. Wir würden dich gerne anstellen und hätten dich gerne als Teamleiter in Köln.« 2008, im Oktober, fragten sie mich das. Im November war ich fest angestellt, wieder zum ersten Mal nach dreieinhalb Jahren. Von da aus ging ich zu einer anderen Firma, bei der ich heute noch arbeite als einfacher Angestellter. Unterbrochen wurde meine Zeit dort nur durch meine Haft.

Ich war in Haft 2012 bis Sommer 2013. Das war keine einfache Zeit. Das ist eine eigene Gesetzgebung, das ist ein eigenes Leben im Knast. Aber ich habe so viele interessante Menschen kennengelernt. Das möchte ich auch nicht missen auf der anderen Seite. Ich habe für Analphabeten Briefe nach Hause geschrieben. Ich habe Formulare ausgefüllt für Leute, weil sie nicht wussten, wie man ein Formular ausfüllt.

Ich bin bedroht worden, und in meiner Zelle saß einer, der zu einer Rocker-Gang gehörte. Ich half ihm beim Schreiben seiner Briefe, dafür beschützte er mich. Das waren Nazis, die mich bedroht haben. Er lief selbst Gefahr, verletzt zu werden. Aber ihm war wichtiger, mich zu beschützen und zu sagen: »Der sitzt bei mir in der Zelle. Fasst du den an, dann fasst du mich an, und mich willst du nicht anfassen. Ich bedeute Ärger.« Ich selbst bedeute nicht Ärger, ich bedeute einfach nur Opfer. Tatsächlich war ich für diese Art von Schutz sehr dankbar und bis heute bin ich mit René befreundet.

In der Pandemie-Zeit veranstalteten wir eine Grillparty bei uns, und ich hatte immer noch Kontakt zu René von dieser Rocker-Gang.

Ich schrieb ihm spontan. »Wenn du Zeit und Lust hast, komm vorbei.«

Das tat er dann auch. Er kam mit fünf anderen noch vorbei, was für ein Auftritt – und meine Gäste dachten: »Ach du Scheiße, wer sind die denn?«

Und ich erklärte meinen Gästen: »Jungs, alles in Ordnung, die gehören zu mir.«

Wir umarmten uns. René ist zwei Meter groß mit 150 Kilo Lebendgewicht.

Die anderen Gäste fragten mich: »Woher kennst du die denn?«

Viele der Gäste kannten zwar meine Geschichte, wussten aber nicht, dass ich inhaftiert war.

Und als ich dann sagte: »René kenne ich vom Knast«, wollte mir das niemand glauben.

René stand grinsend hinter mir mit seiner Bratwurst und sagte: »Wegen Steuerhinterziehung, deswegen kommt man doch nicht in den Knast.«

Das sagte er immer. In seinen Augen war ich kein richtiger Verbrecher. Aber auch das muss man als Wirtschaftskrimineller wissen. Wenn man als Familienvater und Unternehmer in das Gefängnis kommt, wird man den Regeln dort unterworfen. Und die sind gegen einen. Die Umstände waren hässlich, aber ich möchte die Begegnungen nicht missen. Sie haben mich gelehrt, offener und toleranter zu sein und meinen Blick auf die Menschen verändert. Ich urteile nicht mehr so schnell und natürlich entwickelt man auch eine gewisse Art von Galgenhumor. Man nimmt sich selbst nicht mehr so wichtig.

Auch das ist eine wichtige Lektion im Zusammenhang mit Korruption, über die sich alle Täter im Klaren sein sollten. Die Strafen, selbst wenn sie Gefängnis bedeuten, sind vergleichsweise gering. Es geht vielmehr um diesen Verlust, um den Verlust einer ganzen Identität, einer Identität des Erfolgs. Den Straftätern auf der Straße schadet das Gefängnis nicht ihrem Ruf, und ihnen ist es egal, was die normale Gesellschaft über sie denkt.

Aber ich bin aus der Mitte der Gesellschaft so tief gefallen und habe mein Ansehen, meine Reputation und alles, was meine eigenen Werte sind, verloren. Dann musste ich mir eine neue Identität aufbauen, mit der ich weiterleben und für meine Familie funktionieren konnte. Ich kann mir vorstellen, wie unglaublich schwierig es ist, aus der U-Haft zu kommen und zu einem Vorstellungsgespräch zu gehen. Das muss man erst einmal schaffen: sich morgens fertigzumachen und zu sagen: »Ich gehe jetzt dorthin.« Die meisten hätten wahrscheinlich gesagt: »Ich trinke jetzt oder ich flüchte vor dieser

Situation. « Aber ich hatte keine Wahl. Ich hatte noch kleine Kinder und eine Verantwortung zu tragen. Ich glaube, das ist der Grund, warum sich viele das Leben nehmen, weil sie diesen Wechsel, diese Person nie wieder sein können, nicht ertragen können. Ich kann nie wieder der erfolgreiche Manager sein. Ich muss jetzt jemand Neues sein, und alle wissen, was mit mir passiert ist.

Auch wenn vieles schiefgelaufen ist und meine Haftstrafe sehr lang war, gab es auch Positives. Ich wurde im August/September 2012 inhaftiert, und in dem darauffolgenden Juli bin ich entlassen worden.

Ich hatte Glück im Unglück, weil mein Haus in Düsseldorf ausgerechnet von einem Anwalt gekauft wurde, der sich mit der Thematik auskannte und mich unterstützte. Das war eine alte Stadtvilla, ein Jugendstil-Altbau. Das ist der Stil meiner Frau. Sie liebte dieses Haus. Ich war mehr der Typ strenger Betonbau. Dann haben wir es architektonisch geschafft, weil wir Büro und Wohnen in einem haben wollten. Um das Gebäude wurde ein Betonbau geschmiegt hinten und seitlich, und dann wurden die beiden Bauten miteinander verbunden. Das heißt, wir gingen sowohl im Büro als auch im Wohnen immer wechselhaft von alt in neu, von dem schönen Altbauwohnen 1930 hin zu völlig sterilem Betonwohnen, was eher meins ist. Wir waren gerade eingezogen, als wir auch schon wieder ausziehen mussten.

Der Anwalt interessierte sich für dieses Haus und sprach mit der Bank und half uns, insbesondere meiner Frau, aus dieser Verantwortung und diesem Schuldenberg herauszukommen. Sie ist völlig frei rausgegangen, dank seines Engagements.

Er kaufte das Haus auch für einen interessanten Betrag und wollte seine Kanzlei dort einrichten.

Wir lernten uns näher kennen, weil er mich eines Tages anrief und sagte: »Ich habe so einen Respekt vor dieser Architektur. Könnten Sie sich vorstellen, für mich das so umzubauen, dass es für einen Anwalt ein Arbeitsplatz ist?« Er sagte, dieses offene Arbeiten, wie Sie es hatten, ist nichts für einen Anwalt. Ich brauche Privaträume. Ob ich mir das vorstellen könnte. Ich habe das gemacht. Er sagte, er würde keinen anderen dranlassen. Er würde sich freuen, wenn ich es mache. So haben wir uns kennengelernt. Wir sprachen auch über Transparency International, für die er tätig ist und inzwischen auch im Vorstand sitzt. Als ich ihm sagte, ich halte Vorträge, haben wir unseren allerersten gemeinsamen Vortrag im Industrieclub Düsseldorf gehalten und sind seitdem befreundet.

In meinem Fall gab es auch einige tragische Wendungen.

Herr B. konnte niemals zur Rechenschaft gezogen werden. Er nahm sich in Untersuchungshaft das Leben, indem er sich in der Zelle neben mir erhängte. Die Umstände waren folgende: Er verbrachte mehr Zeit in Untersuchungshaft als ich. Während ich mich in einer Vernehmung befand, erhielten beide Staatsanwälte und der BKA-Mann gleichzeitig eine Nachricht auf ihren Blackberrys. Alle drei schauten darauf, blickten sich an, schwiegen und machten eine Bemerkung. Ich sagte: »Sie sind sich bewusst, dass ich hier sitze, weil mein Name genannt wurde. Was ist passiert?« Sie versuchten auszuweichen, aber ich bestand darauf, dass sie mir sagen, was geschehen war, falls es mich betraf. Dann erzählten sie mir, dass Herr B. sich in seiner Zelle erhängt und für tot erklärt worden war. Die genaue Uhrzeit kann ich nicht mehr erinnern.

Mein erster Gedanke war: Feigling. Das war das Erste, was mir in den Sinn kam. Doch sofort danach blickte ich nach oben und entschuldigte mich bei Herrn B. Es tat mir leid.

Der BKA-Mann fragte mich: »Was haben Sie gerade gedacht?«

Ich antwortete: »Ganz ehrlich, im ersten Moment dachte ich: Du Feigling.« Weil er sich jeglicher Verantwortung entzogen hatte und einer Strafe entkommen war.

Dann sagte einer der drei: »Wir hatten vorher auch mit ihm gesprochen. Die Strafe wäre maximal fünf Jahre gewesen, bei guter Führung drei, dann wäre er freigekommen. Vielleicht nicht mit einer tollen Rente oder einem sorgenfreien Leben, aber er wäre draußen gewesen.« Er fügte hinzu: »Er hatte sich eben für diesen Weg entschieden.«

Bei einer späteren Besprechung mit dem BKA fragte ich, ob sie mir sagen könnten, wo Herr B. beerdigt wurde. Er fragte: »Warum möchten Sie das wissen?«

Ich antwortete: »Weil ich sein Grab besuchen würde.«

Er sagte: »Entschuldigung, das ist der Mann, der Sie hierher gebracht hat. Und Sie möchten sein Grab besuchen?«

Ich erklärte: »Ich hegte keinen Hass gegen ihn. Er war nicht dafür verantwortlich, dass ich das getan habe. Dafür trug ich selbst die Verantwortung. Aber wenn Sie mir sagen können, wo er liegt, würde ich auch dorthin fahren.«

Auf einer meiner Reisen, die mich auf der A 44 an Kassel vorbeiführte, war ich sogar dort.

Heute, Jahre nach diesem einschneidenden Ereignis, bin ich dankbar für die Lektionen, die ich gelernt habe und für die Möglichkeiten, die sich mir bieten. Mein Leben hat sich verändert, aber ich habe gelernt, dass es nie zu spät ist, einen Neuanfang zu machen und an sich selbst zu glauben. Die Unterstützung meiner Familie und meiner Freunde hat mir geholfen, wieder auf die Beine zu kommen und meine Ziele zu verfolgen.

Was aus den Vorwürfen gegen mich geworden ist, ist letztendlich eine Geschichte der Überwindung und des Wachstums. Ich habe aus meinen Fehlern gelernt und mich weiterentwickelt. Mein Fokus liegt nun auf meiner Familie, meiner Karriere und meinem Beitrag zur Gesellschaft. Ich weiß, dass ich auf dem richtigen Weg bin und dass ich durch meine Erfahrungen gestärkt wurde.

Die Verhaftung mag ein dunkler Moment in meinem Leben gewesen sein, aber sie hat auch dazu geführt, dass ich mich selbst besser kennenlerne und an meinen Herausforderungen wachse. Ich bin dankbar für die Unterstützung, die ich erhalten habe, und ich schaue mit einer gewissen, vorsichtigen Zuversicht in die Zukunft.

Trotzdem ist das nie ganz vorbei. Es wird mich und meine Familie mein ganzes Leben lang verfolgen. Aber das, was mich nicht schlafen lässt, ist nicht die Angst vor dem Gefängnis, sondern das, was zwei

Therapeuten zu therapieren versuchen: mein Schuldgefühl. Das Gefühl lässt sich nicht loswerden. Wenn eines meiner Kinder, die bereits nicht mehr zu Hause leben, heute sagt: »Ich muss darüber nachdenken, ob ich mir das leisten kann«, nehme ich das sofort auf mich und denke oder sage: »Wenn wir eine andere Geschichte hätten, würdest du diesen Satz wahrscheinlich nicht sagen.«

6.2 Fallanalyse ComSec/Giuseppe Frau

Im Fall Frank Alvarez haben die Behörden keine gute Ermittlungsarbeit geleistet. Der Fall zeigt erneut, dass die Strafverfolgungsbehörden im Bereich der Korruptionsbekämpfung noch Verbesserungspotenzial haben.

Sie denken immer noch in den Kategorien der »normalen« Kriminalität und handeln entsprechend. Doch das funktioniert nicht, weil man es nicht mit Drogendealern, sondern mit globalen Unternehmen zu tun hat. Organisierte Kriminalität kann man bekämpfen. Bei der organisierten Kriminalität gibt es einen Dealer, einen Internet-Dealer, einen Lieferanten und hinter dem Lieferanten einen Toplieferanten. Mithilfe von Observationen, V-Leuten und verdeckten Ermittlern kann man gegen organisierte Kriminalität ermitteln und sie zur Rechenschaft ziehen. Korruption hingegen ist nicht so leicht zu greifen.

Nehmen wir zum Beispiel jemanden, der gezwungen wird, sich einen überteuerten Laptop zu kaufen, um ein Geschäft einzufädeln. Der Laptop liegt nun bei ihm zu Hause. Diese Person hat den Laptop steuerlich abgesetzt, was auch ein Steuervergehen darstellt. Natürlich hat die Person den Laptop nicht privat gekauft, sondern mit Firmengeldern bezahlt. Die Rechnung hat er eingereicht. Damit beginnt das Steuervergehen. Bei einer Durchsuchung kann so etwas entdeckt werden. Auf diese Weise sichern wir Beweise und ermitteln. Korruption lässt sich immer nachweisen, weil die Korruptionsgelder irgendwo wieder auftauchen, sie werden ja nicht aus der privaten Tasche bezahlt, sondern auf Rechnungen aufgeschlagen, wie Herr Alvarez es beschrieben hat. Danach muss gesucht werden, das sind die relevanten Beweise. Im Fall von Herrn Alvarez ging die Polizei ganz anders vor und meiner Ansicht nach auch falsch. Es ist inakzeptabel, dass ein erfahrenes Mitglied einer Spezialeinheit wie dem BKA eine Sekretärin anruft und am Telefon Drohungen ausspricht: »Entweder gibst du mir Informationen, oder du landest im Gefängnis.« Dies stellt eine Nötigung dar. Wenn dies in der Akte gestanden hätte oder die Sekretärin ausgepackt hätte, hätte der Anwalt das gesamte Verfahren in Frage stellen können. Er hätte gesagt: »Halt! Die Ermittlungsmethode war nicht korrekt.« Er hätte das Verfahren so lange verzögert, bis der Richter nach einigen Jahren genug davon gehabt hätte. Das ist die Taktik hochrangiger Wirtschaftskrimineller.

Die Ermittlungsmethoden der Polizei müssen an die komplexen Herausforderungen der Korruption in globalen Unternehmen angepasst werden. Es erfordert ein tiefgreifendes Verständnis der Organisationsstrukturen und die Zusammenarbeit mit internationalen Behörden, um diese Form der Kriminalität erfolgreich zu bekämpfen. Darüber hinaus ist es von entscheidender Bedeutung, dass die Ermittler ihre Vorgehensweise überdenken und sich bewusst werden, dass Korruption nicht immer in die herkömmlichen Kategorien der Kriminalität fällt.

Es ist wichtig, dass die Strafverfolgungsbehörden die Nuancen und die Komplexität der Korruptionsbekämpfung erkennen. Korruption in globalen Unternehmen erfordert eine differenzierte Herangehensweise, da sie sich nicht immer in den traditionellen Mustern der Kriminalität manifestiert. Die Ermittler müssen lernen, die komplexen Organisationsstrukturen zu verstehen und eng mit internationalen Behörden zusammenzuarbeiten, um gegen diese Form von Kriminalität effektiv vorzugehen.

Darüber hinaus sollten die Ermittler ihre Vorgehensweise reflektieren und anpassen. Sie müssen erkennen, dass Korruption subtiler und weniger offensichtlich sein kann als andere Formen der Kriminalität. Dies erfordert ein tiefgreifendes Verständnis der zugrunde liegenden Mechanismen und eine breitere Perspektive, um Korruption in globalen Unternehmen erfolgreich zu bekämpfen.

Es ist an der Zeit, dass die Strafverfolgungsbehörden ihre Strategien und Taktiken überdenken und an die heutigen Herausforderungen der Korruptionsbekämpfung anpassen. Nur durch einen ganzheitlichen Ansatz und eine kontinuierliche Weiterentwicklung der Ermittlungsmethoden können wir effektiv gegen Korruption in globalen Unternehmen vorgehen und die Integrität und Stabilität unserer Gesellschaft schützen.

Ein weiteres Problem besteht darin, dass Korruption oft schwer nachweisbar ist. Im Gegensatz zu organisierten kriminellen Aktivitäten, bei denen klare Hierarchien und Beweismittel vorhanden sind, sind korrupte Handlungen oft subtiler und weniger offensichtlich. Ein Beispiel dafür ist der Fall von Alvarez, der gezwungen wurde, Firmengelder für den Kauf eines Laptops zu verwenden und die Kosten steuerlich geltend zu machen. Dieses Vorgehen stellt sowohl ein Steuervergehen als auch ein Indiz für Korruption dar. Allerdings könnte allein eine Durchsuchung nicht ausreichen, um solche Vergehen aufzudecken.

Das Schicksal von Herrn B. zeigt, welches Drama Korruption verursachen kann und wie sie Menschen, Familien und Unternehmen zerstört. Ich habe selbst eine solche Situation erlebt, als ich in eine laufende Ermittlung involviert war. Die Frau ging ins Badezimmer und schnitt sich die Pulsadern auf. Das bringt so viel Unglück mit sich. In dem Moment, in dem das Geld fließt, macht man sich keine Gedanken. Es ist anonym. Keiner glaubt, dass einer von ihnen zusammenbrechen könnte, weil jeder sich verantworten muss. Das Thema Suizidalität taucht immer wieder auf, und ich glaube, dass es bei Wirtschaftskriminalität besonders hervorgehoben werden muss.

Jemand, der »normale« Kriminalität begeht, ist sowieso deviant, er bewegt sich bereits außerhalb der Gesellschaft. So jemand denkt sich: »Dann gehe ich halt ins Gefängnis. Da kann ich genauso überleben wie überall sonst.« Das ist ihm egal. Aber in diesen Fällen wird man aus der Mitte der Gesellschaft herausgerissen. Es ist ein Statusverlust, wenn plötzlich alle auf einen schauen und diese Meinung über einen haben. Das kann man nicht ertragen.

Um Korruption wirksamer zu bekämpfen, müssen die Strafverfolgungsbehörden ihre Methoden verbessern und sich auf neue Ansätze konzentrieren. Hierbei ist eine enge Zusammenarbeit mit Experten auf dem Gebiet der Wirtschaftskriminalität sowie eine verstärkte Nutzung von Technologie und Datenanalyse entscheidend, um verdächtige Aktivitäten aufzuspüren und Beweise zu sammeln.

Zudem ist es von großer Bedeutung, dass die Ermittler ihre Professionalität bewahren und keine unethischen oder illegalen Methoden anwenden. Der Fall, in dem ein erfahrenes Mitglied einer Spezialeinheit eine Sekretärin bedroht, ist inakzeptabel und erfüllt den Tatbestand der Nötigung. Derartige Vorgehensweisen gefährden nicht nur die Integrität des Ermittlungsverfahrens, sondern können auch dazu führen, dass die gesamte Untersuchung in Frage gestellt wird.

Die Strafverfolgungsbehörden müssen ihre Herangehensweise an die Korruptionsbekämpfung überdenken und effektivere Strategien entwickeln, um dieser schwer fassbaren Form der Kriminalität entgegenzuwirken. Nur durch eine Kombination aus verbesserten Ermittlungsmethoden, internationaler Zusammenarbeit und einem starken ethischen Fundament können wir Korruption erfolgreich bekämpfen und die Integrität unserer Institutionen bewahren.

7. Compliance und Compliance-Vorschriften

Compliance-Regeln sind ein wesentlicher Bestandteil der Geschäftswelt und dienen dazu, unbeabsichtigte Korruption zu verhindern. Sie sind wie Verkehrsregeln: Sie sorgen dafür, dass alles seine Ordnung hat und niemand unwissentlich einen Fehler macht. Nehmen wir ein Unternehmen, das Geschenke von Lieferanten annimmt. Ohne klare Compliance-Regeln könnte ein gut gemeintes Geschenk leicht als Bestechung missverstanden werden.

Bei absichtlicher Korruption sind Compliance-Regeln jedoch weitgehend wirkungslos. Diejenigen, die vorsätzlich korrupt handeln, sind oft gut über die Gesetze und Regeln informiert, gegen die sie verstoßen. Sie gehen bewusst Risiken ein und finden Wege, das System zu umgehen. Ein prominentes Beispiel ist der FIFA-Korruptionsskandal im Jahr 2015. Trotz strenger Compliance-Regeln haben hochrangige Funktionäre das System gezielt manipuliert, um persönliche Gewinne zu erlangen. Dies unterstreicht eindringlich, dass Compliance-Regeln, so wichtig sie auch sind, allein nicht ausreichen, um absichtliche Korruption zu bekämpfen. Die Einführung strengerer Kontrollen und die Förderung von Transparenz sind ebenso unerlässlich, um dieses weit verbreitete Problem zu bekämpfen. Darauf werden wir noch näher eingehen. In diesem Kapitel soll erläutert werden, was unter Compliance zu verstehen ist und warum es für jedes Unternehmen sinnvoll ist, Compliance-Regeln zu haben – und warum dies im Kampf gegen Korruption nicht ausreicht.

7.1 Compliance – was ist das?

Das Hauptziel von Compliance-Management ist die Minimierung rechtlicher Risiken und damit der Schutz des Unternehmens vor Strafen, Reputationsverlust und anderen negativen Folgen. Um dieses Ziel zu erreichen, umfasst das Compliance Management eine Reihe von Maßnahmen, die von Unternehmen ergriffen werden, um die regulatorischen Anforderungen zu erfüllen.

Dazu gehören die Entwicklung und Umsetzung von Compliance-Richtlinien und -Verfahren, um sicherzustellen, dass alle Mitarbeiter die geltenden Gesetze und Vorschriften verstehen und einhalten. Darüber hinaus werden den Mitarbeitern regelmäßige Schulungen angeboten, um ihre Compliance-Kenntnisse und -Fähigkeiten zu verbessern.

Ein weiterer wichtiger Bestandteil des Compliance-Managements ist die Durchführung regelmäßiger Compliance-Audits. Diese Audits dienen dazu, die Einhaltung der Compliance-Richtlinien und -Verfahren zu überprüfen und mögliche Schwachstellen zu identifizieren. Auf Basis der Auditergebnisse können dann entsprechende Maßnahmen ergriffen werden, um die Compliance zu verbessern und mögliche Risiken zu minimieren.

Zusätzlich zu den oben genannten Maßnahmen ist es wichtig, ein effektives Berichtssystem für Compliance-Verstöße einzurichten. Ein solches System ermöglicht es den Mitarbeitern, mögliche Verstöße anonym zu melden, um Vergeltungsmaßnahmen zu vermeiden. Dadurch wird eine offene und transparente Kultur der Compliance-Förderung geschaffen, in der Mitarbeiter ihre Bedenken äußern können, ohne negative Konsequenzen befürchten zu müssen.

In einem fiktiven Unternehmen könnte das Compliance Management folgendermaßen aussehen: Die Geschäftsführung des Unternehmens hat eine spezielle Compliance-Abteilung eingerichtet, die für die Überwachung der Einhaltung von Gesetzen und Vorschriften zuständig ist. Diese Abteilung arbeitet eng mit den verschiedenen Abteilungen und Mitarbeitern zusammen, um sicherzustellen, dass alle relevanten Gesetze und Vorschriften eingehalten werden.

Darüber hinaus hat das Unternehmen eine klare Richtlinie für ethisches Verhalten und Integrität entwickelt, die von allen Mitarbeitern befolgt werden muss. Diese Richtlinie legt die Erwartungen des Unternehmens in Bezug auf ethisches Verhalten, Korruptionsbekämpfung und Interessenkonflikte fest.

Mit diesen umfassenden Maßnahmen kann das Unternehmen sicherstellen, dass es alle relevanten Gesetze und Vorschriften einhält, womit rechtliche Risiken minimiert werden. Gleichzeitig schafft es eine Kultur der Compliance-Förderung, in der alle Mitarbeiter aktiv zur Einhaltung von Gesetzen und Vorschriften beitragen.

Compliance bezeichnet also die Einhaltung von gesetzlichen Bestimmungen, Richtlinien, Verordnungen sowie von Unternehmensrichtlinien. Es ist ein umfassender Begriff, der sich auf die Bemühungen eines Unternehmens konzentriert, alle relevanten Gesetze und Vorschriften einzuhalten. Compliance geht jedoch über die reine Regelkonformität hinaus. Sie umfasst auch die Förderung der Unternehmenswerte, der Integrität der Mitarbeiter und einer positiven Unternehmenskultur. Im Kern geht es darum, ethisches Verhalten zu fördern und sicherzustellen, dass sich Unternehmen ethisch korrekt verhalten. Compliance ist ein proaktiver Ansatz, um rechtliche Probleme zu vermeiden und das Vertrauen der Stakeholder – Führungsebene, Mitarbeiter, Kunden und Zulieferer und Dienstleister – zu stärken.

Der Zweck von Compliance-Vorschriften ist es, sicherzustellen, dass Unternehmen verantwortungsbewusst handeln und ihre Geschäfte in Übereinstimmung mit den Gesetze und Vorschriften des Landes oder der Branche führen. Compliance-Vorschriften schützen die Interessen aller Stakeholder, einschließlich der Kunden, Mitarbeiter, Aktionäre und der breite Gesellschaft.

In Deutschland besteht bislang keine allgemeine gesetzliche Pflicht zur Einrichtung eines Compliance-Management-Systems (CMS). Eine Ausnahme besteht jedoch für Unternehmen der Finanz- und Versicherungsbranche. Für diese Branchen, die sich durch eine hohe Regulierungsdichte und ein hohes Risiko von Fehlverhalten auszeichnen, ist die Einrichtung eines CMS gesetzlich vorgeschrieben. Dies bedeutet, dass Banken, Versicherungen und andere Finanzinstitute verpflichtet sind, ein CMS einzurichten und zu betreiben, um die Einhaltung aller relevanten gesetzlichen Vorschriften und regulatorischen Anforderungen sicherzustellen. Für börsennotierte Unternehmen in Deutschland gibt es den Deutschen Corporate Governance Kodex (DCGK).

Dieser Kodex enthält eine Reihe von Empfehlungen und Anregungen zur Unternehmensführung, einschließlich der Empfehlung zur Einrichtung eines CMS. Es ist jedoch wichtig zu beachten, dass die Empfehlungen des DCGK nicht rechtsverbindlich sind. Das bedeutet, dass börsennotierte Unternehmen nicht gesetzlich verpflichtet sind, diesen Empfehlungen zu folgen. Sie müssen jedoch eine Entsprechenserklärung abgeben, in der sie erklären, welche Empfehlungen des Kodex sie befolgen und von welchen Empfehlungen sie abweichen. Wenn ein Unternehmen von einer Empfehlung abweicht, muss es dies begründen und offenlegen. Trotz fehlender gesetzlichen Verpflichtung entscheiden sich viele Unternehmen in Deutschland freiwillig für die Einrichtung eines CMS. Dies spiegelt das wachsende Bewusstsein für die Bedeutung von Compliance und die zunehmende Erkenntnis wider, dass ein effektives CMS dazu beitragen kann, rechtliche Risiken zu minimieren, das Vertrauen der Stakeholder zu stärken und einen Wettbewerbsvorteil zu erzielen.

Compliance ist auch ohne gesetzliche Verpflichtung ein unverzichtbares Element zur Korruptionsprävention und zur raschen Klärung von Haftungsfragen. Unternehmen, die ein wirksames Compliance Management System (CMS) implementieren, senden ein klares Signal, dass sie Korruption auf allen Ebenen ihrer Organisation bekämpfen. Ein gut durchdachtes CMS umfasst nicht nur Richtlinien und Verfahren zur Korruptionsprävention, sondern auch Instrumente zur Aufdeckung und Sanktionierung von Verstößen. Dies ermöglicht es Unternehmen, schnell auf Korruptionsvorwürfe zu reagieren und rechtliche Risiken zu minimieren.

Darüber hinaus ist Compliance ein Mittel, um gegenüber Behörden und Dritten nachzuweisen, dass ein Unternehmen strukturell alles unternommen hat, um Korruption weder zu fördern noch zu ermöglichen. Die Einhaltung von Compliance-Regeln kann als Beweis für die Bemühungen eines Unternehmens dienen, ethische Geschäftspraktiken zu fördern und rechtswidriges Verhalten zu unterbinden.

Die Bundesregierung plant, dem Compliance-Grundsatz in zukünftigen Gesetzesvorhaben eine zunehmende Bedeutung beizumessen. Angesichts dieser Entwicklung ist es für Unternehmen unerlässlich, sich auf die veränderte Rechtslage vorzubereiten und ihre Compliance-Strukturen zu stärken. Ein proaktives Vorgehen in diesem Bereich kann Unternehmen dabei unterstützen, potenzielle juristische Fallstricke zu vermeiden und ihren Ruf in der Geschäftswelt zu wahren.

Compliance ist nicht nur notwendig, um rechtliche und finanzielle Konsequenzen zu minimieren, sondern auch, um das Vertrauen der Stakeholder zu erhalten. Unternehmen, die nachweisen können, dass sie Compliance-Richtlinien einhalten, werden häufig als verantwortungsbewusster und vertrauenswürdiger wahrgenommen, was zu einer stärkeren Kundenbindung, motivierteren Mitarbeitern und besseren Geschäftsergebnissen führen kann.

Fehlende oder nicht eingehaltene Compliance-Richtlinien können für ein Unternehmen schwerwiegende Folgen haben. Neben rechtlichen und finanziellen Sanktionen kann mangelnde Compliance zu einem Vertrauensverlust bei Kunden, Mitarbeitern und der Öffentlichkeit führen, der letztlich den Geschäftserfolg bedrohen kann. Daher ist es für Unternehmen von entscheidender Bedeutung, ein effektives Compliance-Management-System zu implementieren und aufrechtzuerhalten, das die Einhaltung aller relevanten Vorschriften sicherstellt.

7.2 Die 5 Kontrollprinzipien zur Korruptionsvermeidung

Für eine wirksame Korruptionsprävention sind fünf Kontrollprinzipien entscheidend. Erstens das Äquivalenzprinzip, das besagt, dass die Gegenleistung für eine erbrachte Leistung angemessen sein muss. Dies bedeutet, extreme Disparitäten zwischen Leistung und Gegenleistung, die als Indiz für eine mögliche Bestechung gelten könnten, müssen vermieden werden. Zweitens das Trennungsprinzip, das eine klare Trennung zwischen verschiedenen Aufgaben und Verantwortlichkeiten vorschreibt. Dieses Prinzip soll verhindern, dass eine einzelne Person oder Gruppe zu viel Macht oder Kontrolle erhält, was Korruption begünstigen könnte. Drittens das Transparenzprinzip. Es verlangt Offenheit und Transparenz in allen Geschäftsprozessen. Geheime Vorgänge oder unklare Prozesse können die Entstehung von Korruption begünstigen, während Transparenz dazu beiträgt, Korruption zu verhindern und aufzudecken. Viertens das Dokumentationsprinzip. Alle Geschäftsvorgänge und Entscheidungsprozesse sollten lückenlos dokumentiert und gespeichert werden, um eine lückenlose Nachvollziehbarkeit zu gewährleisten. Das letzte Prinzip ist das Vier-Augen-Prinzip. Es besagt, dass jede Entscheidung oder Handlung von mindestens zwei unabhängigen Personen überprüft und genehmigt werden sollte. Dieses Prinzip reduziert das Risiko von Fehlentscheidungen und Korruption, da es die Wahrscheinlichkeit erhöht, dass unangemessenes Verhalten aufgedeckt wird. Diese Prinzipien bilden die Grundlage für wirksame Antikorruptionsstrategien und sollten in den internen Prozessen und Richtlinien jedes Unternehmens fest verankert sein.

7.3 Compliance Standards und Compliance Management Systeme

Ein Compliance-Management-System (CMS) ist ein wesentlicher Bestandteil jedes modernen Unternehmens und dient dazu, die Einhaltung aller relevanten Gesetze, Vorschriften und internen Richtlinien sicherzustellen. Ziel eines CMS ist es, das Risiko von Rechtsverstößen zu minimieren und damit die Integrität und Reputation des Unternehmens zu schützen.

Ein Compliance-Management-System (CMS) erfüllt vier grundlegende Funktionen: Prävention, Kontrolle, Aufdeckung und Reaktion. Prävention ist das erste und wichtigste Element eines CMS. Ziel ist es, Rechtsverstöße von vornherein zu vermeiden. Dies kann beispielsweise durch Schulungen der Mitarbeiter, klare Verhaltensrichtlinien und die Implementierung von Kontrollmechanismen erreicht werden. Ein Beispiel wäre ein Pharmaunternehmen, das regelmäßig Schulungen zu Themen wie Arzneimittelrecht und ethisches Verhalten im Verkauf durchführt.

Kontrolle bezieht sich auf die Überwachung und Sicherstellung der Einhaltung gesetzlicher Vorschriften und interner Richtlinien.

Dies kann durch regelmäßige Audits und Berichte erreicht werden. Ein Beispiel wäre ein Finanzinstitut, das seine Finanztransaktionen überwacht, um Geldwäsche oder Betrug aufzudecken.

Aufdeckung bezieht sich auf die Identifizierung und Untersuchung möglicher Compliance-Verstöße. Dies kann durch Whistleblower-Systeme, interne Untersuchungen und Berichtsmechanismen erreicht werden. Ein Beispiel könnte ein Technologieunternehmen sein, das ein anonymes Hinweisgebersystem eingerichtet hat, um mögliche Verstöße gegen Datenschutzgesetze aufzudecken.

Die Reaktion schließlich bezieht sich auf die Maßnahmen, die ein Unternehmen ergreift, wenn ein Verstoß festgestellt wird. Dies kann Disziplinarmaßnahmen gegen die Verantwortlichen, die Behebung des Problems und Maßnahmen zur Vermeidung künftiger Verstöße umfassen. Ein Beispiel wäre ein Einzelhandelsunternehmen, das festgestellt hat, dass einige seiner Lieferanten gegen das Arbeitsrecht verstoßen. Als Reaktion könnte das Unternehmen die Beziehungen zu diesen Lieferanten abbrechen, seine Überwachungspraktiken überarbeiten und seine Mitarbeiter in ethischen Beschaffungspraktiken schulen.

ISO 19600 ist eine international anerkannte Norm, die Leitlinien für Compliance-Management-Systeme bereitstellt. Sie wurde im Dezember 2014 veröffentlicht und basiert auf Empfehlungen und Richtlinien, nicht auf verbindlichen Vorschriften. Dies bedeutet, dass sie als Leitfaden dient und den Unternehmen Flexibilität bei der Implementierung bietet.

Die ISO 19600 verfolgt einen risikobasierten Ansatz. Das bedeutet, dass Unternehmen dazu angehalten werden, ihre spezifischen Risiken zu identifizieren, zu bewerten und zu managen. Dieser Ansatz ermöglicht es Unternehmen, effektive und effiziente Maßnahmen zur Risikominderung zu ergreifen, die auf ihre spezifischen Bedürfnisse und Herausforderungen zugeschnitten sind.

Ein weiteres zentrales Merkmal der ISO 19600 ist ihre Universalität. Sie ist auf alle Arten von Organisationen anwendbar, unabhängig von ihrer Größe, Art oder geographischen Lage. Dies macht sie zu einem wertvollen Instrument für eine Vielzahl von Organisationen, von kleinen gemeinnützigen Organisationen bis hin zu multinationalen Konzernen.

Die ISO 19600 legt den Schwerpunkt auf die Schaffung einer Compliance-Kultur. Sie betont, dass Compliance nicht nur eine Frage von Prozessen und Verfahren ist, sondern auch eine Frage der Unternehmenskultur. Eine starke Compliance-Kultur erfordert, dass alle Mitarbeiter die Bedeutung von Compliance verstehen und sich verpflichtet fühlen, gesetzes- und regelkonform zu handeln. Sie erfordert auch, dass die Unternehmensleitung ethisches Verhalten vorlebt und die Bedeutung von Compliance in der gesamten Organisation fördert.

Der IDW Standard PS 980 ist eine in Deutschland anerkannte Norm, die vom Institut der Wirtschaftsprüfer (IDW) veröffentlicht wurde. Sie stellt Anforderungen an die Ausgestaltung von Compliance-Management-Systemen (CMS) und ist insbesondere für Wirtschaftsprüfer und interne Revisionen von Bedeutung, die die Wirksamkeit von CMS prüfen.

Der IDW PS 980 wurde im Jahr 2010 eingeführt und basiert auf sieben Grundsätzen: (1) Führung und Kultur, (2) Ziele des CMS, (3) Risikoanalyse, (4) Regelwerke und Prozesse, (5) Kommunikation, (6) Überwachung und Verbesserung sowie (7) Reaktion und Maßnahmen.

Führung und Kultur: Dieser Grundsatz betont die Verantwortung der Unternehmensleitung für die Schaffung einer Compliance-Kultur. Eine starke Compliance-Kultur setzt voraus, dass alle Mitarbeiter die Bedeutung von Compliance verstehen und sich zu regelkonformem Verhalten verpflichten.

Ziele des CMS: Jedes Unternehmen sollte klare Ziele für sein CMS definieren. Diese Ziele sollten sich auf die Einhaltung gesetzlicher und regulatorischer Anforderungen sowie interner Vorgaben beziehen.

Risikoanalyse: Unternehmen sollten eine umfassende Risikoanalyse durchführen, um potenzielle Compliance-Risiken zu identifizieren und zu bewerten.

Regelwerke und Prozesse: Um Compliance-Risiken zu minimieren, sollten Unternehmen klare Richtlinien und Prozesse etablieren.

Kommunikation: Ein effektives CMS erfordert eine offene und transparente Kommunikation nach innen und außen.

Überwachung und Verbesserung: Unternehmen sollten ihr CMS regelmäßig überprüfen und verbessern, um seine Wirksamkeit sicherzustellen.

Reaktion und Maßnahmen: Im Falle eines Compliance-Verstoßes sollten Unternehmen angemessene Maßnahmen ergreifen, um das Problem zu beheben und zukünftige Verstöße zu verhindern.

Der IDW PS 980 ist auf alle Arten von Organisationen anwendbar, unabhängig von ihrer Größe, Branche oder geographischen Lage. Er ist jedoch besonders relevant für Unternehmen, die ein hohes Compliance-Risiko haben, wie beispielsweise Unternehmen in stark regulierten Branchen oder Unternehmen, die in Ländern mit hohem Korruptionsrisiko tätig sind.

7.4 Internationale Compliance-Regeln

Internationale Compliance-Verpflichtungen sind ein weiterer wichtiger Aspekt, den Unternehmen berücksichtigen müssen. Insbesondere in den USA gibt es zwei wichtige Gesetze, die die Compliance-Verpflichtungen von Unternehmen regeln: Der Foreign Corrupt Practices Act (FCPA) und der Sarbanes-Oxley Act von 2002 (SOX).

Der FCPA ist ein US-amerikanisches Bundesgesetz, das 1977 verabschiedet wurde. Es verbietet Unternehmen und ihren Vertretern, ausländische Regierungsbeamte, politische Parteien oder deren Kandidaten zu bestechen, um Aufträge zu erhalten oder zu behalten. Unternehmen, die gegen den FCPA verstoßen, müssen mit hohen Geld- und sogar Gefängnisstrafen rechnen.

Der Sarbanes-Oxley Act (SOX) wurde 2002 verabschiedet, nachdem eine Reihe von Unternehmensskandalen das Vertrauen in die Geschäftswelt erschüttert hatte. SOX legt eine Reihe strenger Vorschriften für alle börsennotierten Unternehmen in den USA fest, zum Beispiel die Pflicht zur Einrichtung interner Kontrollmechanismen für die Finanzberichterstattung, die Unabhängigkeit der Wirtschaftsprüfer und die Offenlegung von Geschäftsrisiken. Verstöße gegen SOX können zu hohen Geldstrafen, Haftstrafen und dem Verbot der Geschäftsführung führen.

Unternehmen, die international tätig sind, müssen sich sowohl mit den Compliance-Gesetzen der Länder, in denen sie tätig sind, als auch mit internationalen Gesetzen wie FCPA und SOX auseinandersetzen. Dies erfordert eine sorgfältige Risikoanalyse, klare Richtlinien und Prozesse sowie eine starke Compliance-Kultur.

7.5 Was tun bei einem Compliance-Verstoß?

Unternehmen müssen mehrere Aspekte berücksichtigen, um bereits im Vorfeld jeden Verdacht der Angestelltenbestechung zu vermeiden und entsprechende Vorkehrungen bzw. Entscheidungen im Umgang damit zu treffen, zum Beispiel wenn eine Zuwendung der Compliance-Abteilung gemeldet oder verspätet gemeldet wird. Dies kann später juristisch relevant werden, wenn Korruptionsvorwürfe gegen das Unternehmen erhoben werden.

Zunächst muss die Angemessenheit der Zuwendung berücksichtigt werden. Das bedeutet, dass Geschenke, Einladungen oder andere Zuwendungen einen angemessenen Wert haben sollten, der nicht als Versuch einer unzulässigen Einflussnahme interpretiert werden kann.

Auch der Anlass und der Kontext der Zuwendung sind von Bedeutung. Sozialadäquate Zuwendungen wie kleine Geschenke zu Weihnachten oder Einladungen zu branchenüblichen Veranstaltungen sind normalerweise akzeptabel. Es sollte jedoch vermieden werden, Zuwendungen in einem Kontext zu gewähren, in dem sie als Gegenleistung für eine Bevorzugung interpretiert werden könnten. Außerdem ist zu berücksichtigen, ob die Zuwendung an eine Privatperson oder einen Geschäftspartner gerichtet ist, ob sie regelmäßig erfolgt oder eine Ausnahme darstellt und ob sie im Rahmen eines Geschäftstermins gewährt wird. Die Einhaltung interner Vorgaben ist ebenfalls von entscheidender Bedeutung. Unternehmen sollten über klare Richtlinien und Verfahren für Zuwendungen verfügen, die von allen Mitarbeitern befolgt werden müssen. Diese Richtlinien sollten auch eine Offenlegungspflicht für alle erhaltenen Zuwendungen enthalten.

Die zentrale Kontrollfrage lautet: Könnte die Zuwendung als Gegenleistung für eine mögliche Bevorzugung verstanden werden? Wenn die Antwort ja ist, sollte die Zuwendung vermieden werden. Die Vermeidung von Bestechung ist nicht nur eine rechtliche, sondern auch eine ethische Verpflichtung und von entscheidender Bedeutung für den Ruf und den langfristigen Erfolg eines Unternehmens.

7.6 Warum Compliance allein nicht ausreicht

Wie wir gesehen haben, ist Compliance-Management in erster Linie eine Form des Risikomanagements und dient der Minimierung rechtlicher Risiken. Es stellt sicher, dass ein Unternehmen alle gesetzlichen Anforderungen erfüllt und so vor Strafen, Reputationsverlust und anderen negativen Konsequenzen geschützt ist. Dies geschieht durch die Implementierung von Compliance-Richtlinien und -Verfahren, regelmäßige Schulungen zur Verbesserung der Compliance-Kenntnisse und -Fähigkeiten der Mitarbeiter, die Durchführung von Compliance-Audits und die Einrichtung von Berichtssystemen für Compliance-Verstöße. Man kann sagen, dass Compliance die Umsetzung von strukturellen Maßnahmen entlang der rechtlichen Vorgaben darstellt, die das Unternehmen im Falle eines Verstoßes haftungsfrei halten.

Trotz dieser umfangreichen Maßnahmen ist das Compliance-Management im Kampf gegen Korruption jedoch weitgehend wirkungslos. Der Grund dafür ist, dass Compliance in erster Linie auf die Einhaltung von Vorschriften abzielt und weniger auf die Förderung einer Kultur der Integrität und ethischen Geschäftspraktiken. Compliance kann sicherstellen, dass ein Unternehmen über die richtigen Systeme und Prozesse verfügt, um die gesetzlichen Anforderungen zu erfüllen, aber es kann nicht die Einstellungen und Verhaltensweisen der Mitarbeiter beeinflussen, die Korruption verursachen können. Darüber hinaus kann die Einhaltung von Compliance-Vorschriften manchmal eher als ein Kästchen betrachtet werden, das abgehakt werden muss, denn als ein kontinuierlicher Prozess zur Verbesserung der Geschäftspraktiken. Dies kann dazu führen, dass Unternehmen nur das Nötigste tun, um Compliance-Anforderungen zu erfüllen, anstatt proaktiv nach Möglichkeiten zu suchen, um ethisches Verhalten zu fördern und Korruption zu verhindern. Schließlich kann das Compliance-Management auch dazu führen, dass sich Unternehmen zu sehr auf die Einhaltung von Vorschriften konzentrieren, anstatt zu versuchen, die eigentlichen Ursachen von Korruption zu bekämpfen. Dies kann dazu führen, dass zwar die Symptome, nicht aber die Ursachen von Korruption angegangen werden, was letztlich dazu führen kann, dass Korruption weiterhin ein Problem bleibt. Daher ist es mir wichtig zu betonen, dass Compliance-Management zwar ein wichtiger Bestandteil des Risikomanagements ist, aber allein nicht ausreicht, um Korruption wirksam zu bekämpfen. Es muss durch andere Maßnahmen ergänzt werden wie die Förderung einer Kultur der Integrität, die Einbeziehung der Mitarbeiter in die Entscheidungsfindung und die Stärkung interner Kontrollen ergänzt werden.

8. Korruption verhindern: Warum Unternehmer jetzt handeln müssen

In einer Welt, in der das Vertrauen in Regierungen und Unternehmen immer wieder durch Korruptionsskandale erschüttert wird, ist es an der Zeit, dass Unternehmer aufstehen und eine entscheidende Rolle im Kampf gegen diese Geißel spielen. Es ist von größter Bedeutung, dass wir den Unternehmern die Werkzeuge an die Hand geben, um Korruption in ihren eigenen Reihen zu verhindern und ihre Unternehmen zu Bollwerken der Integrität und Transparenz zu machen.

Denn Korruption ist nicht nur ein moralisches und ethisches Problem, sondern kann auch die wirtschaftliche Stabilität und den Fortschritt eines Unternehmens ernsthaft gefährden. Es ist entscheidend, dass Unternehmer jetzt handeln und proaktive Maßnahmen zur Bekämpfung der Korruption unternehmen. Eine Kultur der Ehrlichkeit und Integrität in Ihrem Unternehmen zu fördern und aufrechtzuerhalten, kann Sie und Ihr Unternehmen effektiv vor Korruption schützen, die, wie wir gesehen haben, allgegenwärtig ist.

Wenn wir gemeinsam handeln, können wir sicherstellen, dass Korruption in unserer Geschäftswelt keinen Platz hat und dass Unternehmen als Vorbilder für Integrität dienen. Es ist wichtig zu erkennen, dass der Kampf gegen Korruption nicht einfach ist. Er erfordert eine umfassende Überprüfung der Unternehmenspraktiken, die Einführung strenger Kontrollmechanismen und die Förderung einer offenen und transparenten Kommunikation. Durch die Schaffung einer Unternehmenskultur, die Korruption aktiv bekämpft und Whistleblower schützt, können wir das Vertrauen in unsere Unternehmen wiederherstellen und sicherstellen, dass sie langfristig erfolgreich und nachhaltig sind. Gemeinsam können wir eine Welt schaffen, in der Integrität und Transparenz die Norm sind und Korruption keine Chance hat.

8.1 Soziale Normierung und der soziale Preis für Korruption

Um Korruption wirksam zu verhindern, muss der Preis für Korruption erhöht und das Bewusstsein für ihre negativen Folgen geschärft werden. Korruption untergräbt das Vertrauen in öffentliche Institutionen und Unternehmen, schwächt die Rechtsstaatlichkeit, behindert das Wirtschaftswachstum und verschärft soziale Ungleichheiten. Ein hohes Risiko und harte Strafen für korruptes Verhalten können daher abschreckend wirken. Wenn Individuen die Konsequenzen ihres Handelns – wie strafrechtliche Verfolgung, hohe Geldstrafen, Verlust des Arbeitsplatzes oder Reputationsschäden – als zu gravierend wahrnehmen, sind sie eher geneigt, korrupte Handlungen zu unterlassen.

Einen eindrucksvollen Beweis dafür liefert das Beispiel des brasilianischen Unternehmens Petrobras. Nach der Aufdeckung eines massiven Korruptionsskandals, musste das Unternehmen Strafen in Milliardenhöhe zahlen, viele Führungskräfte wurden strafrechtlich verfolgt und der Ruf des Unternehmens wurde schwer beschädigt. Diese erschreckende Erfahrung hat dazu geführt, dass viele Unternehmen in Brasilien nun strengere Kontrollen und Ethikrichtlinien einführen, um ähnliche Skandale zu vermeiden.

Auch die Deutsche Bank hatte nach einer Reihe von Geldwäsche- und Korruptionsskandalen erhebliche Konsequenzen zu tragen. Sie musste hohe Geldstrafen zahlen und erlitt einen erheblichen Reputationsschaden, was letztlich zu einem Umbau der Unternehmensführung und zur Einführung strengerer Compliance-Maßnahmen führte.

Eine kontinuierliche Aufklärung über die negativen Auswirkungen von Korruption ist ebenfalls wichtig, um ein Bewusstsein zu schaffen und korruptes Verhalten zu ändern. Nur wenn das Bewusstsein für die weitreichenden Folgen von Korruption geschärft ist, können Einzelne die volle Tragweite ihres Handelns verstehen und korrupte Handlungen möglicherweise überdenken. So tragen die Erhöhung des Preises für Korruption und eine kontinuierliche Sensibilisierung dazu bei, korrupte Praktiken effektiv zu bekämpfen und eine Kultur der Integrität und Verantwortlichkeit zu fördern.

Das Konzept der sozialen Normierung ist meines Erachtens von besonderer Bedeutung, wenn wir Korruption bekämpfen wollen. Es bezieht sich auf die Art und Weise, wie Verhaltensnormen in einer Gesellschaft festgelegt und verstanden werden – nämlich durch die kollektive Anerkennung dessen, was als akzeptabel und was als inakzeptabel angesehen wird. Im Kontext der Korruptionsbekämpfung bedeutet soziale Normierung, dass Korruption als inakzeptables Verhalten angesehen und verurteilt wird. Dies kann erreicht werden, indem Korruption offen diskutiert und ihre negativen Auswirkungen aufgezeigt werden. Gleichzeitig sollten positive Verhaltensweisen und ethische Standards hervorgehoben und belohnt werden. Dadurch wird ein Umfeld geschaffen, in dem korruptes Verhalten als gesellschaftlich geächtete Ausnahme und nicht als Norm angesehen wird. Dies wird die Menschen in der Gesellschaft dazu ermutigen, sich ethisch zu verhalten und Korruption aktiv zu vermeiden.

Eine entscheidende Rolle bei der Korruptionsbekämpfung spielt daher auch die soziale Ächtung. Sie bezeichnet den Prozess, durch den Individuen oder Gruppen aufgrund ihres unerwünschten Verhaltens ausgeschlossen oder marginalisiert werden. Im Zusammenhang mit Korruption kann soziale Ächtung bedeuten, dass Personen, die korrupte Handlungen begehen, in ihrer Gemeinschaft, am Arbeitsplatz oder in der Gesellschaft als Ganzes isoliert werden. Dies kann verschiedene Formen annehmen, von formellen Strafen wie Entlassungen oder rechtlichen Konsequenzen bis hin zu informellen Sanktionen wie sozialer Isolation und Verlust des sozialen Ansehens. Die Aussicht auf soziale Ächtung kann daher eine starke abschreckende Wirkung haben und Menschen davon abhalten, sich korrupt zu verhalten. Es ist wichtig, dass diese Ächtung auf kollektiver Ebene erfolgt, um eine Kultur der Integrität und Transparenz zu schaffen, in der Korruption nicht toleriert wird.

Die Bekämpfung von Korruption ist nicht nur eine Aufgabe von Regierungen und Aufsichtsbehörden, sondern muss auch innerhalb von Unternehmen ernst genommen werden. Unternehmen haben eine gesellschaftliche Verantwortung, korrupte Praktiken aktiv zu bekämpfen und eine Kultur der Integrität zu fördern. Wenn Unternehmen Korruption tolerieren oder ignorieren, senden sie die gefährliche Botschaft aus, dass solches Verhalten akzeptabel ist, was das Vertrauen in die Geschäftspraktiken insgesamt untergräbt. Daher müssen wir als Gesellschaft mehr über Korruption sprechen, um das Bewusstsein zu schärfen und die damit verbundenen Risiken und Folgen zu verdeutlichen. Eine verstärkte Aufklärung und Sensibilisierung über Korruption kann dazu beitragen, die Wahrscheinlichkeit korrupter Praktiken zu verringern, indem Einzelpersonen über die negativen Auswirkungen aufgeklärt und ihnen ethische Alternativen aufgezeigt werden. Korruption ist letztlich ein gesellschaftliches Problem, das einer gesellschaftlichen Lösung bedarf. Jeder von uns, sowohl als Individuum als auch als Teil einer Organisation, spielt eine wichtige Rolle bei der Prävention und Bekämpfung von Korruption. Die klare Botschaft muss lauten: Korruption lohnt sich nicht und der Preis ist hoch. Dabei muss vor allem die soziale Ächtung eine Rolle spielen.

Das ist nach meiner Erfahrung das, was viele Manager am meisten fürchten. Wer korrupt ist, riskiert verachtet zu werden. Er ist kein kriminelles Genie, das alle ausgetrickst hat, sondern jemand, der zu solchen Mitteln greifen muss, weil seine anderen Fähigkeiten nicht ausreichen. Korruption wird nur von schwachen Menschen begangen, die ihre Affekte nicht im Griff haben, unter Minderwertigkeitskomplexen leiden und den ehrlichen Wettbewerb scheuen, weil sie in ihm nicht bestehen können. Es ist diese Art von Narrativ, das von Unternehmen intern immer wieder kommuniziert werden muss. Korruption hat dramatische Folgen – auch für meine Familie. Ich verliere alles, auch meinen guten Namen. Auch auf gesellschaftlicher Ebene müssen wir viel klarer über Korruption sprechen und sie verurteilen. Dies geschieht viel zu selten. Der gesellschaftliche Blick auf das Verhalten schafft Normen. Wir lernen, welches Verhalten tolerierbar ist und welches nicht. Bislang ist es uns als Gesellschaft nicht gelungen, allen bewusst zu machen, dass Korruption auf unter keinen Umständen toleriert wird, weil viele keine klare Meinung zu Korruption haben. Das müssen wir ändern – durch Aufklärung, Kommunikation und andere Maßnahmen. Wir müssen das Problem der Korruption in die Mitte der Gesellschaft, in unser aller Bewusstsein bringen. Es zu ignorieren, stärkt es nur. Es erlaubt den Korrupten, im Verborgenen zu bleiben und sich nicht einmal schuldig zu fühlen. Als Ermittler weiß ich: Nichts ist quälender als das schlechte Gewissen eines Täters, das ihn nachts nicht schlafen lässt. In vielerlei Hinsicht ist es oft mein bester Verbündeter. Dieses schlechte Gewissen dürfen wir nicht ruhen lassen, indem wir immer wieder über Korruption sprechen und darüber, wie sehr sie außerhalb der gesellschaftlich akzeptierten Norm liegt.

8.2 »Good Corporate Governance« als Gamechanger

Eine starke Unternehmenskultur zeichnet sich durch klare Werte und Normen aus, die von allen Mitarbeitern verstanden und eingehalten werden. Sie fördert gemeinsame Ziele, Zusammenarbeit und ein hohes Maß an Engagement. In einer solchen Kultur werden unethisches Verhalten und Korruption nicht toleriert. Die Mitarbeiter fühlen sich ermutigt, Bedenken zu äußern und Fehlverhalten zu melden. Eine starke Unternehmenskultur kann dazu beitragen, Korruption zu verhindern, indem sie ein Umfeld schafft, in dem Integrität und ethisches Verhalten hoch geschätzt werden.

Eine schwache Unternehmenskultur hingegen ist häufig durch unklare oder widersprüchliche Werte und Normen gekennzeichnet. In solchen Kulturen können Regeln variieren oder willkürlich angewandt werden, und die Mitarbeiter können sich unsicher fühlen, was von ihnen erwartet wird. Eine schwache Unternehmenskultur bietet einen fruchtbaren Boden für Korruption, da sie oft weniger Kontrollmechanismen oder Anreize für ethisches Verhalten bietet. In einem solchen Umfeld wird unethisches Verhalten eher übersehen, toleriert oder sogar gefördert.

Bei der Korruptionsbekämpfung spielt die Unternehmenskultur also eine entscheidende Rolle. Unternehmen mit einer starken Kultur der Integrität und Transparenz sind besser in der Lage, Korruption zu verhindern und zu bekämpfen. Sie fördern eine Atmosphäre der Rechenschaftspflicht, in der unethisches Verhalten nicht ignoriert oder vertuscht, sondern angesprochen und korrigiert wird. In einer schwachen Unternehmenskultur kann der Kampf gegen Korruption jedoch eine größere Herausforderung darstellen, da es schwieriger ist, nachhaltige Veränderungen in einem Umfeld herbeizuführen, in dem unethisches Verhalten normalisiert oder toleriert wird.

Korruption kann nur dann wirksam bekämpft werden, wenn in einem Unternehmen eine Kultur herrscht, in der moralische Integrität oberstes Prinzip ist und in alle Entscheidungen einfließt. Eine solche Kultur fördert Transparenz und Verantwortlichkeit – zwei Schlüsselfaktoren im Kampf gegen Korruption. Wenn die Mitarbeiter klar erkennen, dass Führungskräfte ethisches Verhalten hervorheben und belohnen, werden sie eher bereit sein, sich an dieselben Standards zu halten.

Ein Beispiel ist die Siemens AG, die nach einem massiven Korruptionsskandal im Jahr 2006 weitreichende Veränderungen zur Förderung einer Kultur der Integrität vorgenommen hat. Sie hat ein robustes Compliance-System eingeführt, einschließlich eines strengen Verhaltenskodex, obligatorischen Schulungen zur Korruptionsbekämpfung für alle Mitarbeiter und einem Whistleblower-System, das es den Mitarbeitern ermöglicht, Fehlverhalten anonym zu melden. Siemens hat damit seinen Ruf wiederhergestellt und ist zu einem weltweit anerkannten Vorreiter in Sachen Unternehmensethik geworden.

Auch das Softwareunternehmen SAP hat durch die Schaffung einer Kultur der Integrität und Transparenz eine klare Absage an korrupte Praktiken erteilt. Durch die Einrichtung eines Compliance-Büros, welches den Mitarbeitern klare Richtlinien für den Umgang mit ethischen Dilemmata an die Hand gibt, hat das Unternehmen seine Glaubwürdigkeit und Vertrauenswürdigkeit gestärkt.

Daher ist es von entscheidender Bedeutung, dass Unternehmen eine Kultur der moralischen Integrität fördern, um Korruption effektiv zu bekämpfen und eine nachhaltige Unternehmensführung zu gewährleisten. Dieses Konzept verbirgt sich hinter dem Begriff »Integrity Management«.

Integrity Management ist ein grundlegendes Konzept, das darauf abzielt, eine Kultur der Ehrlichkeit und moralischen Verantwortung in einem Unternehmen oder einer Institution zu fördern. Es ist die Philosophie, dass alle Geschäftstätigkeiten und Entscheidungen auf Grundlage ethischer Standards und universeller moralischer Prinzipien durchgeführt werden sollten. Dabei geht es nicht nur um die Einhaltung von Vorschriften oder die Vermeidung rechtlicher Probleme, sondern vielmehr um eine Vision von ethischem Verhalten und Verantwortungsbewusstsein gegenüber Mitarbeitern, Kunden, Aktionären und der Gesellschaft insgesamt.

In der Praxis umfasst Integrity Management eine Reihe von Strategien und Mechanismen, die ethisches Verhalten fördern und sicherstellen sollen, dass alle Geschäftstätigkeiten auf transparente und faire Weise durchgeführt werden. Dazu können Schulungen zur Sensibilisierung für ethisches Verhalten, klare Verhaltensrichtlinien, wirksame Kontroll- und Überwachungssysteme und ein offenes Kommunikationssystem gehören, das Mitarbeiter ermutigt, Bedenken oder Verstöße zu melden. Diese Maßnahmen tragen dazu bei, ein Umfeld zu schaffen, in dem Integrität und ethisches Verhalten gefördert werden.

Integrity Management spielt eine entscheidende Rolle für Good Corporate Governance. Es bildet das moralische Fundament, auf dem effektive Unternehmensführung aufgebaut ist. Ethisches Verhalten und Good Corporate Governance sind untrennbar miteinander verbunden. Unternehmen, die eine starke Integritätskultur fördern, sind besser in der Lage, Risiken zu managen, das Vertrauen ihrer Stakeholder zu gewinnen und letztlich erfolgreicher und nachhaltiger zu sein. Integrity Management und Good Corporate Governance sind daher nicht nur ethische Imperative, sondern grundlegende Geschäftsstrategien, die zum langfristigen Erfolg eines Unternehmens beitragen. Durch die Implementierung und Weiterentwicklung von Integrity Management kann ein Unternehmen eine starke Integritätskultur aufbauen und dadurch eine nachhaltige Wettbewerbsfähigkeit und Reputation entwickeln, die es langfristig von anderen Unternehmen abhebt.

So könnte ein effektives Integrity Management in einem fiktiven Unternehmen aussehen: Die Führungskräfte dieses Unternehmens legen großen Wert auf ethisches Verhalten und Transparenz in allen Geschäftsbereichen. Sie haben klare Verhaltensrichtlinien eingeführt, an die sich alle Mitarbeiter halten müssen, und führen regelmäßig Schulungen zur ethischen Sensibilisierung durch. Darüber hinaus haben sie ein offenes Kommunikationssystem eingeführt, das es den Mitarbeitern ermöglicht, sich frei zu äußern und Bedenken oder Verstöße ohne Angst vor Repressalien zu melden. Dies hat zu einer starken Integritätskultur innerhalb des Unternehmens geführt und dazu beigetragen, das Vertrauen von Kunden und Aktionären zu stärken, was letztendlich zu einer besseren Geschäftsleistung geführt hat.

Diese über allem stehende moralische Integrität ist die Grundlage für eine gute Unternehmensführung, die unter dem Begriff »Good Corporate Governance« zusammengefasst wird. Dazu müssen die eigenen Werte klar definiert und immer wieder kommuniziert und gelebt werden. Das ist von entscheidender Bedeutung. Wenn ich damit werbe, ein besonders familienfreundliches Unternehmen zu sein, dann muss das für meine Mitarbeiter auch erlebbar sein, zum Beispiel in Form von zusätzlichen Urlaubstagen nach der Geburt eines Kindes. Das Gleiche gilt für Nachhaltigkeit, Geschlechtergerechtigkeit usw. Diese Begriffe müssen mit Leben gefüllt werden, damit moralische Integrität nicht nur eine Worthülse bleibt, sondern zu einem echten Schutzschild gegen Korruption wird. Korruption, ganz schlicht gesagt, gedeiht dort, wo moralische Grenzen unklar sind und als reine Lippenbekenntnisse verstanden werden, an die man sich ohnehin nicht halten muss oder wo der Handelnde nicht sofort mit sozialer Ächtung rechnen muss, sondern vielleicht noch Anerkennung für seine Entschlossenheit erfährt. Mit anderen Worten: Im unternehmerischen Handeln darf nie der Eindruck entstehen, dass der Zweck die Mittel heiligt. Dies umzusetzen, ist eine Herausforderung, die nur mit einer guten Unternehmensführung gelingen kann.

Gute Unternehmensführung ist ein entscheidender Faktor im Kampf gegen Korruption und für die Aufrechterhaltung ethischer Geschäftspraktiken. Sie bezeichnet das System von Regeln, Praktiken und Prozessen, nach denen ein Unternehmen geleitet und gesteuert wird. Gute Unternehmensführung geht über die Einhaltung von Gesetzen und Vorschriften hinaus und umfasst ein ganzes Spektrum von Aspekten wie Transparenz, Verantwortlichkeit, Fairness und Nachhaltigkeit. Sie fördert die Entscheidungsfindung im besten Interesse des Unternehmens und seiner Stakeholder und schafft die Grundlage für ein ethisches Arbeitsumfeld. In einem solchen Umfeld werden Korruption und unethisches Verhalten weniger toleriert, und die Mitarbeiter fühlen sich ermutigt, solche Praktiken zu melden und dagegen vorzugehen. Gute Unternehmensführung ist somit ein wichtiger Baustein für ein starkes, korruptionsfreies Unternehmensklima.

Gute Unternehmensführung basiert auf mehreren Säulen, die das Rückgrat eines ethischen und effizienten Geschäftsumfelds bilden.

Transparenz ist eine zentrale Säule, die eine offene und ehrliche Kommunikation innerhalb des Unternehmens und mit den Stakeholdern fördert. Das schließt die Bereitstellung von genauen und zeitnahen Informationen über die Geschäftsaktivitäten, die finanzielle Leistung und die Governance-Strukturen des Unternehmens ein.

Rechenschaftspflicht ist eine weitere wichtige Säule. Sie verpflichtet Führungskräfte und Mitarbeiter, Verantwortung für ihre Handlungen und Entscheidungen nach innen und außen zu übernehmen. In Unternehmen mit hoher Rechenschaftspflicht werden Korruption und unethisches Verhalten nicht toleriert.

Die Säule **Fairness** stellt sicher, dass alle Stakeholder gerecht behandelt werden. Sie fördert Gleichberechtigung und Gerechtigkeit in allen Geschäftspraktiken und Entscheidungsprozessen.

Schließlich spielt auch die **Nachhaltigkeit** eine entscheidende Rolle. Unternehmen, die auf gute Unternehmensführung setzen, berücksichtigen die langfristigen Auswirkungen ihrer Entscheidungen auf Umwelt, Gesellschaft und Wirtschaft und streben an, diese zu minimieren.

8.3 Institutionelle Kontrolle und strenge Regularien

Die Schaffung strenger Kontrollmechanismen und die Förderung der Wachsamkeit sind entscheidende Faktoren im Kampf gegen Korruption und Wirtschaftskriminalität. Täter in diesen Bereichen gaben in einer Befragung an, dass eine strengere Kontrolle sie vermutlich von ihren Taten abgehalten und präventiv gewirkt hätte. Übereinstimmend erklärten viele, dass ihnen ihre Taten schlicht zu leicht gemacht wurde, ihre Taten zu begehen.[16] Einige benannten die geringen Überwachungsmechanismen sogar als Tatursachen. »Gelegenheit macht Diebe«, das weiß eben schon der Volksmund.

Strengere Kontrollen erhöhen das Risiko und die Schwierigkeit korrupten Verhaltens und gleichzeitig die Wahrscheinlichkeit einer Entdeckung und Bestrafung.

Durch eine verbesserte Überwachung und stärkere Kontrollen wird das Vertrauen in die Integrität von Institutionen gestärkt. Dies wiederum schafft ein gerechteres und transparenteres Geschäftsumfeld, von dem sowohl Unternehmen als auch Einzelpersonen profitieren.

Darüber hinaus führen strengere Kontrollen zu einem erhöhten Bewusstsein für die Folgen korrupten Verhaltens. Dies kann dazu beitragen, die allgemeine Einstellung gegenüber Korruption zu ändern und eine Kultur der Integrität und Verantwortung zu fördern.

Es ist wichtig anzumerken, dass die Implementierung strenger Kontrollmechanismen ein fortlaufender Prozess ist, der regelmäßige Überprüfungen und Anpassungen erfordert. Die Zusammenarbeit zwischen Regierungen, Unternehmen und der Zivilgesellschaft ist von entscheidender Bedeutung, um effektive Kontrollen zu etablieren und aufrechtzuerhalten, um Korruption und Wirtschaftskriminalität erfolgreich zu bekämpfen.[17]

Korruption gedeiht dort, wo niemand hinsieht und wo es den Anschein hat, dass die Regeln nicht so streng durchgesetzt werden.

[16] Schuchter, Alexander (2018): Wirtschaftskriminalität und Prävention Wie Führungskräfte Täterwissen einsetzen können. Springer Gabler, S. 31.

[17] Ebd.

Dem kann nur mit institutioneller Kontrolle und strengen Regularien begegnet werden.

Institutionelle Kontrolle und strenge Regularien sind wichtige Werkzeuge im Kampf gegen Korruption. Sie helfen dabei, klare Verhaltensnormen festzulegen und sicherzustellen, dass alle Mitarbeiter diese Normen verstehen und einhalten. Innerhalb eines Unternehmens kann dies zum Beispiel bedeuten, dass regelmäßige Schulungen zur Korruptionsbekämpfung durchgeführt werden, um alle Mitarbeiter über die Risiken und Folgen korrupten Verhaltens zu informieren.

Ein robustes Compliance-System muss sicherstellen, dass es keine ethischen Schlupflöcher gibt, in die sich die Akteure flüchten können. Ihnen muss von Anfang an klar sein, dass sie eine Grenze überschreiten und diese Grenzen müssen immer wieder in aller Deutlichkeit kommuniziert werden, damit auch das Umfeld dafür sensibilisiert wird, Korruption zu erkennen.

Entscheidungsbefugnisse dürgen nicht an Einzelpersonen delegiert werden, sondern müssen immer der Kontrolle durch Gremien unterliegen, auch wenn dies aufwändig ist. Insbesondere Vertrieb und Einkauf müssen ihre Entscheidungen jederzeit vor einem solchen Gremium rechtfertigen und sich darüber hinaus regelmäßigen Audits unterziehen, in denen ihre Prozesse evaluiert und überprüft werden. Dokumentationspflicht, Rechenschaftspflicht, Vier-Augen-Prinzip und gegebenenfalls auch Rotation von Schlüsselpositionen tragen ebenfalls zur Stärkung der institutionellen Kontrolle bei.

Alle Rechnungen und Angebotspreise müssen immer von einer unabhängigen Person auf mögliche Korruptionsabsichten überprüft werden. Das klingt nach viel Aufwand, doch nur wenn wir genau hinsehen und das auch vermitteln, können wir Korruption verhindern.

Aus meiner Sicht sind die Regularien im Compliance-System auch selten stark genug. Es darf keine Grauzone geben, nicht einmal eine Flasche Wein. Das klingt vielleicht etwas streng, aber nach meiner Erfahrung sind es genau diese scheinbar harmlosen Dinge, die der Korruption Tür und Tor öffnen.

Geschäftsbeziehungen zu Dienstleistern und Partnern außerhalb des Unternehmens sind strikt zu unterbinden. Es ist zum Beispiel nicht akzeptabel, wenn der Hausmeister am Wochenende für den Abteilungsleiter das Haus streicht oder den Garten macht.

8.4 Aufklärung und Transparenz

Die Aufklärung von Korruptionsfällen ist eine Grundvoraussetzung für die Wiederherstellung der moralischen Integrität in einem Unternehmenm. Leider neigen viele Unternehmen dazu, solche Probleme aus Angst vor Reputationsverlust zu verheimlichen und Schadensbegrenzung zu betreiben oder Verdachtsmomenten nicht nachzugehen. Oft bleibt es beim berühmten »Klaps auf die Finger«. Die moralische Integrität eines Unternehmens nimmt damit erheblichen Schaden. Der Flurfunk bekommt ohnehin Wind von der Sache, und jetzt nicht für Aufklärung zu sorgen und den Täter davonkommen zu lassen, öffnet Tür und Tor für weitere Fälle. Nach meiner Erfahrung ist ein solches Verhalten zwar nachvollziehbar, aber keinesfalls empfehlenswert.

Nur eine lückenlose Aufklärung und Offenlegung von Korruptionsfällen kann das Vertrauen wiederherstellen. Transparenz auf allen Ebenen ist dabei von entscheidender Bedeutung. Jeder Mitarbeiter, unabhängig von seiner Position und Rolle, sollte volle Klarheit über die Unternehmensprozesse und -entscheidungen haben. Dies schafft ein Umfeld, in dem korrupte Handlungen schwer zu verbergen sind, und erhöht die Wahrscheinlichkeit, dass solche Handlungen aufgedeckt werden. Zum Beispiel ist es wichtig, dass alle finanziellen Transaktionen und Entscheidungen klar und für alle Mitarbeiter nachvollziehbar dokumentiert werden. Wenn ein Einkaufsleiter einen Liefervertrag mit einem neuen Anbieter abschließt, sollten die Gründe für diese Entscheidung und alle relevanten Details öffentlich zugänglich gemacht werden. So kann jeder Mitarbeiter die Entscheidung überprüfen und mögliche Anzeichen von Korruption erkennen.

Darüber hinaus sollte ein Unternehmen über klare Richtlinien und Prozesse für die Meldung von Korruptionsverdacht verfügen. Diese sollten leicht verständlich und leicht zugänglich sein, so dass jeder

Mitarbeiter, der einen Verdacht hat, diesen ohne Angst vor Repressalien melden kann. Nur mit einer solchen Kultur der Transparenz und Offenheit können Unternehmen Korruption wirksam vorbeugen und bekämpfen.

Die Bedeutung der Transparenz zeigt sich auch anhand von Beispielen aus dem Arbeitsalltag. Angenommen, ein Mitarbeiter bemerkt, dass ein Kollege häufig Geschenke von einem bestimmten Lieferanten erhält. Wenn das Unternehmen eine Kultur der Transparenz pflegt, wird dieser Mitarbeiter eher bereit sein, seine Bedenken zu äußern, da er weiß, dass seine Meldung ernst genommen wird und dass der Kollege, falls er sich schuldig gemacht hat, entsprechend zur Rechenschaft gezogen wird. In einem Unternehmen hingegen, in dem Korruptionsfälle vertuscht oder unter den Teppich gekehrt werden, würde dieser Mitarbeiter wahrscheinlich zögern, seine Bedenken zu äußern, da er befürchtet, dass seine Meldung ignoriert wird oder sogar negative Konsequenzen für ihn selbst hat.

Eine lückenlose Aufklärung von Korruptionsfällen und Transparenz auf allen Ebenen können dazu beitragen, das Vertrauen in die Unternehmensführung zu stärken und eine Kultur der Integrität und Verantwortung zu fördern. Durch klare Richtlinien, transparente Prozesse und offene Kommunikation können Unternehmen den Kampf gegen Korruption effektiv führen und eine ethische Unternehmenskultur etablieren.

8.5 Hinweisgebersysteme

Ein Hinweisgebersystem, auch bekannt als Whistleblower-System, kann ein entscheidendes Instrument im Kampf gegen Korruption sein. Dieses System ermöglicht es Personen, die dem inneren Kreis der korrupten Akteure angehören, vertrauliche Informationen über unlautere Praktiken weiterzugeben, wobei ihnen häufig Anonymität zugesichert wird. Im Wesentlichen handelt es sich um einen geschützten Kanal, über den Insider ihr Wissen über Korruption ohne Angst vor Repressalien weitergeben können.

Das Grundprinzip eines solchen Systems ähnelt dem sogenannten »Judasparagrafen« bei Betäubungsmitteldelikten. Dabei handelt es sich um eine rechtliche Regelung, die Personen, die der Polizei Informationen über den Drogenhandel liefern, Straffreiheit oder Strafmilderung in Aussicht stellt. Diese Regelung hat sich als wirksam erwiesen, um Personen zur Zusammenarbeit mit den Behörden zu motivieren und so den Drogenhandel zu bekämpfen.

In ähnlicher Weise kann ein Whistleblower-System Personen dazu motivieren, ihr Wissen über Korruption preiszugeben, indem es ihnen Schutz vor Sanktionen gewährt. Diese Schutzmaßnahmen können eine Vielzahl von Formen annehmen, einschließlich Anonymität, rechtlicher Schutz vor Vergeltung oder Belohnungen für bereitgestellte Informationen. Durch die Schaffung eines sicheren und geschützten Kanals für die Offenlegung von Informationen kann ein Whistleblower-System dazu beitragen, die Dunkelziffer im Bereich der Korruption zu verringern und die Aufdeckung und Bekämpfung von Korruption zu erleichtern.

In Deutschland wurde das europäische Hinweisgeberschutzgesetz durch das Hinweisgeberschutzgesetz (HinSchG) umgesetzt, das am 1. Dezember 2021 in Kraft trat. Es sieht vor, dass Unternehmen und Behörden ab einer bestimmten Größe sichere Meldewege einrichten müssen. Hinweisgeber dürfen nicht benachteiligt werden und haben Anspruch auf effektiven Rechtsschutz. Bei der Umsetzung des Gesetzes spielen die nationalen Arbeitsgerichte eine entscheidende Rolle. Ihre Aufgabe ist es, Hinweisgeber vor ungerechtfertigten Sanktionen zu schützen und sicherzustellen, dass sie nicht aufgrund ihrer Meldung diskriminiert werden. Das HinSchG definiert auch, wer als Hinweisgeber gilt: Jede Person, die im Rahmen ihrer wirtschaftlichen, beruflichen oder dienstlichen Tätigkeit Informationen über Verstöße hat, die einen öffentlichen Interessenbereich berühren, kann diese melden und ist damit als Hinweisgeber geschützt. Dies umfasst derzeitige und ehemalige Mitarbeiter, Praktikanten, Freiwillige, Auftragnehmer, Lieferanten und sogar Bewerber. Schließlich sieht das Gesetz eine dreistufige Meldung vor: interne Meldung (innerhalb des Unternehmens), externe Meldung (an die zuständigen Behörden) und in bestimmten Fällen öffentliche Meldung (zum Beispiel an die Medien). Hierbei wird empfohlen, zunächst interne Meldewege zu nutzen, bevor externe oder öffentliche Wege in Betracht gezogen werden.

In Deutschland gibt es mehrere bemerkenswerte Fälle von Whistleblowing. Eines der bekanntesten Beispiele ist wohl der Fall Rainer Moormann. Als Mitarbeiter des Kernkraftwerks Ahaus wies Moormann 1986 auf erhebliche Sicherheitsmängel hin. Trotz massiver persönlicher Konsequenzen trug er dazu bei, mögliche katastrophale Auswirkungen zu verhindern.

Ein weiteres Beispiel ist der Fall von Brigitte Heinisch, die als Pflegehelferin in einem Berliner Pflegeheim Missstände aufdeckte. Sie berichtete über unhaltbare Zustände und Misshandlungen von Patienten. Nachdem sie intern keine Veränderungen erreichen konnte, ging sie an die Öffentlichkeit und wurde daraufhin entlassen. Der Europäische Gerichtshof für Menschenrechte entschied 2011, dass ihre Kündigung ungerechtfertigt war und sie als Whistleblowerin geschützt werden muss.

Diese Beispiele verdeutlichen die entscheidende Rolle, die Whistleblower bei der Aufdeckung von Missständen und der Wahrung öffentlicher Interessen spielen können. Gleichzeitig zeigen sie aber auch die Herausforderungen und Risiken, denen Whistleblower ausgesetzt sind, und unterstreichen die Notwendigkeit starker gesetzlicher Schutzmechanismen.

Ein Hinweisgebersystem ist für die Aufdeckung von Korruption von entscheidender Bedeutung, da es eine sichere und geschützte Plattform für Personen bietet, um unlautere und korrupte Praktiken innerhalb einer Organisation zu melden. Korruption ist oft schwer aufzudecken, da sie meist innerhalb eines geschlossenen Kreises stattfindet. Ohne eine Plattform, die Anonymität und Schutz vor Vergeltung garantiert, werden Insider wahrscheinlich zögern, korrupte Praktiken zu melden, selbst wenn sie Zeugen oder Beteiligte solcher Aktivitäten sind.

Ein effektives Hinweisgebersystem ist entsprechend den gesetzlichen Vorgaben aufgebaut und umfasst mehrere Schlüsselelemente. Zum einen muss es sichere Meldewege bieten. Diese können interne Kanäle wie eine spezielle Hotline oder ein Online-Portal und externe Kanäle wie unabhängige Hotlines oder Behörden umfassen. Darüber hinaus muss das System den Hinweisgebern Anonymität und Vertraulichkeit garantieren. Es sollte über Prozesse verfügen, die die Identität der Whistleblower schützen und sicherstellen, dass die Informationen nur mit den Personen geteilt werden, die sie für die Untersuchung des Hinweises benötigen.

Ein weiteres kritisches Merkmal eines wirksamen Hinweisgebersystems ist ein robustes Follow-up-Verfahren. Nach Eingang einer Meldung sollte das System über ein Verfahren verfügen, um die Meldung gründlich zu untersuchen und gegebenenfalls geeignete Maßnahmen zu ergreifen. Die Hinweisgeber sollten auch über den Status ihrer Meldung informiert werden.

Außerdem ist die Bereitstellung von Schutzmechanismen für die Hinweisgeber von entscheidender Bedeutung. Dazu kann der rechtliche Schutz vor Vergeltungsmaßnahmen, Diskriminierung oder anderen negativen Folgen gehören. In einigen Fällen kann das Hinweisgebersystem auch Belohnungen für die bereitgestellten Informationen vorsehen, um die Meldung korrupter Praktiken zu fördern.

Letztlich ist die effektive Umsetzung und Einhaltung des Hinweisgebersystems von entscheidender Bedeutung. Die Organisation sollte sicherstellen, dass alle Mitarbeiter über das System und seine Funktionen informiert sind und es vertrauensvoll nutzen können. Darüber hinaus sollte das System regelmäßig überprüft und aktualisiert werden, um seine Wirksamkeit und Relevanz sicherzustellen.

Trotz der vielen positiven Aspekte birgt ein Hinweisgebersystem auch Risiken, insbesondere das Risiko des Missbrauchs. Ein solcher Missbrauch könnte beispielsweise darin bestehen, dass jemand das System nutzt, um aus persönlicher Abneigung oder Rache falsche Anschuldigungen gegen Kollegen oder Vorgesetzte zu erheben. Gerade wenn die Anonymität der Hinweisgeber gewährleistet ist, besteht die Gefahr, dass Unschuldige verdächtigt und durch den Verdacht geschädigt werden.

Um diese Risiken zu minimieren und einen Missbrauch des Systems zu verhindern, sind verschiedene Maßnahmen erforderlich. Erstens sollte ein effektives Screening- und Untersuchungsverfahren eingerichtet werden. Jede Meldung sollte sorgfältig geprüft werden, bevor Maßnahmen eingeleitet werden. Eine voreilige Reaktion auf eine möglicherweise unbegründete Anschuldigung kann schwerwiegende Folgen haben.

Zweitens sollten strenge Sanktionen für den Missbrauch des Systems festgelegt werden. Wenn jemand das Hinweisgebersystem nachweislich missbraucht hat, um falsche Anschuldigungen zu erheben, sollte dies ernsthafte Konsequenzen haben. Dies würde nicht nur den betreffenden Missbraucher abschrecken, sondern auch andere davon abhalten, das System in ähnlicher Weise zu missbrauchen.

Drittens sollte das System transparent sein. Obwohl die Identität des Hinweisgebers geschützt werden sollte, muss das Verfahren fair und transparent sein. Die beschuldigte Person sollte das Recht haben, sich gegen die Anschuldigungen zu verteidigen. Diese Maßnahmen können dazu beitragen, das Risiko eines Missbrauchs des Hinweisgebersystems zu minimieren, während gleichzeitig der Schutz der Hinweisgeber aufrechterhalten und die Aufdeckung von Fehlverhalten gefördert wird. Es ist eine schwierige Balance, aber eine, die erreicht werden kann und muss, um das Vertrauen in das Hinweisgebersystem zu stärken und seine Wirksamkeit zu gewährleisten.

8.6 Die Rolle der Strafverfolgungsbehörden

Korruption wird in der Kriminologie bislang nicht als eigenständiges Phänomen, sondern als Teilbereich der Wirtschaftskriminalität, Corporate Crime und organisierter Kriminalität betrachtet. Dies liegt zum Teil daran, dass Korruption oft in diesen Kontexten auftritt. Zum Beispiel ist Bestechung ein häufiges Element bei Wirtschaftskriminalität und Corporate Crime. In der organisierten Kriminalität wird Korruption häufig als Mittel eingesetzt, um andere kriminelle Aktivitäten, wie Drogen- oder Menschenhandel zu erleichtern.[18]

Zunehmend wird jedoch argumentiert, dass Korruption als eigenständiges Phänomen in der Kriminologie betrachtet werden sollte. Dafür gibt es mehrere Gründe.

Erstens sind die Auswirkungen und Folgen von Korruption oft weitreichender und komplexer als die anderer Kriminalitätsformen. Korruption kann das Vertrauen in öffentliche Institutionen untergraben, die soziale und wirtschaftliche Entwicklung behindern, Ungleichheiten verschärfen und zum Zusammenbruch von Rechtssystemen führen. In diesem Sinne geht Korruption über den bloßen wirtschaftlichen Schaden hinaus und hat tiefgreifende soziale und politische Auswirkungen.

Zweitens erfordert die Bekämpfung der Korruption spezifische Ansätze und Strategien. Im Gegensatz zu anderen Formen der Kriminalität, die häufig mit traditionellen rechtsstaatlichen Methoden bekämpft werden können, erfordert die Korruptionsbekämpfung umfassende Reformen des politischen, rechtlichen und wirtschaftlichen Systems sowie der gesellschaftlichen Normen und Werte.

Drittens gibt es spezifische Formen und Typen von Korruption, die in anderen Bereichen der Kriminalität nicht vorkommen. Dazu gehört zum Beispiel »state capture«, bei dem mächtige Interessengruppen den Staat zu ihrem Vorteil manipulieren, oder »grand corruption«, bei der hochrangige Politiker und Beamte involviert sind. Ein Beispiel dafür, wie Korruption als eigenständiges Phänomen behandelt werden kann, ist der Ansatz der »Korruption als soziales Problem«. Dieser Ansatz betrachtet Korruption nicht nur als individuelles Fehlverhalten, sondern als Produkt gesellschaftlicher Strukturen und Prozesse. Er betont die Notwendigkeit, Korruption auf mehreren Ebenen gleichzeitig zu bekämpfen: auf individueller Ebene durch Strafverfolgung und Abschreckung, auf institutioneller Ebene durch

[18] Thiel, Stephanie: Korruption als Forschungsthema in der Kriminologie, in: Was ist Korruption? Begriffe, Grundlagen und Perspektiven gesellschaftswissenschaftlicher Korruptionsforschung. Hrsg. von Peter Graeff und Tanja Rabl. Nomos, S. 165-183, S. 165.

Transparenz und Rechenschaftspflicht und auf gesellschaftlicher Ebene durch Bildung und kulturellen Wandel.

Zusammenfassend lässt sich sagen, dass Korruption zwar häufig in den Kontext von Wirtschaftskriminalität, Corporate Crime und organisierter Kriminalität gestellt wird, es jedoch gute Gründe gibt, Korruption als eigenständiges Phänomen in der Kriminologie zu betrachten. Dies könnte nicht nur zu einem besseren Verständnis von Korruption und ihren Auswirkungen führen, sondern auch zu effektiveren Strategien zu ihrer Bekämpfung.

8.7 Transparency International

Transparency International (TI) ist eine weltweit agierende Organisation, die im Jahr 1993 gegründet wurde, um den globalen Kampf gegen Korruption zu fördern. Mit ihrem Hauptsitz in Berlin kooperiert TI mit über 100 nationalen Niederlassungen auf der ganzen Welt. Die Hauptaufgabe von TI besteht darin, die Öffentlichkeit für die schädlichen Auswirkungen von Korruption zu sensibilisieren und den politischen Willen zur Bekämpfung dieses Problems zu stärken.

TI definiert Korruption als den Missbrauch anvertrauter Macht zum persönlichen Nutzen oder Vorteil. Der Begriff umfasst sowohl kleine als auch große Formen der Bestechung und schließt sowohl finanzielle als auch nicht-finanzielle Vorteile ein. Korruption hat verheerende Auswirkungen auf Gesellschaften und Volkswirtschaften weltweit. Sie untergräbt das Vertrauen der Bürger in staatliche Institutionen, verzerrt den fairen Wettbewerb und behindert eine nachhaltige Entwicklung. Deshalb hat sich TI zum Ziel gesetzt, Korruption in allen ihren Formen zu bekämpfen.

In Deutschland will TI Politik und Wirtschaft auf nationaler Ebene beeinflussen und Korruptionspraktiken aktiv bekämpfen. Dazu führt TI zahlreiche Projekte und Initiativen durch, wie beispielsweise die Veröffentlichung des Korruptionswahrnehmungsindex, der den Grad der wahrgenommenen Korruption in öffentlichen Institutionen in mehr als 180 Ländern misst. Darüber hinaus engagiert sich TI in Deutschland für die Verbesserung gesetzlicher Regelungen und die

Stärkung von Kontrollinstitutionen, um Korruption effektiv zu bekämpfen.

Unternehmen haben verschiedene Möglichkeiten, mit TI zusammenzuarbeiten. Sie können beispielsweise an Schulungen und Bildungsprogrammen teilnehmen, die von TI angeboten werden, um ihre Mitarbeiter für das Thema Korruption zu sensibilisieren und ihnen Werkzeuge an die Hand zu geben, mit denen sie Korruption in ihrem Arbeitsumfeld erkennen und melden können. Darüber hinaus können Unternehmen TI finanziell unterstützen oder ihre Expertise in verschiedene Projekte und Initiativen einbringen.

Ein herausragendes Beispiel für die erfolgreiche Arbeit von TI ist das Projekt »Business Integrity Forum« (BIF). Das BIF ist ein Netzwerk von Unternehmen, die sich freiwillig verpflichtet haben, die Grundsätze der Transparenz und Integrität in ihrer Geschäftstätigkeit zu fördern. BIF-Mitglieder werden von TI bei der Entwicklung und Umsetzung von Antikorruptionsprogrammen unterstützt und haben Zugang zu einem Netzwerk von Experten, die sie bei der Bewältigung von Korruptionsrisiken unterstützen. Durch ihre Arbeit im BIF tragen die Unternehmen dazu bei, die Standards für Geschäftsintegrität zu erhöhen und die Korruptionsbekämpfung auf Unternehmensebene voranzutreiben.

Durch ihre Arbeit leistet Transparency International einen wichtigen Beitrag zur Bekämpfung von Korruption und zur Förderung von Transparenz und Integrität in Politik und Wirtschaft. TI trägt maßgeblich dazu bei, das Bewusstsein für die schädlichen Auswirkungen von Korruption zu schärfen und effektive Lösungen zur Korruptionsbekämpfung aufzuzeigen. Mit ihrem globalen Netzwerk und ihrer Expertise ist TI eine treibende Kraft im Kampf gegen Korruption und setzt sich für eine gerechtere und transparentere Welt ein.

9. Ausblick

In den vorangegangenen Kapiteln haben wir die dunkle Seite unseres Landes beleuchtet, eine Seite, die die moralischen Werte und Prinzipien untergräbt, auf denen wir stolz unsere Gemeinschaft aufbauen. Korruption ist ein tiefer Schatten, der auf unserer Gesellschaft liegt, ein Schatten, der die Glaubwürdigkeit unserer Institutionen untergräbt und das Vertrauen zerstört, das für unser Zusammenleben so wichtig ist.

Dieses Buch hat gezeigt, dass jeder – vom hochrangigen Politiker bis hin zum lokalen Unternehmer – ein Teil dieses Problems sein kann. Es hat uns vor Augen geführt, dass Korruption kein Randphänomen ist, sondern ein weitverbreitetes Übel, das unsere Gesellschaft durchdringt. Es ist an der Zeit, sich dieser Realität zu stellen und entschlossen zu handeln.

Die deutsche Nachkriegsgesellschaft hat eine lange Geschichte von Integrität, Disziplin und Prinzipientreue. Es liegt an uns, dieses Erbe zu verteidigen und zu stärken. Es ist an der Zeit, dass wir uns gemeinsam gegen die Ausbreitung von Korruption und für Gerechtigkeit und Transparenz in unseren Institutionen einsetzen. Jeder von uns hat die Verantwortung, bei der Bekämpfung von Korruption eine aktive Rolle zu spielen. Wir müssen uns bewusst sein, dass Korruption nicht nur durch die Täter ermöglicht wird, sondern durch diejenigen, die wegschauen.

An unsere Unternehmer appelliere ich: Nutzen Sie Ihre Führungsposition, um Veränderungen herbeizuführen. Schaffen Sie eine Unternehmenskultur, die Integrität, Ehrlichkeit und Transparenz fördert. Binden Sie Korruptionsprävention in Ihre Geschäftsmodelle und Strategien ein. Beherzigen Sie den Rat, den wir in diesem Buch gegeben haben, und machen Sie Ihre Unternehmen zu Bollwerken gegen Korruption. Bauen Sie Vertrauen bei Ihren Mitarbeitern und Kunden auf und zeigen Sie, dass Wirtschaft ohne Korruption nicht nur möglich, sondern auch profitabel ist.

An unsere politischen Führer richte ich diesen Aufruf: Setzen Sie sich entschlossen für die Stärkung unserer Institutionen ein und übernehmen Sie Verantwortung im Kampf gegen die Korruption. Treffen Sie mutige Entscheidungen und unterstützen Sie Reformen, die Rechenschaftspflicht und Transparenz fördern. Hören Sie auf die Stimmen derer, die sich für Gerechtigkeit und Aufrichtigkeit einsetzen, und machen Sie diese zu den Grundpfeilern Ihrer Politik.

Wir stehen an einem Wendepunkt unserer Geschichte. Der Kampf gegen Korruption ist ein Kampf, den wir nicht verlieren dürfen. Es ist ein Kampf für die Werte, auf die wir stolz sind, und für die Zukunft, die wir uns wünschen. Es ist ein Kampf nicht nur für uns, sondern auch für die kommenden Generationen. Es ist an der Zeit, dass wir uns für die Integrität unserer Institutionen und den Schutz unserer Gesellschaft einsetzen.

Das vor uns liegende Ziel ist klar: Wir müssen eine Gesellschaft schaffen, in der Korruption keinen Platz hat. Eine Gesellschaft, in der diejenigen, die sich korrupt verhalten, zur Rechenschaft gezogen werden. Eine Gesellschaft, in der Gerechtigkeit, Integrität und Transparenz die Norm sind. Dies ist eine Herausforderung, der wir uns stellen müssen, und ich bin überzeugt, dass wir sie gemeinsam bewältigen können. Ich rufe Sie dazu auf, diesen Kampf mit uns zu führen. Werden Sie Teil der Lösung und helfen Sie uns, den Schatten der Korruption zu vertreiben. Gemeinsam können wir eine bessere Zukunft für unser Land aufbauen. Gemeinsam können wir eine Welt schaffen, in der Korruption keine Chance hat. Der Kampf beginnt jetzt. Und er beginnt mit Ihnen.

Guiseppe Frau, Wirtschaftsermittler, Köln
Inhaber der Comsec KG Ermittlungsdienste

10. Literatur

Bannenberg, Britta; Schaupensteiner, Wolfgang (2013): Korruption in Deutschland. Portrait einer Wachstumsbranche. C. H. Beck.

Emrich, Eike; Gassmann, Freya (2019): Korruption und Sport, in: Was ist Korruption? Begriffe, Grundlagen und Perspektiven gesellschaftswissenschaftlicher Korruptionsforschung. Hrsg. von Peter Graeff und Tanja Rabl. Nomos, S. 143-163.

Graeff, Peter; Dombois, Rainer: Soziologische Zugänge zur Korruptionsproblematik, in: Was ist Korruption? Begriffe, Grundlagen und Perspektiven gesellschaftswissenschaftlicher Korruptionsforschung. Hrsg. von Peter Graeff und Tanja Rabl. Nomos, S. 123-140.

Litzcke, Sven et al. (2012): Korruption: Risikofaktor Mensch. Wahrnehmung, Rechtfertigung, Meldeverhalten. Springer VS.

Nagel, Volker; Beck, Lotte (2019): Korruption aus ökonomischer Perspektive, in: Was ist Korruption? Begriffe, Grundlagen und Perspektiven gesellschaftswissenschaftlicher Korruptionsforschung. Hrsg. von Peter Graeff und Tanja Rabl. Nomos, S. 41-57.

Noll, Bernd (2020): Wirtschaftskriminalität. Eine wirtschaftsethische Herausforderung. Kohlhammer.

Rabl, Tanja (2019): Korruption aus der Perspektive der Psychologie, in: Was ist Korruption? Begriffe, Grundlagen und Perspektiven gesellschaftswissenschaftlicher Korruptionsforschung. Hrsg. von Peter Graeff und Tanja Rabl. Nomos, S. 77-101.

Richter, Frederik (2020): Geheimsache Korruption. Wie die deutsche Schmiergeldindustrie weltweit die Demokratie verrät. Correctiv.

Schuchter, Alexander (2018): Wirtschaftskriminalität und Prävention. Wie Führungskräfte Täterwissen einsetzen können. Springer-Gabler.

Thiel, Stephanie: Korruption als Forschungsthema in der Kriminologie, in: Was ist Korruption? Begriffe, Grundlagen und Perspektiven gesellschaftswissenschaftlicher Korruptionsforschung. Hrsg. von Peter Graeff und Tanja Rabl. Nomos, S. 165-183.

Wolf, Sebastian; Fütterer Sabine (2019): Politikwissenschaftliche Korruptionsforschung, in: Was ist Korruption? Begriffe, Grundlagen und Perspektiven gesellschaftswissenschaftlicher Korruptionsforschung. Hrsg. von Peter Graeff und Tanja Rabl. Nomos, S. 103-122.